KB097812

일본 위스키, 100년의 여행

오늘은 일본 위스키를 마십니다

일본 위스키, 100년의 여행

오늘은 일본 위스키를 마십니다

김대영 지음

싱긋

누구보다 기뻐하셨을,

2022년 11월에 떠난 어머니에게

조승원

유튜브 〈주락이월드〉 진행자

일본 위스키 전성시대이다. 야마자키, 히비키는 위스키를 마시지 않는 사람조차도 알 정도이며 주류 상점에서나 바에서도 일본 위스키는 말 그대로 '없어서 못 파는' 귀한 존재가 됐다. 그러다 보니 일명 '야마자키 원정대'라고 불리는 이들은 지금도 일본 곳곳을 돌아다니며 '재패니즈 위스키 득템'에 열을 올리고 있다. 자, 그렇다면 여기서 질문 몇 가지. 100년 역사의 일본 위스키는 어떻게 발전해 지금의 자리에 서게 된 걸까? 지금 일본의 증류소에서는 어떤 철학을 바탕으로 어떻게 위스키를 만들고 있는 걸까? 앞으로 일본 위스키는 어떤 길을 걸어갈 것인가?

이런 궁금증을 풀기 위해 그동안 여러 자료를 뒤졌다. 하지만 답을 찾는 데 실패했다. 답을 찾는 건 고사하고 자료에 접근하는 것조차 쉽지 않아서였다. 언어의 한계가 가장 컸다. 스카치나 버번은 고등교육 수준의 영어 독해 능력만 있다면 얼마든지 정보를 파악할 수 있다. 아마존에는 영어로 된 스카치와 버번 책이 널려 있으며 구글링만 해도 웬만한 정보는 찾아낼 수 있다. 일본어가 유창하지 않으니 얻을 수 있는 정보도 지극히 제한적이었다. 결국 일본 위스키의 세계는 나에겐 결코 넘볼 수 없는, 거대한 산으로 남아 있었다.

내가 수년 전부터 김대영 씨에게 "책을 좀 써달라"고 몇 차례나 간청했던 건 이런 이유에서였다. 내가 아는 한 그는 일본 위스키에 관해서는 거의 모르는 게 없는, 진짜 전문가다. 위스키 지식과 경험이 넘쳐나는 애호가가 내 주변에 꽤 많지만 김대영 씨 만큼 일본 위스키에 해박한 사람은 만난 적이 없었다. 그래서 그를 만날 때마다 이렇게 말했다.

"한국에서 처음으로 출간될 일본 위스키 책은 그 누구도 아닌 당신이 써야 해. 당신이 책을 내면 내가 맨 먼저 사서 볼 거야. 당신이 쓴 일본 위스키 책이 너무나 읽고 싶거든."

이런 사연이 있기에 그가 집필을 마치고 추천사를 부탁하며 원고를 보내왔을 때 심장이 다 떨릴 지경이었다. 그리고 원고를 읽어 내려가는 동안 그 떨림은 벅찬 감격으로 바뀌었으며, 원고를 다 읽고 난 뒤에는 이렇게 한마디를 내뱉고 말았다.

"와…… 일본 위스키는 이 책 한 권이면 되겠구나."

추천사라는 게 대개는 그렇다. 약간의 과장을 섞어 다소 요란하게 책의 칭찬만 늘어놓기 마련이다. 하지만 이 글만큼은 결코 과장이 아니다. 아마 여러분도 읽어보면 아실 것이다. 이미 주류 서적 네 권을 집필한 내가 왜 이렇게까지 호들갑을 떨고 있는지 몇 페이지만 읽어봐도 금방 이해할 것이다. 이 책에는 100년 역사를 지닌 일본 위스키의 과거와 현재는 물론 미래에 대한 조망까지 담겨 있다. 이토록 잘 정리된 일본 위스키 책은 아마존을 밤새 뒤져도 쉽게 찾기 힘들 것이다. 게다가 이런 책을 영어나 일본어가 아닌 한국어로 읽을 수 있다는 사실만으로도 나는 감격스러울 따름이다.

끝으로 고백한다. 『일본 위스키, 100년의 여행』은 사실 내가 너무나 쓰고 싶었던 책이다. 동시에 내가 너무나 읽고 싶었던 책이기도 하다. 내가 쓰고 싶었지만, 나는 결코 쓰지 못할 책을 저자 김대영이 썼다. 그것도 기대 이상으로 너무도 훌륭하게 써냈다. 나는 지금 『일본 위스키, 100년의 여행』을 펴낸 저자 김대영이 세상 그 누구보다 부럽다.

스미요시 유이치로

Bar LEICHHARDT 오너 바텐더, 위스키 저널리스트

1923년에 일본에서 본격적으로 위스키를 만들기 시작해 올해로 100주년을 맞았다. 2023년 현재, 일본의 위스키 증류소는 108곳으로 공전의 위스키 붐이 이어지고 있다.

한국에서도 첫 위스키 증류소 '쓰리소사이어티스'가 서울 교외에서 가동을 시작하고, 싱글몰트 위스키를 출시한 것이 기억에 남는다.

책의 저자는 오래전부터 알고 지냈다. 그가 후쿠오카를 방문했을 때 위스키 이야기를 나누거나 시음회에 참여하며 교류를 이어왔다. 얼마 전에도 후쿠오카 최초의 위스키 증류소 '신도'를 함께 방문했다. 또 2023년 10월 8일, 저자는 후쿠오카의 첫 일본 위스키 전문 이벤트 '재패니즈 위스키 스토리즈 후쿠오카'에서 한국인 방문객을 위한 통역을 맡기도 했다.

그런 저자의 열정과 위스키에 대한 깊은 애정이 담긴 것이 바로 이 책이다.

증류소 기사를 쓰는 일은 매우 높은 지식과 경험이 필요하다. 그리고 실제로 현장을 방문해서 눈과 귀로 정보를 수집해야 하기 때문에, 많은 시간이 필요한 작업이다.

현지에 가보지 않고 책이나 인터넷 정보만으로 기사를 쓰는 외국인 작가도 많지만, 저자는 일본의 증류소를 직접 방문해서 이 책을 썼다. 즉, 여기에 쓰여진 내용은 모두 그가 직접 확인한 내용이며, 최신 정보가 수록되어 있다.

그런 의미에서 한국어로 된 이 책이 일본 위스키를 알리는 역할을 하고, 한국의 위스키 팬들에게 현재 일본 증류소에 대한 정확한 정보를 전달할 수 있게 된 것을 매우 기쁘게 생각한다. 이 책을 통해 양국의 위스키 교류가 더욱 깊어졌으면 하는 바람이다.

위스키 비즈니스는 세대를 이어가는 것이지 한 세대에 완성되는 것이 아니다. 앞으로 100년 후에도 한국과 일본의 위스키가 안정적으로 공급되어 역사를 만들어가기를 기대한다. 그리고 언젠가 한국과 일본의 위스키를 블렌딩한 위스키가 발표되고, 저자와 독자들과 함께 건배하는 날이 오기를 진심으로 바란다. 건배!

2023년 11월,
친애하는 김대영 씨와 한국의 위스키 팬 모두에게
스미요시 유이치로住吉祐一郎

서문

세상이 두려워 마음에 그늘이 진 경험을 두 번 했다. 한 번은 군대에 있을 때, 또 한 번은 첫 직장이던 NHK 서울지국을 떠나 프리랜서로 지낼 때다. 군대에 있을 때는 어쩔 수 없이 견뎌냈지만 사회에 있을 때는 마음의 갈피를 잡기가 힘들었다. 정규직 취업에 계속 실패하면서 '남들은 다 저렇게 잘 지내는데'라는 사회적 열등감이 줄곧 나를 짓눌렀다. 그래서 무작정 일본 후쿠오카로 갔다. 여행비자로 3개월간 체류하며 잠시나마 한국 사회를 벗어나고 싶었다. 2016년 가을이었다.

거기서 위스키를 마주쳤다. 처음에는 경험해보지 못한 위스키가 많아 호기심에 찾았을 뿐이다. 그런데 매일 밤 나를 기다리는 바텐더(물론 내가 그렇게 생각했을 뿐), 다양한 직업을 가진 손님과의 만남, 그리고 마시면 마실수록 깊은 위스키의 세계가 마음의 그늘을 걷어내기 시작했다. 그들과 어울려 위스키를 마시는 사이,

'살아야겠다'는 마음이 싹을 틔우고 있었다. 위스키는 게일어로 '생명의 물'이라는 뜻인데, 정말로 그 생명의 물이 마음에 단비를 뿌렸다.

위스키 관련 정보와 위스키 테이스팅 노트를 블로그에 열심히 기록했다. 누군가에게 위스키 맛을 설명하기 위해서가 아니라, 내 안의 불씨를 살려내려고 처절하게 공기를 불어넣는 일이었다. 다행히 불씨는 계속 타올랐고, 순수하게 위스키를 사랑하는 수많은 사람들을 만났다. 그사이 운 좋게 취업도 했다. 페이스북 그룹 '위스키러브'를 만들어 멤버가 1만 6000명이 넘었다. 회사 덕분에 2018년 8월부터 2022년 2월까지, 3년 6개월간 155회의 위스키 칼럼도 썼다. 그런데 전혀 예상하지 않은 일이 일어났다. 어머니가 췌장암에 걸렸다.

어머니는 가정주부로 살다 돈을 벌어야 하는 상황이 되자 지체 없이 취업전선에 나섰다. 첫 직장은 구내식당이었다. 10년 넘게 식당에서 온갖 궂은일을 했지만, 내쫓기는 건 순식간이었다. 그리고 마트 일을 시작했다. 마찬가지로 10년 가까이 일했지만, 약 2년마다 어머니의 고용주가 바뀌면서 정규직 전환 기회를 얻을 수 없었다. 마찬가지로 내쫓기는 건 순식간이었다. 그리고 청소 일을 시작했다.

식당, 마트, 청소. 주부로 살던 1960년대생 어머니가 선택할 수 있는 최선의 일들이었다. 하지만 어머니는 일에 늘 자부심을 가졌다. 마트에서 두유 장사를 했는데, 전국 모든 마트 중 판매량 1위를 기록하기도 했다. 무슨 일이든 책임감을 가지고 성실히 일했다. 모두 우리 가족을 위한 어머니의 희생이었다.

그런 어머니에게 찾아온 병이었다. 내 인생에 찾아왔던 두 번의 그늘은 명함조차 내밀지 못할 정도로 어두운 일이었다. 어머니의 예상 수명은 3개월에서 6개월에 불과했다. 하지만 어머니는 무너지지 않았다. 항암을 하고, 수술을 하고…… 그렇게 2년여를 버텼지만, 어머니는 2022년 11월에 세상을 떠났다.

매일 울었다. 눈에서 눈물이 나오는 울음이 아니라, 뜨거운 것이 몸속을 훑고 지나가는 저런 울음이었다. 아내의 사랑과 위로가 없었다면 버티기 힘들었을 것이다. 그리고 시간이 흐르면서 어머니가 가장 행복해했던 시간들을 떠올렸다. 어머니는 내가 글을 쓸 때 가장 행복했던 것 같다. 방에서 글을 쓰고 있으면, 과일을 깎아주거나 차를 내려주며 흐뭇한 미소를 지었다. 내 글은 토씨 하나 빠뜨리지 않고 읽었다. 어머니가 가장 행복해하던 일을 계속하면, 다시 한번 내 마음에 단비가 내릴 거란 생각이 들었다.

이즈음, 유튜브 〈주락이월드〉의 조승원 기자를 만났다. 내가 쓴 일본 위스키 책이 읽고 싶다고 했다. 사실, 몇 년 전부터 들었지만, 그때는 용기가 없었다. 그러나 이번에는 달랐다. 진심을 다해 글을 쓰고 싶었다. 글은 그 어느 매체보다 더욱 마음속으로 받아들일 수 있으니까, 그 마음은 사랑하는 사람과의 추억과 맞닿아 있으니까.

마침 코로나19로 잠겨 있던 일본의 빗장이 풀려서 취재를 시작할 수 있었다. 2023년 2월부터 4월까지, 약 3개월 동안 일본을 다섯 번 다녀왔다. 일본 최남단 오키나와부터 최북단 홋카이도까지, 오래된 증류소부터 신생 증류소까지 취재했다. 여기에 코로나19 유행 전에 다녀왔던 위스키 증류소들을 더했다. 모두 합치니 위스키 증류소만 22곳이다. 일본의 위스키 전문가와 관계자, 전문 서적 등을 통해 간추렸다.

위스키 증류소는 크게 5가지로 분류했다. 우선, 2차세계대전 발발 전에 만들어진 산토리와 닛카의 증류소다. 그리고 전쟁 후에 생겨난 위스키 증류소를 다뤘다. 다음으로 일본 크래프트 위스키의 시작을 알린 치치부 증류소. 그리고 치치부 증류소의 성공이 만든 1차 크래프트 위스키 붐과 위스키 수출 증가가 만든 2차 크래프트 위스키 붐, 각각의 시기에 생겨난 증류소를 하나로 묶었다.

일본 증류소 탐험 전에 일본 위스키가 어떻게 만들어지는지와 100년 전 일본에서 최초로 위스키를 만들게 된 이야기를 썼다. 그리고 일본 주세법의 변화를 정리해서, 일본 위스키의 흥망성쇠를 이해할 수 있게 했다. 또 위스키 제조설비 제작 회사, 오크통 제작 회사, 일본 독립병입 위스키 회사 등을 통해 '일본 위스키 산업'을 보다 폭넓게 알 수 있게 했다. 마지막으로 럼 증류소 한 곳의 이야기와 일본의 각종 위스키 이벤트 정보를 담았다.

2023년 9월 기준, 일본의 위스키 증류소는 86곳('재패니즈 위스키 딕셔너리' 참조)으로 알려져 있다. 이 책이 출판된 후에도 증류소는 계속 생겨날 것이다. 일본 위스키 100주년이 되는 2023년, 일본 전국의 위스키 증류소가 100곳에 달할 것이라는 예상이 현실이 되어가고 있다. 일본 위스키가 워낙 잘 팔려서 일본 지자체가 앞다퉈 면허를 내주고 있기 때문이다.

일본 농림수산성 수출통계에 따르면, 일본 위스키 수출액은 2013년 40억 엔에서 2019년 194억 엔이 됐다. 2020년에는 271억 엔을 기록해서 사케를 20년 만에 따돌렸다. 일본을 대표하는 1등 술의 자리에 위스키가 오른 것이다. 2021년에는 461억 엔, 2022년에는 560억 엔을 기록했다.

이제 위스키는 일본 전체 농림수산물과 식품 수출액 순위에서 1위 가리비(910억 엔)에 이어 2위를 차지하고 있다. 3위 사케(474억 엔)

와도 100억 엔 가까이 차이 난다. 2022년 한국 전체 주류 수출액(3979억 원)도 가뿐히 뛰어넘을 만큼 일본 위스키 수출액은 엄청나다. 농림수산성은 위스키 수출 증가 원인에 대해 "세계적인 지명도 향상으로 중국, 미국과 같은 종래의 수출국에서 싱가포르, 영국 등으로 확대되고 있다"고 분석했다.

스카치위스키의 2022년 수출액 62억 파운드(약 9조 원)와 비교하면, 일본 위스키 수출액 5000억 원은 5.5%에 그친다. 하지만 반대로 보면 그만큼 성장 가능성이 있다는 의미이다. 100개 넘는 스카치위스키 증류소, 그리고 마찬가지로 100개 넘는 일본 위스키 증류소의 맞대결. 위스키를 사랑하는 소비자에겐 축복에 가까운 일이다.

물론, 과제도 있다. '재패니즈 위스키'라는 정의가 없다는 점이다. 일본양주주조협회가 기준을 마련했지만, 아직 법제화되지 않았다. 일본 주세법상으로는 보리나 옥수수 등의 곡물을 증류한 '원주'가 10%만 들어가도 위스키가 되고, 수입한 '원주'를 일본에서 병입만 해도 '일본산'이라고 표기할 수 있다. 위스키 외의 주류나 스카치위스키를 원재료 삼아 제조한 '일본 위스키'가 수출의 상당 부분을 차지하고 있는 것도 현실이다. 일본 위스키 인기가 계속되리라는 보장도 없다.

일본 위스키의 세계적인 인기는 어디에서 온 것일까. 일본 위스키가 당면한 과제는 무엇이고 이를 어떻게 해결해나갈 것인가. 이 책을 통해 여러분과 함께 이야기 나누고 싶다. 그리고 단비가 되고 싶다.

추천사   **조승원**
유튜브 〈주락이월드〉 진행자 ___ 007
스미요시 유이치로
Bar LEICHHARDT 오너 바텐더, 위스키 저널리스트 ___ 010
서문   ___ 013

1장   **일본 위스키가 만들어지는 과정**
일본 위스키는 어떻게 만들어지나 ___ 025

2장   **일본 위스키 선구자들이 걸어온 길**
1. 일본 위스키 여명기 ___ 047
2. 산토리 – 야마자키, 하쿠슈, 치타 ___ 058
    Ⅰ. 야마자키 증류소 ___ 070
    Ⅱ. 하쿠슈 증류소 ___ 078
    Ⅲ. 치타 증류소 ___ 086

3. 닛카 – 요이치, 미야기쿄, 가시와 ___ 100
    Ⅰ. 요이치 증류소 ___ 109
    Ⅱ. 미야기쿄 증류소 ___ 128
    Ⅲ. 가시와 공장 ___ 144

3장 **주세법의 변화와 일본 위스키의 흥망성쇠**

일본 주세법의 변화 ___ 155

4장 **일본 고도 성장기와 함께한 위스키 증류소**

1. 혼보주조 – 마르스 신슈, 마르스 츠누키 ___ 167

Ⅰ. 마르스 신슈 증류소 ___ 173

Ⅱ. 마르스 츠누키 증류소 ___ 183

2. 사사노카와주조 – 아사카 증류소 ___ 195

3. 와카쓰루주조 – 사부로마루 증류소 ___ 210

4. 기린 디스틸러리 – 후지고텐바 증류소 ___ 226

5장 **일본 크래프트 위스키의 시작, 치치부**

벤처 위스키 – 치치부 제1증류소, 치치부 제2증류소 ___ 239

Ⅰ. 치치부 제1증류소 ___ 248

Ⅱ. 치치부 제2증류소 ___ 258

6장 **1차 일본 크래프트 위스키 붐**

1. 겐텐지쓰교 – 앗케시 증류소 ___ 273

2. 고마사주조 – 가노스케 증류소 ___ 291

3. 가이아플로우 디스틸링 – 가이아플로우 시즈오카 증류소 ___ 306

4. 나가하마 로만 맥주 – 나가하마 증류소 ___ 321

7장   **2차 일본 크래프트 위스키 붐**

1. 니가타 소규모 증류소 – 니가타 가메다 증류소 ___ 335
2. 핫카이주조 – 니세코 증류소 ___ 347
3. 시노자키주조 – 신도 증류소 ___ 360
4. 요시다덴자이공업 – 요시다덴자이 증류소 ___ 372
5. 가무이 위스키 – 가무이 증류소 ___ 384
6. 가루이자와 증류주 제조 – 고모로 증류소 ___ 396

8장   **일본 위스키 산업을 떠받치는 회사들**

1. 미야케제작소 ___ 413
2. 시마다목재 ___ 421
3. T&T 도야마 ___ 430

9장   **'재패니즈 위스키' 다음은 '재패니즈 럼'**

이에지마 물산 센터 – 이에지마 증류소 ___ 441

10장   **일본 전국의 위스키 이벤트들**

일본 위스키 이벤트 ___ 461

감사의 글 ___ 473
찾아보기 ___ 477

일본 위스키가 만들어지는 과정

일본 위스키는
어떻게 만들어지나

　　일본 위스키는 스카치위스키에서 시작됐다. 지금으로부터 100여 년 전, 타케츠루 마사타카가 스코틀랜드에서 3년간 배워온 위스키 제조기술이 그 시작이기 때문이다. 그리고 1973년, 캐나다 시그램 Seagram사가 일본 기린과 합작해 증류소를 세우면서 미국의 버번위스키 제조기술도 도입됐다. 100년의 위스키 역사를 가진 일본은 스코틀랜드와 미국을 따라 위스키를 만들어온 셈이다. 그러나 단순히 따라하는 데 그치지 않았다. 몰트 분쇄부터 숙성까지 위스키 제조 전반에 걸쳐 일본 환경에 맞춰 발전시켜왔고, 2019년에는 세계 최초로 '주물 증류기'도 개발했다. 또한, 일본산 참나무 '미즈나라ミズナラ'로 만든 오크통을 스코틀랜드 증류소나 블렌디드 위스키의 피니시에 쓰는 게 더이상 특별한 일이 아닐 정도다.

　　세계의 앞선 위스키 제조기술에 일본인의 자질과 일본에서 재배한 원재료, 그리고 자연환경이 더해진 것이 일본 위스키라 할 수

있다. 아래 글을 통해 일본 위스키 제조과정을 순서대로 훑어보고
자 한다. 일본 위스키가 만들어지는 흐름을 이해하면, 일본 위스키
증류소의 역사와 제조법 차이 등을 이해하기 쉽다. 이 챕터가 일본
위스키를 이해하는 좋은 길잡이가 되었으면 한다.

1. 몰트

몰트위스키를 만드는 일본 증류소 대부분이 영국산 몰트를 사
용한다. 몰트는 보리를 싹 틔운 뒤 건조한 것을 말하는데, 이렇게
해야 보리에서 전분을 최대한 끌어낼 수 있다. 싹 틔운 보리를 건
조하는 방식에 따라 '논피트 몰트'와 '피티드 몰트'로 나뉜다. 후자
는 몰트를 건조하는 과정에 '피트peat, 이탄'라 부르는 이끼, 나무 등
의 식물퇴적층을 이용한다. 탄화될 정도로 완전히 건조되지는 않
은 석탄의 한 종류로 습지에서 채취된다. 피트는 불이 붙기 전에
는 아무런 냄새가 나지 않지만, 불이 붙으면 훈제나 소독약, 볏짚
태우는 냄새 등이 난다. 피트를 태운 열로 보리를 건조하면 이 냄
새가 스며들어 '피티드 몰트'가 되는 것이다. 페놀성 화합물 수치
로 피트의 강도를 표시하며, 40ppm 이상을 '헤비피트heavy peat',
10ppm 이하를 '라이트피트light peat'로 구분한다. '초콜릿 몰트'라
는 것도 있는데, 고온으로 몰트를 로스팅해서 까맣게 탄 것이 특징
이다. 초콜릿이나 커피에 가까운 풍미를 내기 위해 사용한다.

최근에는 일본 국내에서 재배한 보리로 몰트를 만들어 사용하
는 증류소도 늘고 있다. 전통적인 보리 재배 지역은 물론이고, 증
류소 근처 보리농가와 협업해서 '로컬발리Local Barley' 재배도 한창
이다. 단순히 일본 보리라는 상징성에 그치지 않고, 일본 고유의

영국에서 수입된 몰트. 큰 포대 하나에 몰트 1톤이 담겨 있다

보리 품종이나 과거 스코틀랜드에서 재배했던 보리 품종을 시험
하기도 한다.

수확한 보리를 발아시키는 방법은 기계 건조와 전통적인 '플로
어몰팅floor malting'이 있다. 플로어몰팅은 넓고 평평한 공간에 젖은
보리를 깔아놓고 몰트를 만드는 스코틀랜드 전통 방식이다. 보리
가 제대로 발아되지 않으면 몰트가 썩거나 알코올 생산 효율이 떨
어진다. 그래서 골고루 잘 발아되도록 삽으로 보리를 계속 뒤집어
줘야 한다. 상당한 노동력이 필요한 비효율적인 일이지만, 고유의
보리 품종으로 위스키를 만들 수 있다는 장점도 있다.

그레인위스키grain whisky의 주재료는 옥수수다. 대부분 미국산 옥수수를 대량
수입해서 쓰지만, 일본 최대 옥수수 산지 홋카이도의 옥수수를 사용한 그레
인위스키도 만들고 있다. 이 밖에 호밀과 밀도 사용하고, 일본에서 많이 재배
되는 쌀과 메밀을 활용한 그레인위스키도 고안되고 있다. 단, 산토리, 닛카,

1장 일본 위스키가 만들어지는 과정

플로어몰팅

기린 등 대기업을 제외하면, 몰트위스키와 그레인위스키를 모두 만드는 곳은 거의 없다. 대기업들은 자사 그레인위스키를 타사에 판매하지 않는다. 따라서 대부분의 증류소가 스코틀랜드산 그레인위스키를 수입해 자사 몰트위스키와 블렌딩해 블렌디드 위스키를 만들고 있다.

2. 분쇄

몰트는 물에 용해되기 쉽게 작게 분쇄해야 한다. 분쇄기roller mill 또는 malt mill 는 영국, 미국, 독일, 스위스, 중국 등 다양한 국가에서 생산한 제품을 쓴다. 분쇄부터 증류까지 한 번에 사용하는 몰트의 양을 '배치batch'라고 하는데, 한 배치에 사용하는 몰트 양에 따라 분쇄기 크기도 제각각이다. 최근 생겨난 크래프트 증류소는 한 배치에 몰트 1톤을 쓰는 곳이 많다.

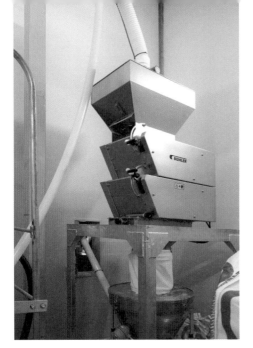
몰트 분쇄기

몰트는 3가지 크기로 분쇄된다. 가장 입자가 큰 허스크husk, 중간 크기의 그리츠grits, 입자가 매우 작은 플라워flour다. 허스크는 입자가 커서 잘 용해되지 않지만, 당화가 끝난 후 침전되어 맥즙이 쉽게 여과되도록 돕는다. 플라워는 물에 빨리 용해되어 맑은 맥즙을 만들기 좋지만, 서로 뭉쳐서 여과를 어렵게 할 수 있다. 따라서 적절한 비율로 몰트를 분쇄하는 것이 매우 중요하다.

일반적으로 몰트 분쇄의 황금비율은 '허스크 2:그리츠 7:플라워 1'이다. 일본 증류소도 대부분 이 비율로 몰트를 분쇄하며, 약간씩 변형을 주기도 한다.

> 그레인위스키 재료인 옥수수, 호밀, 밀 등은 '해머밀hammer mill'로 분쇄한다. 기계 가운데에 회전판이 있고, 회전판에 붙어 있는 여러 개의 해머가 돌아가면서 곡물을 외벽에 으깨는 방식이다. 회전속도 등을 조절해 다양한 곡물을 분쇄할 수 있다.

3. 당화

분쇄된 몰트에 뜨거운 물을 부으면 몰트 속 전분이 당으로 변한다. 이 작업을 스테인리스로 만든 당화조mash tun, 매시튠가 담당한

오른쪽부터 허스크, 그리츠, 플라워, 분쇄한 3종류의 몰트를 섞은 것, 그리고 몰트. 지름은 허스크 1.4밀리미터 초과, 그리츠 1.4~0.2밀리미터, 플라워 0.2밀리미터 미만이다

다. 과거에는 나무로 만든 당화조도 사용했으며, 일부 증류소는 당화조 뚜껑 부분만 나무를 사용하기도 한다. 당화조 내부에는 갈퀴 같은 부품이 붙어 있는데, 몰트와 온수를 휘저어 섞는 역할을 한다. 온도조절이 가능한 당화조도 있고 그렇지 않은 당화조도 있다. 그러나 대부분 온도를 조절하지 않는다. 당화조는 맥주 생산에도 이용되는 설비라 일본에서도 오래전부터 만들어왔다. 그래서 일본에서 만든 당화조를 쓰는 증류소가 많고, 독일이나 중국 등에서 만든 당화조를 쓰는 곳도 있다.

당화에 사용하는 물의 온도는 증류소마다 다르다. 표준적으로는 1차 65도 전후, 2차 75도 전후다. 3차와 4차 당화까지 하는 증류소도 있는데, 이때 물 온도는 90도까지 올라간다. 그러나 3, 4차 당화 액체는 당도가 낮아 발효에 부적합해서, 다음 배치 1, 2차 당

스테인리스 당화조

화의 온수 역할을 하는 경우가 대부분이다.

온수를 만난 몰트가 당화되어 만들어진 액체를 맥즙워트, wort이라고 한다. 식혜 같은 달콤한 향이 특징이며, 아직 알코올 성분은 없다. 당도는 대체로 14~16브릭스brix다. 보통 당도의 50%가 알코올 도수로 변한다. 14브릭스의 맥즙을 만들면, 발효를 통해 알코올 도수 7%의 맥주가 만들어지는 것이다. 맥즙은 20~25도 정도로 냉각 후 발효조로 옮긴다. 냉각을 하는 이유는 발효조에서 효모를 첨가했을 때, 효모가 고온에 사멸하는 것을 방지하기 위해서다. 당화 시간은 증류소마다 다르지만, 대부분 30분 정도다. 그러나 온수 준비와 냉각, 당화조 세척 등을 포함하면 5~6시간 소요된다.

그레인위스키를 만들 때는 당화조 대신 '쿠커cooker'라는 설비를 이용한다. 쿠커는 다양한 곡물을 서로 다른 최적 온도로 당화시켜야 하기 때문에 온도조

1장 일본 위스키가 만들어지는 과정

절이 필수다. 당화조에는 몰트가 한 번에 담기는 반면, 쿠커는 곡물별로 투입 시간이 다르며, 그때마다 온수 온도를 높이거나 낮춰 당화한다. 그래서 몰트 당화조보다 당화에 훨씬 많은 시간이 든다.

4. 발효

당화가 끝난 맥즙은 발효조워시백, wash back로 옮겨진 뒤, 효모를 더해 발효를 시작한다. 발효조는 스테인리스 발효조와 나무 발효조가 있다. 나무 발효조에 가장 많이 쓰이는 나무는 '더글러스퍼 douglas fir'라 불리는 미국산 소나무다. 일본 참나무 품종 '미즈나라' 발효조를 쓰는 곳도 있다. 사케나 소주를 만들던 증류소는 법랑 발효조를 사용하기도 했으나, 최근에는 스테인리스나 나무 발효조로 바꾸는 추세다.

스테인리스 발효조와 나무 발효조의 가장 큰 차이는 유산균의 작용 여부다. 나무에는 다양한 유산균이 서식하는데, 이 유산균들이 발효에 영향을 미치는 것이다. 보통 2일이면 효모가 당분을 섭취해 알코올 만드는 일이 끝난다. 이후부터는 유산균이 향을 더하거나 주질을 바꾸는데, 짧게는 1일에서 길게는 3일 정도 소요된다. 따라서 나무 발효조를 사용하는 곳은 스테인리스 발효조를 사용하는 곳보다 발효 시간이 길다. 다양한 맛의 위스키를 만들기 위해 스테인리스와 나무 모두 사용하는 곳도 많다. 발효를 거쳐 만들어지는 액체는 '워시wash'라고 한다. 일본에서는 '거르지 않은 술'이란 뜻을 가진 '모로미もろみ'라는 단어를 쓴다.

발효에 사용하는 효모는 증류소마다 천차만별이다. 산토리, 닛카 등 역사가 오래된 증류소는 자체 효모를 사용한다. 효모가 무엇인지는 특급 비밀이다. 크래프트 증류소 중에서도 어떤 효모를 쓰

나무 발효조

는지 절대 밝히지 않는 증류소가 있다. 일반적으로는 '디스틸러리 효모'를 쓴다. 1950년대에 개발한 효모로 당분을 알코올로 바꾸는 능력이 탁월하다. 디스틸러리 효모와 맥주 효모를 함께 사용하는 곳도 많다. 효모는 살아 있는 생물이어서 온도에 민감하다. 따라서 발효조 온도를 조절해 효모 활동을 제어하기도 한다.

발효과정에서 몰트위스키와 그레인위스키의 차이는 별로 없다. 단, 그레인위스키는 위스키 자체의 풍미보다 알코올 생산성에 주안점을 두기 때문에 스테인리스 발효조에서 2일 정도 발효하는 것이 일반적이다.

5. 증류

몰트위스키는 단식 증류기로 두 번 증류한다. 워시를 1차 증류하는 증류기를 '초류기워시스틸, wash still'라고 한다. 초류기로 증류후 액화시켜 2차 증류기로 보내는 액체를 '로우와인low wine'이라고 하는데, 보통 도수 20~25%의 알코올이다. 로우와인을 증류하는 2차 증류기를 '재류기스피릿스틸, spirit still'라고 한다. 재류기를 통해 만들어진 최종 생산물을 '위스키 스피릿whisky spirit' 혹은 '뉴 메이크 스피릿new make spirit'이라고 한다. 보통 도수 70% 이상의 알코올인데, 숙성에 가장 적합하다고 알려진 63.5% 전후로 희석시켜 오크통에 담는다.

증류기 가열방식은 크게 직접가열과 간접가열로 나뉜다. 직접가열은 화력이나 가스를 이용해 말 그대로 증류기 표면을 직접 가열하는 방식이다. 일본에는 전통적인 석탄 직접가열방식을 고집하는 증류소도 있고, 더 나아가 장작을 때는 곳도 있다. 간접가열방식은 130도 정도의 일정한 온도로 가열하는 반면, 직접가열방식은 훨씬 고열(석탄의 경우 1000도 이상)이고 화력이 들쑥날쑥하다. 고열로 증류하기 때문에 워시의 특성이 더 많이 남고, 주질도 무거워진다고 한다. 또 이렇게 만든 스피릿은 장기숙성을 해도 오크통에 지지 않는 대항력을 가지고 있다고도 한다. 그러나 가열방식보다 증류 속도에 따라 스피릿 풍미가 좌우된다는 주장도 있다.

간접가열방식은 증류기 안에 모기향 모양의 가열기가 2~3겹으로 들어 있는 형태와 '퍼콜레이터percolater'라는 이중관 사이로 증기를 통과시키는 형태 등이 있다. 가열 면적이 충분하지 않을 경우 퍼콜레이터식 간접가열방식을 쓴다. 현재 일본 증류소 대부분이 간접가열방식으로 증류기를 가열하며, 이것이 세계적인 추세다. 직접가열방식에 비해 온도조절이 편하고 에너지 효율도 높다.

증류기의 길이와 형태로 위스키 스피릿 특성을 제어한다. 증류기를 가열하면 액체가 증류돼서 위로 올라가는데, 일부 증기는 물

직접가열방식 증류기를 가열하기 위해 석탄을 넣는 모습

방울이 되어 다시 떨어진다. 이를 '환류'라 한다. 증류기가 짧으면 다시 액화되어 떨어지는 증기가 적어, 워시의 특징적인 향이 많이 남는 스피릿이 된다. 반대로 증류기가 길면 많은 향미 성분이 냉각기로 넘어가기 전에 물방울이 되어 떨어지므로, 보다 깔끔하고 가벼운 스타일의 스피릿이 된다. 증류기 형태는 '스트레이트straight', '랜턴lantern', '벌지bulge' 3가지로 나뉜다. 스트레이트 형태는 환류를 촉진하는 일 없이 기체가 상승하므로, 짧은 증류기와 같은 효과를 낸다. 반면, 랜턴이나 벌지 형태는 증기가 상승하는 과정에서 환류를 촉진해 긴 증류기와 같은 효과를 낸다. 종합해보면, 스트레이트형 짧은 증류기는 워시의 향미를 많이 가진 스피릿을, 랜턴형과 벌지형 긴 증류기는 보다 깔끔하고 가벼운 스피릿을 만든다.

1장 일본 위스키가 만들어지는 과정

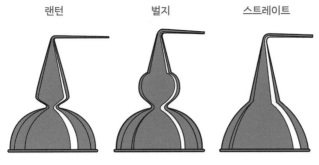

랜턴　　　벌지　　　스트레이트

여러 형태의 증류기

　증류기 끝 부분 '라인암lyne arm'과 '콘덴서condenser, 냉각기'도 스피릿 특성을 결정하는 데 중요한 역할을 한다. 라인암은 상향식과 하향식이 있다. 증류된 기체가 상향식 라인암을 만나면 무거운 성분은 다시 증류기로 떨어진다. 반대로 라인암이 아래로 향하면 무거운 성분도 쉽게 콘덴서로 넘어간다. 콘덴서는 셸앤튜브shell&tube, 다관식와 웜텁worm tube, 뱀관식이 있다. 셸앤튜브는 이름에서 알 수 있듯, '셸'이라 불리는 용기에 수많은 관이 들어 있는 형태다. 증기가 셸 안으로 들어가면, 수많은 냉각관을 만나 관 표면에서 액화된다. 웜텁은 똬리를 튼 뱀 모양 파이프를 용기에 넣고, 거기에 냉수를 흘려보내 증기를 냉각시키는 방식이다. 셸앤튜브 콘덴서는 19세기 후반에 발명됐지만, 1960년대부터 널리 쓰이기 시작했다. 최근 짓는 증류소는 90% 이상이 셸앤튜브 콘덴서를 사용하는데, 에너지 효율이 높고 공간도 적게 차지하기 때문이다. 일본 증류소도 대부분 셸앤튜브 콘덴서를 사용한다.

　마지막으로 '컷cut' 과정이다. 2차 증류로 만들어진 스피릿은 헤드head, 하트heart, 테일tail로 나뉜다. 헤드는 처음 30분에서 1시간

웜텁 콘덴서(좌측 증류기 끝의 원통)와 셸앤튜브 콘덴서(우측 증류기 끝의 원통)

까지 증류되는 스피릿으로 알코올 도수가 76~85%에 이른다. 메탄올 등 눈을 멀게 하거나 심할 경우 사망에 이르게 할 수 있는 성분들이 포함되어 있어 재증류에 사용한다. 하트는 알코올 도수 64~76%의 스피릿으로 향미도 풍부하면서 인체에 해롭지도 않아 숙성에 사용된다. 테일은 1~64%의 스피릿으로 좋지 않은 풍미를 가지고 있어 위스키 스피릿으로 부적합하다. 헤드와 마찬가지로 재증류에 사용한다. 컷을 어떻게 하느냐에 따라 증류소의 위스키 특성이 결정되는데, 일본에서는 사람의 관능평가로 컷을 하는 경우가 많다.

　증류기 가열방식, 증류기 길이와 형태, 라인암 각도, 콘덴서 종류, 컷 등은 증류소에서 원하는 스피릿 특성에 따라 자유롭게 조합

　　　　　　　　　　　　　1장 일본 위스키가 만들어지는 과정

풍미를 확인하며 컷을 하는 스피릿 세이프

할 수 있다. 증류기를 만드는 회사들은 증류소의 요구에 맞춰 증류기를 제작한다. 그리고 2019년, 일본의 한 증류소가 구리가 아닌 주물로 증류기를 개발했다. 세계 최초 개발로 일본은 물론 위스키 본고장 영국에서도 특허를 획득했는데, 이 증류기가 전 세계 위스키 업계에 어떤 역할을 할지 기대를 모으고 있다.

그레인위스키는 주로 연속식 증류기로 증류한다. 연속식 증류기는 연속적으로 워시를 공급해 고순도의 알코올을 빠르게 얻는 데 적합하다. 칼럼column식과 코페이coffey식 등이 있다. 코페이식 증류기는 칼럼식에 비해 증류 효율(고도수 알코올 획득)은 떨어지지만, 워시 풍미를 더 많이 남긴다는 특성이 있다.

6. 숙성

숙성방식은 크게 더니지dunnage와 랙rack, 그리고 팔레타이즈palletize 3가지가 있다. 더니지 방식은 전통적인 숙성방식으로 오크통 위에 오크통을 3단 정도로 쌓는 방식이다. 따라서 숙성고도 천장이 낮은 1층 건물이다. 랙 방식은 철제 받침대를 만들어 오크통을 넣는 방식으로, 높게 단을 쌓기 때문에 숙성고 건물도 높아진다. 팔레타이즈 방식은 팔레트 위에 오크통을 적재하는 방식이다. 더니지 방식은 랙이나 팔레타이즈 방식보다 사람의 노동력이 더 필요하다. 랙 방식으로 1시간이면 할 일이 더니지 방식으로는 3~4시간 걸리기도 한다. 또 공간활용 측면에서도 랙이나 팔레타이즈 방식이 유리하다. 그래서 처음에는 더니지 방식 숙성을 하다가 생산량이 늘면 랙 방식 숙성고를 늘리는 경우가 많다(참고로 랙은 더니지처럼 오크통을 눕혀 숙성하지만, 팔레타이즈는 오크통을 세워서 숙성한다. 그래서 팔레타이즈 방식이 공간효율성은 가장 좋다. 그러나 세워서 숙성할 경우, 약한 오크통 뚜껑 부분이 아래를 향해서 위스키가 새기 쉽다. 팔레타이즈 방식으로 숙성하는 일본 증류소는 거의 없다).

일본의 대형 위스키 증류소들은 자동화된 숙성고를 갖고 있다. 마치 자판기에서 원하는 음료를 사서 마시는 것처럼, 원하는 위치에 오크통을 넣었다 뺄 수 있도록 했다. 대규모 자동화 숙성고에는 수천 개의 오크통이 한 번에 저장되므로, 건물의 내진과 내열에도 심혈을 기울인다.

오크통은 배럴(barrel, 180~200리터), 혹스헤드(hogshead, 250리터), 펀천(puncheon, 300~500리터), 벗(butt, 500리터) 등 다양한 사이즈를 사용한다. 미국산과 유럽산 오크통은 물론, 일본산 미즈나라 목재로 만든 오크통이나 벚꽃나무 오크통 등도 사용하고 있다. 버번위스키를 숙성했던 버번배럴과 셰리와인을 숙성했던 셰리벗은 물론이고 럼, 맥주, 와인, 테킬라, 그리고 일본 소주를 담았던

더니지 방식 숙성고

랙 방식 숙성고

다양한 사이즈의 오크통

오크통까지 다양하게 사용한다.

　대부분의 일본 증류소는 숙성고 온도를 인위적으로 조절하지 않고 자연에 맡긴다. 대체적으로 스코틀랜드보다 증발량이 많지만, 습도가 높고 온도변화가 적은 산간 지역은 스코틀랜드와 비슷한 증발량을 보인다. 일본은 남과 북의 온도차가 매우 커서, 북쪽 지역인 홋카이도는 연간 증발량이 스코틀랜드와 비슷하며(약 2~3%), 규슈 남부나 오키나와는 대만과 비슷하게 연간 10~12%의 위스키가 증발된다.

스카치위스키와 재패니즈 위스키의 결정적 차이

많은 일본 위스키 생산자들이 말하는 스카치위스키와 재패니즈 위스키의 결정적 차이는 '원주 교환 문화'의 유무다. 스카치는 과거부터 증류소 간 활발하게 위스키를 교환하거나 매매해왔다. 다양한 맛의 포트폴리오를 구성하고, 수요에 따라 공급을 조절할 수 있다. 최소한의 위스키만 만들고 나머지는 외부에서 공급받는 것이 과잉생산으로 타격을 입는 것보다 훨씬 안전하다. 물론, 급격히 수요가 늘었을 때 곧바로 대응하긴 어렵지만, 안정적으로 증류소를 운영할 수 있다.

반면에 일본은 원주 교환 문화가 아예 없다. 그래서 산토리와 닛카 등 대기업은 자체적으로 그레인위스키 증류소를 세웠다. 물론, 자신들이 만든 그레인위스키를 다른 회사에 팔지도 않았다. 이런 현실에서 산토리와 닛카 모두 스스로 다양한 위스키 원주를 만들어야 했다. 생산량도 공급량도 미래를 예측하면서 조심스럽게 해나가야 한다. 자칫 잘못하면 과다생산 또는 과소생산으로 엄청난 피해를 입을 수 있기 때문이다.

원주 교환 문화가 없다고 해서 단점만 있는 건 아니었다. 아이러니하게도 현재 일본 위스키가 각광받는 계기를 가져왔다.

- 몰트위스키부터 그레인위스키까지, 모든 위스키 제품 품질을 자사에서 관리: 이상향의 위스키를 좇아 생산단계부터 기획
- 위스키 원주의 다양성을 스스로 추구해야 하므로, 개성 있는 위스키를 다수 보유: 싱글몰트 위스키 시장에서 다양한 위스키 포트폴리오로 소비자들의 니즈를 충족

문제는 크래프트 증류소다. 몰트위스키 증류소는 만들었는데, 그레인위스키는 구할 수가 없다. 그레인위스키를 만드는 연속식 증류기는 초기 투자비용이 많이 들어서, 생산을 극대화하지 않으면 단가가 비싸진다. 경쟁력이 없어서 섣불리 만들 수도 없다. 그렇다고 닛카나 산토리가 그레인위스키를 팔지도 않는다. 그래서 스카치 그레인위스키를 수입해 블렌디드 위스키를 만들어 파는 실정이다. 현재 많은 일본 크래프트 증류소가 이런 제품을 출시하고 있다. 대량생산이 가능해서 당장 돈이 되기 때문이다.

이런 문제를 해결하기 위한 새로운 움직임도 포착되고 있다. 일본 내에서 그레인위스키만 전문적으로 만들겠다는 증류소가 생겨났다. 앞으로 크래프트 증류소에 그레인위스키 원주를 팔아서 '올 재패니즈 블렌디드 위스키'에 공헌하겠다는 야심찬 계획이다.

또한, 일본 크래프트 증류소의 선구자인 치치부 증류소는 홋카이도에 그레인위스키 증류소를 짓기 시작했다. 주력상품인 블렌디드 위스키에 보다 안정적으로 그레인위스키를 공급하기 위해서다. 2025년부터 홋카이도에서 치치부 그레인위스키가 생산되면, '치치부 재패니즈 블렌디드 위스키'가 완성될 것이다.

한편, 일본 크래프트 위스키 증류소 간에 '원주 교환 문화'가 조금씩 생겨나고도 있다. 신슈 증류소와 치치부 증류소는 원주 교환을 통해 '몰트 듀오Malt Duo'라는 블렌디드 몰트를 생산했고, 사부로마루 증류소와 나가하마 증류소도 원주를 교환해서 'FAR EAST OF PEAT'라는 제품을 출시했다. 또한 T&T 도야마와 같은 일본 위스키 독립병입 회사가 생겨나면서 이런 흐름은 계속 이어질 것으로 보인다. 스코틀랜드처럼 일본에서도 원주 교환 문화가 자리 잡는다면, 아주 재미있는 위스키 생태계가 탄생할 것이다.

일본 위스키 선구자들이
걸어온 길

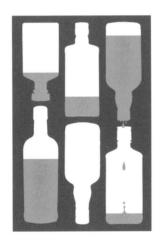

1. 일본 위스키 여명기

일본 개항과 가짜 양주 시대

　쇄국정책의 종말이 위스키를 일본에 가져왔다. 1854년 3월 31일, 미국 페리 제독이 이끄는 함대가 요코하마에서 에도막부와 '미일화친조약(가나가와 조약)'을 맺었는데, 조약 체결을 앞두고 천황을 비롯한 고위 관료들에게 위스키를 선물했다는 기록이 남아 있다. 에도막부 고위 관료를 미군 함선으로 초대해 선상파티도 열어 서양 음식과 함께 위스키, 와인 등의 술도 제공했다. 1858년 7월 29일 미일수호통상조약이 체결되면서 일본 5개 항구가 개방됐고, 곧바로 위스키 등 주류 수입이 시작됐다.

　에도막부 종식과 함께 1868년 메이지유신이 시작되면서 개방의 물결은 더욱 거세졌다. 정치, 경제, 문화 등 모든 영역에 걸쳐 '근대화'가 진행됐다. 사케와 소주 대신 위스키나 와인을 찾는 사람이 늘어났고, 이들을 위해 외국에서 값싸게 들여온 주정에 설탕,

미림, 향신료 등을 섞어 파는 업자가 생겨났다. 각종 차를 판매하던 '차돈야茶問屋'인데, 찻잎을 가공하거나 블렌딩하면서 얻은 노하우를 주류제조에 사용한 셈이다.

이렇게 만든 '일본식 리큐어'는 의료용이라는 명목으로 세금이 붙지 않았다. 그러나 1901년부터 해외 주정에 세금이 붙어 가격 경쟁력이 떨어지고 말았다. 이어 위스키, 와인 등 수입 주류 전반의 세금도 대폭 올랐다. 이 기회를 일본 주류업체가 놓칠 리 없었다. 프랑스나 독일에서 수입하거나 자체 고안한 연속식 증류기로 만든 일본산 주정을 값싸게 공급하기 시작했다. 단순히 주정을 공급하는 데 그치지 않고, 주정에 설탕과 향신료, 와인과 브랜디 등을 섞어 '가짜 양주'를 만들었다. 기성품뿐만 아니라 새로운 제품을 원하는 회사로부터 주문을 받아 술을 납품했다. 값싼 가격에 그럴듯한 맛이 나는 가짜 양주는 서양의 생활상을 동경하던 이들을 제대로 공략했다. (생산량 및 판매량으로) 당시 가장 큰 성공을 거둔 회사 중 하나가 '셋쓰주조摂津酒造'다. 오사카에서 창립된 이 회사가 오늘날 일본 위스키의 마중물 역할을 할 줄 아무도 몰랐을 것이다. 일본 위스키 역사의 한 획을 그은 인물들이 셋쓰주조에 모여들기 시작했다.

"얏테미나하레(やってみなはれ, 일단 부딪쳐봐)" 정신
―토리이 신지로

1879년, 오사카에서 환전상 둘째 아들로 태어난 토리이 신지로鳥井信治郎. 13세에 와인과 위스키 등을 다루는 상점에 견습생으로 들어간 뒤, 스무 살이 되던 1899년에 자신의 이름을 내건 '토리이

젊은 시절의 토리이 신지로

상점'을 열었다. 스페인 상인이 수입한 와인을 마신 뒤 그 맛에 반해 야심차게 스페인산 와인을 판매했으나, 이 와인의 강한 산미는 일본인 입맛에 맞지 않아 팔리지 않았다. 그러나 토리이 신지로는 좌절하지 않았다. 이번에는 포트와인의 달콤함이 일본인에게 통할 것이라 생각하고 향료와 감미료를 섞어봤다. 여러 번의 시행착오 끝에 납득할 만한 맛을 찾아냈고, 셋쓰주조에 제조를 의뢰했다. 이것이 바로 1907년 출시된 '아카다마 포트와인赤玉ポートワイン'이다. 1906년에 회사 이름을 '고토부키야寿屋 양주점'으로 바꾼 뒤 이듬해에 야심차게 출시했다.

"본고장 포트와인과 맛도 향도 색도 다를지도 모른다. 그러나 이 술은 세계 어디에도 없는 일본 포도주, 일본 포트와인이다."

아카다마 포트와인의 성공을 부채질한 것은 선전이었다. 1920년에는 신문 1면에 '아카다마 포트와인'이라는 글자를 쓴 광고를 게재했다. 이를 보고 놀란 독자들이 아이들이 신문에 낙서를 해놨다고 신문사에 따지기도 했다. 이후에도 판매점에서 경품을 제공하

2장 일본 위스키 선구자들이 걸어온 길

아카다마 포트와인

아카다마 포트와인 광고 포스터

일본 국민들을 놀라게 한
아카다마 포트와인 신문 광고

거나, 법랑으로 만든 간판을 사용하는 등 새로운 선전기법을 도입했다.

일제강점기 조선에서도 1920년대부터 1930년대까지 '적옥포도주'라는 이름으로 광고캠페인이 활발했다. 중년 남성이나 젊은 여성이 와인잔을 들고 있는 드로잉과 광고 카피가 돋보인다. 1925년 4월 8일 동아일보에는 "생명의 술이라고 찬가를 받는 방순무비한 아카다마! 비교하자면 존귀한 홍옥이오, 순연한 처녀의 피"라며 온갖 미사여구를 붙여 광고했다.

일본 최초 누드 포스터도 만들었다. 올림머리를 한 여성이 고개를 약간 아래로 내린 채, 눈은 정면을 향한다. 그녀의 상반신은 누드. 흑백사진 속 여성이 손에 들고 있는 와인잔 속 와인만 붉게 빛난다. 붉은 포트와인처럼 "일단 부딪쳐보자"는 토리이 신지로의 강한 의지가 아카다마 포트와인의 공전의 히트를 만들었다. 그리고 이 성공이 '일본 위스키'라는 거대한 나무에 밑거름을 댔다.

위스키 본고장 스코틀랜드로, 타케츠루 마사타카

1894년 히로시마 근교 사케 양조장 셋째 아들로 태어난 타케츠루 마사타카. 오사카 고등공업학교에서 양조학을 배우며 양주에 흥미를 갖기 시작했다. 졸업을 앞둔 1916년 3월, 선배였던 이와이 기이치로岩井喜一郎를 따라 셋쓰주조에 입사한다. 당시 셋쓰주조는 공업용 알코올과 가짜 양주를 만드는 대기업이었다. 타케츠루는 입사 후 얼마 되지 않아 가짜 양주 만드는 일을 도맡았다. 타케츠루의 술 배합 실력은 매우 뛰어났다. 당시 살균처리를 제대로 하지 않아 효모균 등이 번식해 술병이 터지는 일이 빈번했는데, 타케츠루는 철저하게 살균했고, 그가 배합한 술은 한 병도 터지지 않았다고 한다. 주류 제조업계에서 타케츠루의 이름은 유명해지기 시작했고, 셋쓰주조로부터 제품을 공급받던 토리이 신지로도 타케츠루와 마주치는 일이 잦았을 것이다.

일본 경제가 날로 발전하면서 스코틀랜드산 위스키 수입이 늘어났다. 셋쓰주조 아베 기헤에阿部喜兵衛 사장은 언젠가 가짜 양주가 더는 팔리지 않으리라 내다보고 직원 중 한 명을 스코틀랜드로 보내기로 결심했다. 이

젊은 시절의 타케츠루 마사타카

때, 타케츠루의 상사이자 학교 선배였던 이와이 기이치로도 타케츠루를 추천했다. 그러나 양조장을 잇길 원했던 타케츠루의 부모는 반대했다. 아베 사장이 몇 번이나 타케츠루의 부모를 만나 설득한 끝에 타케츠루의 스코틀랜드행이 결정됐다. 아베 사장의 이런 결단에는 타케츠루 마사타카가 자신의 딸과 결혼해 셋쓰주조의 뒤를 이을 것이라는 기대도 담겨 있었다.

1918년 7월 3일, 타케츠루 마사타카는 고베항을 출발했다. 당시는 1차세계대전 말기로 배와 기차를 갈아타며 스코틀랜드까지 가는 것은 목숨을 건 일이었다. 미국 캘리포니아에 도착한 타케츠루는 한 달간 와이너리에서 와인 만드는 법을 배웠다. 그리고 뉴욕으로 향했으나 좀처럼 비자가 나오지 않아 다시 한 달을 체류했다. 11월이 되어서야 '오도나Ordona호'를 타고 출항했고, 1918년 12월

타케츠루 마사타카가 스코틀랜드로 떠날 때 사용했던 캐리어

1919년 4월, 롱몬 증류소에서
현장 실습중인 타케츠루 마사타카(왼쪽)

타케츠루 마사타카의 반려자, 리타

헤이즐번 증류소 공장장 이네스 박사와 함께

2일 드디어 영국 리버풀에 도착했다. 타케츠루는 곧바로 스코틀랜드 중심도시 에든버러로 향했다.

에든버러대학에 갔으나 배우고 싶은 학과가 없어 글래스고로 향한다. 타케츠루는 글래스고대학에서 응용화학을 배우기 시작했다. 스코틀랜드 북부 엘긴 지역의 롱몬Longmorn 증류소에서 일주일간 현장 실습을 하고, 글렌 그란트Glen Grant, 글렌 스페이Glen Spey, 글렌로시스Glenrothes, 더프타운Dufftown, 노칸두Knockando 증류소 등을 견학했다.

다시 글래스고로 돌아온 타케츠루는 1919년 7월, 보네스Bo'ness 증류소에서 2주간 코페이 연속식 증류기 실습을 했다. 그리고 그 해 크리스마스에 스코틀랜드에서 만난 여자친구 리타에게 프러포즈를 했다. 양가의 반대에도 불구하고 이듬해인 1920년 1월 8일 둘은 결혼해 캠벨타운으로 이주했다. 1920년 2월부터 7월까지 5개

타케츠루 노트. 그림과 함께 증류기 등의 작동원리를 굉장히 자세하게 기술했다

타케츠루 마사타카와 부인 리타

월간 헤이즐번Hazelburn 증류소에서 실습 기회를 가졌는데, 이때 위스키에 대한 학문적 기반을 닦고 블렌딩 기술 등을 배웠다.

5개월간의 헤이즐번 증류소 실습 기간에 타케츠루가 작성한 것이 '타케츠루 노트'라 불리는 보고서다. 이 보고서의 원래 이름은 '실습 리포트: 팟스틸, 위스키'다. 위스키 제조 과정 전반은 물론, 증류기 그림부터 각 부위 명칭까지 무척 자세하게 기록되어 있다.

1920년 11월, 2년 4개월 만에 타케츠루는 리타와 함께 일본으로 돌아왔다. 셋쓰주조에 보고서를 제출하고 당연히 위스키를 만들 수 있으리라 생각했으나 상황이 여의치 않았다. 1차세계대전이 가져온 호황은 끝나고 1921년부터 1923년까지 경기가 위축되며 양조업자들이 줄도산 했다. 결국, 셋쓰주조는 막대한 자금이 필요한 위스키 제조를 단념하고 기존의 가짜 양주 제조를 이어나가기로 했다. 기껏 목숨 걸고 스코틀랜드까지 다녀왔으나, 타케츠루에게 맡겨진 일은 계속해서 가짜 양주를 만드는 것이었다. 이에 실망한 타케츠루는 1922년 셋쓰주조를 퇴사했다. 타케츠루는 그 무렵을 다음과 같이 기록했다.

"문자 그대로 셋쓰주조 아베 사장님과는 눈물을 머금고 헤어졌다. 분한 마음에 뛰쳐나왔지만 어디에서 다시 일할 수 있을지 아무것도 정해진 게 없는 상태였다. (중략) 근처에 기독교 학교인 모모야마중학교가 있는데 리타는 롤링 교장 부부와 친하게 지내고 있었다. 롤링 교장 부부는 내가 셋쓰주조에서 나와 곤란해하는 것을 딱하게 여겨 '당신에게는 충분히 자격이 있으니 화학 교사를 해보게나'라고 권유하여 화학 교사로 일하게 되었다. 리타는 데쓰카야마 학원에서 영어를 가르치는 동시에 정재계 인사의 자녀들에게도 영어를 가르쳤다." (타케츠루 마사타카 지음, 김창수 옮김, 『위스키와 나』, 워터베어프레스)

2장 일본 위스키 선구자들이 걸어온 길

2. 산토리－야마자키, 하쿠슈, 치타

아카다마의 성공, 위스키 100년으로

아카다마 포트와인을 성공시킨 토리이 신지로는 다음으로 위스키를 떠올렸다. 위스키를 마시는 외국 사람들을 보며 일본에도 언젠가 위스키의 시대가 올 것이라 생각한 것이다. 회사(당시 고토부키야, 현재의 산토리)에선 무모한 생각이라며 반대가 심했다. 위스키는 초기 투자비용이 큰 반면, 제품 생산은 10년에서 20년까지 시간이 많이 걸리기 때문이다. 그러나 토리이 신지로는 다시 한번 부딪쳐보기로 했다. 당시 회사 이익 대부분을 위스키 공장 설립에 투자했다.

위스키를 만드는 데 가장 먼저 필요한 건 사람이었다. 처음에는 스코틀랜드에서 증류기술자를 데려올 생각이었다. 그러나 타케츠루 마사타카의 존재를 깨닫고, 연봉 4000엔이라는 당시로서는 파격적인 대우로 타케츠루를 초대 공장장으로 고용한다(당시 대졸

초창기 야마자키 증류소
모습

초창기 증류기

증류소에 보리가 쌓여 있는 모습

신입사원 연봉은 500엔에서 600엔 정도였다). 영국 증류기술자와 똑같은 급여로 대우해준 것이다. 타케츠루가 고토부키야에 입사한 1923년 6월부터 토리이 신지로는 위스키 증류소 입지를 찾기 시작했다.

토리이 신지로가 위스키 공장 입지로 가장 중요하게 생각한 건 두 가지. 첫째는 물과 습도다. 일본 교토 남서쪽에 있는 야마자키山崎는 가쓰라桂川, 우지宇治川, 기즈木津川 3개 강이 합류하는 지점으로 양질의 물이 나는 곳으로 유명했다. 또 아침이면 안개가 자욱하게 끼는 습한 환경이 위스키를 만드는 데 최적이라 생각했다. 둘째는 소비. 토리이는 "이제 소비자에게 공장을 보여주지 않는 상품은 절대 커질 수가 없다. 오사카에서 가까운 곳에 증류소를 짓고 싶다"고 타케츠루에게 말했다. 소비 인구가 많은 오사카는 토리이 신지로에게 최적의 위스키 공장 입지였다.

야마자키 증류소는 1923년 첫 삽을 뜨고 1924년에 준공됐다. 스코틀랜드 증류기를 본떠 오사카의 와타나베 구리 제련소에서 단식 증류기를 만들었다. 지름 3~4미터, 높이 5미터 크기였다. 타케츠루와 직원 15명(대부분 사케를 만들던 사람들이었다)은 스카치 위스키에 버금가는 위스키를 만들기 위해 고군분투했다. 타케츠루는 다시 헤이즐번으로 돌아가 위스키 제조 노하우를 얻기도 했다. 증류소 인근 마을 사람들은 증류소를 매우 이상하게 여겼는데, 보리가 공장에 끊임없이 들어가는데도 출하되는 제품이 없었기 때문이다. 야마자키 증류소 안에 보리를 먹는 괴물이 살고 있다며 두려워하기도 했다.

마스터 블렌더 토리이 신지로와 마스터 디스틸러 타케츠루 마사타카는 함께 증류소에서 밤을 지새우며 스피릿 개량과 위스키

초창기 야마자키 증류소 병입 및 라벨링 모습

블렌딩에 몰두했다. 1928년, 토리이가 "4년이나 됐는데 어떻냐"고 묻자 타케츠루는 "아직 이릅니다. 이상적인 위스키를 만들려면 적어도 5년은 필요합니다"라고 대답했다. 그렇게 1년을 더 기다린 1929년, '산토리 위스키 시로후다白札'를 발표했다. '산토리'라는 이름은 아카다마 포트와인의 성공과 토리이 자신의 이름을 담아낸 것이다. '아카다마赤玉, 붉은 구슬'를 태양에 빗댄 영어 단어 'SUN(일본어 발음 '산')'과 토리이 신지로의 '토리이'가 합쳐서 '산토리'가 되었다. '화이트라벨'이란 의미의 '시로후다'를 제품명에 쓴 건, 조니워커 시리즈를 의식한 것일지도 모르겠다. 다음에 출시된 것이 '아카후다(레드라벨)'인 것도 그 연장선상 아닐까.

가격은 1병에 4.5엔. 당시 조니워커 블랙라벨이 5엔이었으니 그에 필적하는 가격이었다. 그러나 스카치위스키 특징인 스모키한 향을 탄내라고 생각한 일본인들에게 인기가 없었다. 1931년에

1937년 당시 출시된 가쿠빈

는 자금난으로 위스키 제조를 중단하는 처지까지 몰렸다. 그러나 치약, 맥주, 홍차 등을 만들던 자회사를 매각하며 어떻게든 위스키 제조 비용을 마련했다. 팔리지 않은 위스키는 숙성이라는 마법과 함께 때를 기다렸다. 드디어 1937년, 산토리 위스키가 도약하는 발판을 마련한 '가쿠빈角瓶'이 발매됐다. 당시의 가쿠빈은 몰트위스키와 연속식 증류기로 만든 주정, 그리고 아카다마 포트와인 등을 블렌딩한 것이다. 스카치위스키를 따라가는 것이 아니라 일본인 입맛에 맞는 위스키를 추구하면서 대성공을 거두었다.

"귀중한 외화가 수입 양주 때문에 무분별하게 해외로 유출되고 있다. 이를 꼭 막고 싶다. 이를 위해서는 수입 양주를 능가하는 우수한 제품을 만드는 수밖에 없다."

태평양전쟁 중에도 야마자키 증류소는 가동됐다. 일본 해군이 위스키를 공급받기 위해 야마자키 증류소의 보리 수급에 편의를 봐준 덕에 전쟁중에도 생산을 계속할 수 있었다. 물론, 유럽에서 수입하는 셰리 오크통 등은 수급이 어려워져서, 일본 내 목재로 오크통을 만들었다. 이때 탄생한 것이 미즈나라 오크통이다. 전쟁 말기에는 야마자키 계곡에 방공호를 파서 보리와 맥아를 운반하고,

2장 일본 위스키 선구자들이 걸어온 길

일본 경제성장기, 직장인들의 피곤함을 풀어주던 토리스 바

오크통을 대나무와 풀로 덮어 숨겼다. 전쟁이 끝났을 때, 오사카 본사와 공장은 소실되었지만, 야마자키 증류소는 무사했다.

전후 '토리스トリス'(1946년), '산토리 올드SUNTORY OLD'(1950년) 등의 발매가 연이어 히트. 일본의 경제성장과 함께 위스키 시장도 성장해나갔다. 특히 산토리 올드는 '출세하면 마시는 술'로 자리 잡으면서 동경의 대상이 됐다. 1950년에는 도쿄와 오사카를 중심 으로 '토리스 바'가 탄생했다. 일본의 고도경제성장기, 직장인들이 피로를 풀며 한 손에는 위스키를 들고 문화와 예술, 인생 이야기를 나누는 곳으로 사랑받았다. 한때는 2000개 넘는 점포가 있었지만, 현재는 거의 남아 있지 않다. 2022년, 산토리는 '현대인 마음의 오 아시스'라는 모토로 도쿄 신바시新橋에 '네오 토리스 바'를 열어 명 맥을 이어나가고 있다.

1962년, 토리이 신지로가 83세의 나이로 세상을 떠난 뒤에도 산

토리스 바의 상징 '엉클 토리스'. 고도성장기 일본, 샐러리맨들의 마음을 대변하는 캐릭터로 사랑받았다

토리 위스키는 계속 발전했다. 1963년, 사명 '고토부키야'를 위스키 브랜드명인 산토리로 바꿨다. 늘어난 위스키 수요에 대응하기 위해 1972년 그레인위스키를 만드는 치타 증류소를 준공했다. 이어서 1973년에는 다양한 몰트위스키 원주 생산을 위해 하쿠슈 증류소를 세웠다. 몰트위스키 증류소 2개와 그레인위스키 증류소 1개로 무장한 산토리는 일본 위스키 시장에서 승승장구했다.

그리고 드디어 1984년, 산토리 퓨어몰트 위스키 '야마자키山崎'를 발매한다. 당시는 일본경제 호황기로 위스키 판매량도 정점이었다. 2년간의 연구 끝에 야마자키 싱글몰트 위스키를 출시함으로써, 60년 역사에 새로운 이정표를 제시했다. 1986년부터는 숙성기간을 표기한 '야마자키 12년'도 발매했다. 이어 1988년에는 야마자키 증류소에 대대적인 개보수가 이뤄졌다. 나무 발효조와 직접가열 증류기를 도입하고, 증류기도 대부분 새것으로 바꿨다. 그리고 1989년, 창업 90주년을 기념해 블렌디드 위스키 '히비키響'를 발매했다.

그러나 일본 주류시장에서 소주가 급성장하고, 스카치위스키가 싸게 공급되자 1980년대 중반부터 일본 위스키 침체기가 시작됐다. 수요가 줄어들면서 위스키 재고관리가 필요해졌고, 1988년 어느 한국 회사에 위스키를 오크통째 팔기도 했다. 당시 닛케이 신문 기사에 따르면, 산토리 오크통 재고는 약 160만 개였다고 한다. 예

2장 일본 위스키 선구자들이 걸어온 길

야마자키 싱글몰트 위스키   발매 당시의 히비키 위스키

상치 못한 위스키 시장의 쇠퇴. 2000년대 중반 일본 국내 위스키 판매량은 1983년 정점의 20~30%까지 쪼그라들었다. 1995년부터 산토리는 한국의 그린소주를 수입해 변화된 증류주 시장에 대응하면서 소비자들이 다시 위스키로 돌아올 날을 기다렸다.

해외에서는 일본 위스키에 대한 높은 평가가 이어졌다. 2003년, ISC International Spirits Challenge에서 야마자키 12년이 금상을 수상했고, 2004년 같은 대회에서 히비키 30년이 일본 위스키 처음으로 최고상을 수상했다. 품질은 인정받았지만, 대중의 선택은 아직 위스키가 아니었다. 소비자의 마음이 위스키로 돌아서기까지 몇 년 더 시간이 걸렸다.

산토리 위스키를 다시 구원한 것은 가쿠빈이었다. 2008년부터 가쿠빈을 탄산수에 타서 마시는 '가쿠빈 하이볼(줄여서 가쿠하

산토리 위스키 시로후다 광고. 다음과 같은 문구가 적혀 있다. "사람들이여 깨어나라!/ 외래맹신의 시대는 갔다/ 취하지 않을 수가 없는 사람들/ 내게는 국산 최고의 미주/ 산토리 위스키가 있다"

2014년에 발매된 1929년 당시의 시로후다 복각판. '시로후다'라는 애칭으로 불리던 하얀색 라벨에 고토부키야(현재의 산토리)를 지탱한 '아카다마 포트와인'의 심볼 마크를 새겨 넣었다 (시로후다는 1964년부터 '산토리 위스키 화이트'로 이름을 바꿨다)

산토리 '가쿠하이볼'

산토리 교게쓰Green

이볼)' 선전을 시작했는데, 전국적인 하이볼 붐을 일으켰다. 일본에선 술집에 가면 "일단 맥주(토리아에즈 비-루)!"라며 맥주부터 주문하는 풍습이 있는데, "일단 하이볼!"이라며 하이볼부터 찾는 사람이 매우 많아졌다. 일본 여배우 이가와 하루카井川遥가 광고모델이 되면서 가쿠하이볼 인기에 기름을 부었다.

2014년에는 산토리가 미국 주류 대기업 빔Beam사를 160억 달러에 인수했다. 이로써 산토리는 스코틀랜드, 미국, 캐나다, 아일랜드, 그리고 일본

야마자키 55년

등 세계 5대 위스키를 모두 가진 세계 3위 주류 메이커로 발돋움했다. 이를 상징하는 위스키가 2019년 발매된 '아오碧'다. 빔산토리가 소유한 5개국 증류소 위스키를 블렌딩했다. 이런 신선한 시도에서 토리이 신지로의 '일단 부딪쳐봐' 정신이 오롯이 느껴진다.

현재까지 일본 위스키 붐은 식지 않고 더욱 뜨거워지고 있다. 야마자키, 하쿠슈, 그리고 히비키의 공급은 수요를 따라가지 못하고 있다. 이 위스키들에 숫자가 붙으면 가격은 천정부지로 솟는다. 정가 300만 엔에 출시한 야마자키 55년은 약 30배가 뛴 9억 원에 낙찰되기도 했다. 히비키 17년은 원주 부족으로 생산이 중단됐고, 야마자키와 하쿠슈 한정판을 구입하려면 추첨에 응모해야 한다. 출하 가격도 오르면서 산토리 위스키 문턱은 날로 높아지고 있다

2023년, 산토리 위스키가 100주년을 맞았다. 산토리는 지난

100년을 발판으로 삼아 앞으로 100년을 준비하기 위해 100억 엔 규모의 투자를 단행하기로 했다. 위스키 품질 향상을 위해 야마자키와 하쿠슈 증류소에 플로어몰팅을 도입한다. 하쿠슈 증류소에는 효모를 직접 배양하는 프로세스를 도입하고, 야마자키 증류소에서는 전기 가열 증류기를 통한 위스키 생산 연구도 진행한다. 또 2023년 가을 야마자키와 하쿠슈 증류소를 리뉴얼해, 일본의 자연과 위스키 장인정신을 세계에 전하고 있다.

100주년 기념 신제품으로 야마자키와 하쿠슈 싱글몰트를 사용한 하이볼 제품을 출시했다. 둘 다 알코올 도수 9%이고 야마자키는 미즈나라, 하쿠슈는 스모키를 테마로 삼았다. 또 야마자키 12년과 하쿠슈 12년의 100주년 기념 라벨 제품과 함께 '야마자키 18년 미즈나라', '하쿠슈 18년 피티드' 등 한정판 제품도 출시했다.

주소	5 Chome-2-1 Yamazaki, Shimamoto, Mishima District, Osaka 618-0001
	(〒618-0001 大阪府三島郡島本町山崎 5 丁目 2 - 1)
홈페이지	https://www.suntory.co.jp/factory/yamazaki/
위스키 생산 시작	1924년

I. 야마자키 증류소

일본 위스키의 시작, 야마자키 증류소로

야마자키 증류소는 지금까지 세 번 다녀왔다. 위스키를 마시기 시작했을 무렵 두 번, 어느 정도 위스키를 마신 뒤에 한 번이다. 야마자키 증류소는 접근성이 매우 좋다. 오사카에서 전차로 1시간이 채 안 걸리는 야마자키역에서 내려 10분 정도 걸어가면 증류소다. 증류소까지 가는 길은 오래된 주택들이 많은 작은 골목길이다. 골목길 전봇대에는 야마자키 증류소 포스터와 깃발 등이 붙어 있다. 아기자기하면서도 질서정연한 주택 사이를 걷다보면 어느새 야마자키 증류소다. 증류소 앞에는 철로가 있는데, 기차가 지나갈 땐 차단기가 내려온다. 증류소를 배경으로 기차가 지나가면 일본 애니메이션 속 한 장면을 보는 느낌이 든다. 철로를 건너면 숲에 둘러싸인 11만 제곱미터 규모의 야마자키 증류소 입구가 나오고, 조금 더 안쪽으로 들어가면 방문자센터다.

야마자키 증류소 외관

토리이 신지로(좌)와 사지 게이조(우) 동상

스테인리스 당화조

나무 발효조

다양한 형태의 증류기

사전 예약자에 한해 증류소 견학을 유료로 할 수 있다. 예약을 하지 않으면 역사관과 상점 이용도 불가능하다. 예약 시간에 맞춰 방문자센터에 도착하면 안내원이 인원을 체크하고 본격적인 증류소 견학이 시작된다. 방문자센터를 나서면 두 사람의 동상이 보인다. 창립자 토리이 신지로와 차남 사지 게이조佐治敬三 동상이다. 아버지는 위스키 잔을, 아들은 위스키 병을 들고 있다. 이들 옆에는 증류기가 1대 놓여 있는데, 야마자키 증류소에서 처음 사용했던 증류기다. 일본 위스키는 바로 이 증류기에서 시작됐다.

야마자키 증류소 창립자들을 지나 처음 들어가는 곳은 당화실. 안으로 들어서기 전부터 몰트가 당화될 때 나는 달콤한 향기가 진동을 한다. 영국에서 수입한 일반 몰트와 피티드 몰트를 사용한다. 현재 야마자키 증류소에는 당화조가 2개 있다. 용량은 10만 리터와 25만 리터. 스테인리스로 만들었다. 한 번 당화하는 데 사용하는 맥아는 4톤에서 최대 16톤. 일본 크래프트 증류소들이 한 번에 1톤 정도의 맥아를 사용하는 것과 비교하면 야마자키 증류소의 규모를 가늠할 수 있다.

맥아에 뜨거운 물을 섞어 당화시키는 공정이 끝나면 다음은 발효다. 각종 효모들이 당을 섭취해 알코올 성분을 만들어낸다. 야마자키 증류소는 스테인리스와 나무, 2가지 스타일의 발효조 20개를 쓴다. 미국산 소나무(더글러스퍼)로 만든 나무 발효조 8개는 용량이 4만 리터. 스테인리스 발효조는 14만 리터 6개와 8만 리터 6개가 있다. 발효시간은 65~75시간.

다음은 증류. 증류기는 총 16개이고, 모양이 제각각이어서 가운데에 볼이 있는 것도 있고 없는 것도 있다. 가열방식과 냉각방식, 라인암 각도 등도 다르다. 이렇게 다양한 증류기를 사용하는 이

야마자키 증류소 더니지 숙성고

유는 서로 다른 개성의 스피릿을 얻기 위해서다. 서로 다른 형태의 증류기로 약 100종류 이상의 위스키 스피릿을 생산할 수 있다. 다양한 스피릿은 숙성을 통해 더욱 다양해지고, 이 다양성이야말로 산토리 위스키의 근간이다. 초류기는 1만 5000리터, 재류기는 8000~1만 리터 크기다. 초류기는 모두 가스 직접가열방식이다. 여러 증류기로 만든 스피릿은 알코올 도수 63% 미만으로 희석해 오크통에 담아 숙성을 시작한다.

　다음으로 숙성고에 들어가면 세월과 오크통이 만들어낸, 고가구를 연상시키는 향이 맴돈다. 아무리 피곤한 날이라도 이 향을 맡으면 금세 개운해질 것만 같은 기분 좋은 향과 함께, 눈앞에는 더니지 방식으로 쌓아올린 오크통이 끝없이 이어진다. 1924년 처음 사용한 오크통 등 1200여 개의 오크통이 잠들어 있다. 오크통은 총 6종류로 180리터 크기 배럴, 230리터 크기 혹스헤드, 480리터 스패니시 오크, 225리터 와인 오크, 홋카이도산 미즈나라 목재로 만든 225리터 미즈나라 오크통 등이다. 나무 레일 위에 오크통을 올리고, 다시 그 위에 레일을 올려 오크통을 쌓는 더니지 방식을 차용해 큰 지진에도 흔들림 없이 버텼다. 숙성고는 야마자키 증류소 내부뿐만 아니라, 하쿠슈 증류소에도 있고, 시가현에 '오오미에이징 셀러'도 있다. 야마자키 증류소에서 생산한 위스키는 대부분 오오미 에이징 셀러에서 숙성되고, 오크통을 만드는 장인들도 그곳에서 일한다.

야마자키 증류소에서 사용하는 '미즈나라 오크통'은 일본 참나무 미즈나라로 만들었다. 1941년, 태평양전쟁 발발로 오크통 수입이 어려워지자 여러 일본산 목재로 오크통을 만들었는데, 그중에서 미즈나라가 가장 덜 샜다. 그때부터 미즈나라로 위스키 오크통을 만들었다. 그러나 2대 마스터 블렌더 사지 게이조는 미즈나라 숙성 위스키는 나무향이 너무 진해서 별로 좋아하지 않았다고 한다. 1970년대 초반에 미즈나라 오크통 생산은 멈췄다. 하지만 미즈나라 오크통을 두 번, 세 번 사용하면서 강한 나무향이 줄고 특유의 '선향線香'이 느껴지면서 재평가받기 시작했다. 3대 마스터 블렌더 토리이 신고가 "블렌디드 위스키 키몰트로 사용하면 좋겠다"는 의견을 제시해 히비키 위스키의 주요 원주가 됐다. 그리고 2000년대부터 미즈나라 오크통 생산도 재개됐다.

숙성고를 나서면 펼쳐지는 푸른 숲과 연못. 위스키가 자연의 힘을 빌려 숙성된다는 사실을 실감할 수 있는 아름다운 풍경이다. 야마자키는 예부터 신에게 바치는 물이 샘솟는 좋은 물의 본고장으

야마자키 증류소 숙성고 앞의 아름다운 연못

로 알려졌는데, 증류소 한편으로 흐르는 맑은 물을 바라보고 있으면 기분까지 맑아지는 느낌이다. 그리고 마지막은 시음. 견학 프로그램에 따라 야마자키 하이볼, 싱글몰트 등을 테이스팅할 수 있다.

여기가 끝이 아니다. 방문자센터의 위스키 시음 공간이야말로 야마자키 증류소의 하이라이트다. 이곳에서는 야마자키 위스키는 물론, 하쿠슈와 치타 등 다른 산토리 산하 증류소 위스키를 맛볼 수 있다. 숙성연수가 기입된 위스키는 물론이고, 각종 한정판 위스키도 저렴하게 맛볼 수 있다. 특히 히비키 위스키를 구성하는 산토리 위스키 제품을 마셔보며, 블렌디드 위스키의 원주 구성에 대해 탐구해볼 수 있다. 시음 공간 주변에는 각종 산토리 위스키 샘플이 모여 있는 공간이 있는데, 다양한 색의 향연 속에서 위스키를 둘러보는 재미가 있다. 위스키 샘플 사이에서 사진을 찍으면, 마치 마스터 블렌더가 된 듯한 모습을 담을 수 있다.

야마자키 증류소의 수많은 위스키 샘플이 놓인 공간

야마자키 증류소는 2023년 5월 1일 견학과 상점 운영을 일시 중단했다가 11월 1일 재개장했는데, 야마자키 증류소 일대의 아름다운 자연환경을 생생하게 느낄 수 있게 했다. 또 위스키 원재료인 맥아를 제조하는 플로어몰팅도 도입할 예정이다. 이렇게 되면 수입산에 의존하던 맥아를 일본산으로 대체해서 위스키의 '일본산' 함량을 더욱 높일 수 있다. '스프링뱅크 로컬발리', '옥토모어 로컬발리' 등 증류소 인근 농가에서 재배한 보리를 사용한 스코틀랜드 위스키처럼, '야마자키 로컬발리'도 머지않아 탄생하지 않을까.

주소	2913-1 Hakushucho Torihara, Hokuto, Yamanashi 408-0316(〒408-0316 山梨県北杜市白州町鳥原2913-1)
홈페이지	https://www.suntory.co.jp/factory/hakushu/
위스키 생산 시작	1973년

Ⅱ. 하쿠슈 증류소

산토리의 두번째 심장, 하쿠슈 증류소

1970년대 일본은 블렌디드 위스키 시대였다. 토리스, 산토리 올드 등의 인기로 더 많은 위스키 생산이 필요했다. 당시 사장이던 사지 게이조는 야마자키와는 다른 개성을 지닌 위스키를 만들기 위한 지역을 수년간 찾은 끝에 야마나시현 하쿠슈白州를 선정했다. 하쿠슈의 물은 화강암층을 통과하며 만들어진 경도 30의 연수로, 야마자키보다 경도가 낮아 가볍고 부드러운 스타일의 위스키를 만들기 좋은 물이었다. 표고 약 700미터라는, 세계에서도 드문 고지대의 서늘하고 습한 기후도 위스키 제조에 적합했다.

1973년, 하쿠슈 증류소가 완공됐다. 초류기 3만 리터, 재류기 2만 리터의 거대한 증류기 6대가 들어섰다. 증류기 용량과 형태, 그리고 라인암이 아래를 향하는 것까지 모두 동일했다. 이후 12대까지 증류기를 늘리고 '하쿠슈 1'이라 불렀다. 1977년에는 또다른 증류기

숲으로 둘러싸인 하쿠슈 증류소. 숲 한가운데 몰트 건조동의 파고다 지붕이 보인다

하쿠슈 증류소 근처를 흐르는 맑은 물. 일본에서 코카콜라보다 많이 팔리는 천연수가 이 물로 생산된다

하쿠슈 증류소 은퇴 증류기. 지금은 전시용이다

12대를 설치한 '하쿠슈 2'가 추가됐다. 즉, 1970년대 하쿠슈 증류소는 거대한 증류기 24대가 쉴새없이 위스키를 만들었다. 그만큼 생산량이 중요한 시절이었다.

1981년, '하쿠슈 1'과 '하쿠슈 2' 맞은편에 '하쿠슈 3'을 지었다. 당시 '하쿠슈 1'과 '하쿠슈 2'는 증류소 부지 서쪽에 있어서 '하쿠슈 서쪽 증류소'라 불렸고, '하쿠슈 3'은 '하쿠슈 동쪽 증류소'라 불렀다. 동쪽 증류소는 서쪽 증류소와 달리 증류기 크기와 형태, 라인암 각도 등이 제각각이다. 생산량이 중요했던 시대에서 다양한 위스키 원주가 중요한 시대로 변하면서 동쪽 증류소가 부각됐다. 자연스럽게 서쪽 증류소 가동은 중단됐다. 1983년 일본 위스키 판매량이 정점을 찍은 뒤 하향곡선을 그린 것도 주요 원인이다.

서쪽 증류소의 '하쿠슈 2'는 해체되고 '하쿠슈 1'은 증류기 12대만 덩그러니 남아 전시 공간으로 활용되고 있다. 어두운 조명 속에

당화조

나무 발효조

현역 증류기

검게 변한 거대한 증류기 사이를 걷다보면, 마치 거인들 사이를 걸어가는 것 같은 착각이 든다. 그리고 오랜 세월을 살아온 거인들은 "다시 한번 뜨거운 열기를 가져다준다면, 언제라도 위스키를 만들어낼 수 있다"고 말하는 것만 같다.

하쿠슈 증류소는 야마자키 증류소와 마찬가지로 영국산 맥아를 수입해 쓴다. 논피트 맥아부터 40ppm 맥아까지 다양한 맥아를 쓰고, 한 번에 10~17.5톤의 맥아를 당화시킨다. 일본 미야케제작소가 만든 당화조는 13만 리터 용량. 발효조는 18개로 모두 미국산 소나무로 만들었다. 용량은 각각 7만 5000리터이고, 효모를 사용해 약 3일간 맥즙을 발효시켜 알코올을 얻는다.

증류기는 1981년 도입된 12대와 2014년 도입된 4대를 합쳐 총 16대. 초류기 8대는 가스 직접가열방식을, 재류기 8대는 스팀 간접가열방식을 쓴다. 용량은 모두 제각각인데, 초류기가 9000~2만 4000리터, 재류기가 4000~1만 4000리터 용량이다. 냉각도 변형을 줘서 초류기 중 1대는 웜텁 방식으로 냉각하고, 나머지는 셸 앤튜브 방식이다. 증류를 통해 만들어진 위스키 스피릿은 원하는 위스키 특성에 따라 알코올 도수 59~63%로 희석해 오크통에 담는다.

2010년에는 그레인위스키 제조설비도 도입했다. 코페이식 증류기와 함께 그레인용 분쇄기, 당화조 역할을 하는 쿠커, 전용 스테인리스 발효조 6개도 도입했다. 산토리의 대규모 그레인위스키 증류소 치타와 달리 소규모라서 다양한 곡물로 개성 있는 그레인위스키를 만든다. 치프 블렌더 후쿠요 신지는 "그레인위스키는 말하자면 '육수'와 같은 것이다. 치타에서는 클린, 미디엄, 헤비 3종류의 그레인위스키를 만들고 있으며, 각 제품의 개성에 중요한 역

하쿠슈 증류소의 랙 방식 숙성고

하쿠슈 증류소에서 맛본 하쿠슈 25년, 야마자키 25년, 히비키 30년

하쿠슈 증류소와 그 주변을 둘러싼 숲

할을 하고 있다. 하쿠슈의 그레인위스키로부터 '콩소메'나 '돼지뼈 육수'와 같은 특별한 의미를 가진 그레인위스키가 탄생할 수 있다고 생각한다. 무한한 가능성을 가진 설비다"라고 말했다.

숙성고는 거대한 창고에 랙 방식으로 만들었다. 일정한 크기의 오크통이 칸칸이 쌓여 있는 모습은 장관이다. 다만, 셰리벗 등 큰 오크통은 여기에서 숙성할 수가 없어서 산토리의 다른 숙성고에서 숙성한다. 하쿠슈 증류소에는 쿠퍼리지도 있어서 숙성에 쓰는 오크통 가공 등을 직접 한다.

야마자키 증류소와 마찬가지로 시음 공간이 따로 준비되어 있다. 여기에서 다양한 산토리 위스키를 저렴하게 맛볼 수 있다. 산토리 위스키 가격이 아무리 급등해도 이곳의 가격은 원가 수준이다. 히비키 30년, 하쿠슈 25년, 야마자키 25년 등 너무 비싸서 쳐다만 보던 위스키들을 즐겨볼 수 있다.

산토리는 하쿠슈 증류소 환경을 지키려고 매우 공을 들이고 있다. 산토리의 주력 생수 제품 '천연수'도 하쿠슈 증류소 부지 내에서 생산되기 때문에 수자원 보호가 중요하다. 산토리는 하쿠슈 일대 약 83만 평 토지를 매입했는데, 83%는 개발하지 않은 채 그대로 뒀다. 증류소 어딜 가도 청록색 삼림이 주는 기분 좋은 느낌을 얻을 수 있는 것도 이 때문이다. '숲속 증류소'라는 애칭은 산토리의 수자원 보호 노력으로 만들어진 것이다.

주소　　　　　　 16 Kitahamamachi, Chita, Aichi 478-0046(〒478-0046 愛知県知多市北浜町16)
홈페이지　　　　 https://www.suntory.co.jp/chitadistillery/
위스키 생산 시작　 1973년

Ⅲ. 치타 증류소

산토리의 블렌디드 위스키를 지탱하는 힘, 치타 증류소

　치타 증류소는 야마자키, 하쿠슈와 달리 산토리가 공개하고 있지 않은 증류소다. 위치는 나고야현 치타시의 공업지대. 물과 환경을 중시한 다른 증류소와 달리 이곳은 원재료 수급 등 물류 환경이 좋은 곳이라 선택된 것으로 보인다. 1972년에 착공해, 1973년에 생산을 개시했다.

　치타 증류소에서 만드는 그레인위스키의 주요 원재료는 미국산 옥수수다. 거대한 연속식 증류기로 헤비, 미디엄, 라이트 3가지 타입의 그레인위스키를 만든다. 이 구분은 연속식 증류기의 칼럼(기둥)을 몇 개 쓰는지에 따라 나뉜다. 2개를 쓰면 알코올 도수는 낮지만 옥수수 등 원재료 풍미를 많이 가진 위스키가 만들어진다. 3개를 쓰면 미디엄 타입, 4개를 쓰면 알코올 도수가 높은 대신 풍미가 적고 순수 알코올에 가까운 위스키 스피릿이 만들어

치타 증류소

진다. 2022년에는 코페이식 연속식 증류기도 도입했다.

연속식 증류기의 증류 원리에 대해 조금 더 알아보자. 쉽게 설명하면 단식 증류기를 여러 개 겹쳐올린 것을 연속식 증류기라 할 수 있다. 10단의 칼럼 연속식 증류기라면, 단식 증류기 10개를 겹쳐올렸다고 생각하면 쉽다. 각 단에 발효를 마친 워시를 주입하고 증류기를 가열하면, 맨 아래쪽 단부터 워시가 기화된 증기가 윗단으로 향한다. 이 뜨거운 증기가 윗단 워시를 가열한다. 이때, 알코올은 윗단 워시에 농축되고 열을 빼앗긴 물은 아래로 다시 떨어진다. 이 과정을 반복해서 윗단으로 올라갈수록 알코올이 농축되어 최종적으로 94~96%의 고농도 위스키 스피릿이 만들어진다.

치타 증류소에는 숙성고가 없다. 여기에서 만들어진 그레인위스키 스피릿은 야마자키, 하쿠슈, 그리고 오오미 에이징 셀러로 옮

2장 일본 위스키 선구자들이 걸어온 길

치타 위스키 하이볼

겨진다. 그레인위스키에서도 다양성을 추구하기 위해 여러 타입의 오크통에 담긴다. 2015년에는 야마자키와 하쿠슈처럼 증류소 이름을 쓴 '치타 싱글 그레인위스키'를 출시했다. 하이볼용 위스키로 인기가 많다.

그레인위스키는 블렌디드 위스키를 만드는 데 꼭 필요한 존재다. 그러나 그레인위스키를 만들려면 대규모 설비투자가 필요하다. 그래서 일본 증류소들은 스코틀랜드 등에서 그레인위스키를 수입해 블렌디드 위스키를 만드는 경우가 많다. 산토리는 치타 증류소를 가지고 있기 때문에 히비키 등 대표적인 블렌디드 위스키를 안정적으로 공급할 수 있었다. 야마자키와 하쿠슈에 비해 덜 알려졌지만, 치타는 산토리 살림꾼 역할을 하는 중요한 증류소다.

일본뿐만 아니라 스코틀랜드 등
전 세계 위스키 산업을 선도하는 산토리

빔산토리는 미국(짐빔, 메이커스 마크), 스코틀랜드(라프로익, 보모어, 오켄토션, 글렌기어리, 아드모어), 캐나다(캐나디언 클럽), 아일랜드(킬베건, 쿨리) 증류소도 소유하고 있다. 이를 바탕으로 새로운 위스키를 선보이며 전 세계 위스키 산업을 선도한다.

'보모어 미즈나라 캐스크'는 그 대표적인 사례다. 스코틀랜드 아일라섬의 대표적인 증류소 위스키를 일본산 목재로 만든 오크통에 숙성한 것이다. 이를 통해 '미즈나라 캐스크'의 훌륭함을 알리고, 기존 보모어 팬들에게도 새로운 미각을 전달했다. 또 '리젠트Legent'라는 제품을 출시했는데, 짐빔 버번위스키를 레드와인 오크통과 셰리 오크통에서 피니싱한 것이다. 여기에는 산토리 마스터 블렌더가 참여했다. 산토리의 '다양한 개성을 가진 위스키 탐구'는 이제 일본 국내 증류소를 넘어 세계 각지 위스키를 결합하는 차원으로 올라섰다.

산토리는 위스키 생산의 지속가능성에도 큰 관심을 보이고 있다. 지난 2021년부터는 스코틀랜드 피트 채취 지역과 수자원 보호 활동을 하고 있다. 2030년까지 400만 달러 이상을 투자해 1300헥타르에 달하는 피트 습지를 보호할 계획이다. 개발로 건조해진 피트 습지의 배수를 멈추고 수위를 높여 습지를 복원해 피트 퇴적을 촉진한다. 아

버번위스키 '리젠트'

2장 일본 위스키 선구자들이 걸어온 길

드모어 증류소 주변 약 15헥타르를 시작으로 2040년까지 산토리에서 사용하는 피트의 2배를 생산할 수 있는 습지 보전이 목표다.

5대 치프 블렌더, 후쿠요 신지 방한

2023년 6월 22일, 롯데 시그니엘 호텔에서 산토리 5대 치프 블렌더chief blender, 후쿠요 신지福與伸二의 '산토리 위스키 100주년 기념 세미나'가 열렸다. 그는 산토리 위스키가 세계적으로 인정받은 이유는 블렌딩에 있다고 했다. 스코틀랜드에서는 싱글몰트 위스키를 만들 때 비교적 단순하게 원주 구성을 한다. 그러나 산토리는 가능한 한 다양한 원주를 블렌딩해서 한 잔의 위스키에서 다양한 향이 나도록 노력한다. 싱글몰트 제조에도 블렌딩 기술을 적극적으로 활용하는 것이다.

태어나서 처음 한국에 왔다는 후쿠요 신지. 세미나 중 미소를 띠고 있다

야마자키 18년 미즈나라,
산토리 100주년 한정판

하쿠슈 18년 피티드,
산토리 100주년 한정판

산토리가 다양한 원주를 만드는 건, '위스키 원주 교환 문화' 부재 때문이다. 스코틀랜드에서는 증류소끼리 위스키를 교환해서 블렌딩하는 문화가 있다. 그러나 일본에는 그런 문화가 없어서, 위스키의 다양성을 추구하려면 한 회사에서 모든 위스키를 만들어야 한다. 산토리는 '츠쿠리와케作り分け'라는 말로 이를 표현하는데, 일본어로 '나눠 만든다'는 뜻이다. 2022년에는 야마자키 싱글몰트를 구성하는 피티드 몰트, 스패니시 오크, 펀천, 그리고 미즈나라 4종류의 특징적인 원주를 '츠쿠리와케 에디션'으로 내놓기도 했다. 서로 다른 4가지 야마자키 위스키를 마셔봄으로써, 이들이 모여 어떻게 하나의 야마자키가 되는지 생각해볼 수 있다.

2023년, 산토리 100주년을 맞아 한정판 싱글몰트 위스키 2개가 출시됐다. '야마자키 18년 미즈나라'와 '하쿠슈 18년 피티드'이다. 후쿠요 신지는 일반 제품을 만들기 위한 위스키 재고에 영향을 주지 않으면서,

2장 일본 위스키 선구자들이 걸어온 길

100주년에 걸맞은 위스키를 만들기 위해 고심했다고 밝혔다. 야마자키 18년 미즈나라는 미즈나라로 대표되는 일본 위스키의 오리엔탈 느낌을 그대로 느낄 수 있는 위스키였다. 후쿠요 신지는 "숙성기간이 서로 다른 미즈나라 위스키를 블렌딩해서 탑노트도 화려하고, 미즈나라향이 단번에 뿜어져나오는 퓨어한 위스키"라고 소개했다. 하쿠슈 18년 피티드는 스코틀랜드 피트 위스키와는 다른 일본 피트 위스키 맛을 제시한다. 일부 피트향은 장기숙성을 통해 라벤더나 열대과일 향으로 변한다. 이런 원주가 많이 들어가서 부드러우면서 달콤한 피트향 위스키가 만들어진다. 1929년, 스모키한 시로후다가 실패했던 것을 되갚기 위한 의미도 가진다고 한다.

노구치 유시 블렌더실 실장 인터뷰

산토리 블렌더가 되기 위한 자격은 무엇인가요? 그리고 한 해 동안 테이스팅하는 원주는 얼마나 될까요?

A _____ '블렌더'라는 구체적인 자격 제도는 없습니다. 블렌더가 담당하는 일은 산토리 위스키 전제품의 향미를 확인하고, 제품 배합을 결정하는 것입니다. 이를 위해 오크통에 숙성된 원주도 물론 테이스팅하지만, 미래를 대비한 숙성 전 뉴포트와 숙성중인 위스키 원주 테이스팅 평가도 합니다. 이를 통해 미래를 위해 적절하게 원주를 남겼는지 확인합니다. 또 숙성 원주의 구체적인 사용계획(어느 원주를 어떤 제품에 언제, 얼마나 사용할지 앞으로 30년 이상에 걸친 장기 수급관리)을 책정합니다.

이런 일을 하기 위해 블렌더는 정확한 관능평가 능력과 함께 중

노구치 유시 산토리 블렌더실 실장

장기를 시야에 넣은 폭넓은 통찰력과 판단력이 필요합니다. 이것들을 실행할 수 있는 사람이 블렌더라고 생각합니다. 또, 산토리 블렌더 특징으로는 각 블렌더가 혼자서 판단하지 않고, 늘 여러 명의 블렌더가 의논하면서 의사결정을 한다는 점입니다. 시간이 걸리지만, 이렇게 해서 보다 정밀도 높은 풍미를 설계할 수 있고, 젊은 블렌더도 육성된다고 생각합니다.

테이스팅하는 샘플 수는 블렌더 1명당 하루 200개에 달하는 경우도 있습니다. 연간 수만 개의 샘플을 테이스팅합니다.

야마자키, 하쿠슈, 히비키, 각각의 특징은 무엇인가요?

A ＿＿ 야마자키는 오랜 경험에서 만들어진 강력하고 매끄러운 맛을 베이스로, 다양한 오크통에서 숙성된 몰트 원주를 정성껏 블렌딩해서 만들었습니다. 산토리 몰트위스키의 중심이라고 생각합니다. 일본이라는 환경에서 견실하게 숙성되어 농후한 숙성감을 느낄 수 있습니다.

하쿠슈 증류소는 산토리 제2증류소로 일본 남알프스 기슭의 숲과 조화를 이루도록 설립되었습니다. 주변 숲에서 나는 깨끗한 물을 사용해 만들어, 매우 경쾌하면서 상쾌하고 산뜻한 맛이 특징입니다. 악센트로 약간의 스모키향을 느낄 수 있습니다.

2장 일본 위스키 선구자들이 걸어온 길

히비키는 일본인과 일본 환경이 만든 몰트 원주와 그레인 원주를 정성껏 선별하고 블렌딩해서, 중후하면서도 화려하고 부드럽게 만든 산토리 최고봉 위스키입니다. 다채로운 원주를 블렌딩해 복잡하면서도 엘레강스한, 절묘한 밸런스가 특징입니다.

테이스팅 중에 예상치 못한 놀라운 위스키 원주가 있었나요?

A _____ 놀라웠던 원주라고 말하긴 어려울지도 모르겠는데, 단품으로는 너무 독특하고 어떻게 사용해야 될지 모르겠지만 블렌딩에 소량 사용하면 예상치 못했던 효과를 발휘하는 원주를 발견한 적이 있습니다. 하필 그런 원주는 제조 당시 기록이 명확하게 남아 있지 않아서 재현하지 못하는 경우가 많아 답답합니다.

인상적이었던 산토리 위스키는 무엇이 있었나요? (에피소드가 있다면 들려주세요.)

A _____ 입사해서 히비키 17년을 처음 마셨을 때입니다. 학창시절에는 위스키는 거의 마시지 않는 맥주파였습니다. 입사 후 부서가 발표됐을 때, 위스키 연구개발부서란 사실을 알고 조금 실망했던 기억이 있습니다. 하지만 히비키를 마신 뒤에 '이렇게 맛있는 음료가 있었다니!'라며 위스키의 재미와 높은 잠재력을 선명하게 느낀 기억이 있습니다. 지금도 이 신선한 마음을 가슴에 품고 맛있는 위스키를 만들려고 하고 있습니다.

산토리 위스키의 다양한 원주는 어떻게 만들어지나요?

A _____ 우리가 가장 중요하게 삼고 있는 건 각각의 원주를 빚는 일입니다. 하나하나의 레벨이 높아야만, 각각의 원주를 나누어 만듦으로서 품질 높은 다양한 원주를 만들 수 있고, 그 결과로 고품질의 다양한 제품을 설계할 수 있습니다. 알기 쉬운 예로는 직접 가열증류와 맥주 효모 사용 등이 있지만, 이 외에도 위스키 제조

100년의 경험에서 배운 많은 점(공정 오퍼레이션 조건과 설비 설계 등)이 있고, 이 축적이야말로 산토리 위스키를 산토리 위스키답게 만드는 것이라고 생각합니다.

블렌더가 생각하는 미즈나라의 특징은 무엇인가요?

A _____ 미즈나라는 어디까지나 소재의 하나에 불과하다고 생각합니다만, 일본을 대표하는 귀중한 위스키 소재인 것은 분명합니다. 미즈나라의 특징은 선향과 가라(침향속 향나무 심으로 만든 향의 일종)향, 코코넛향 등이 있지만, 이것들은 장기숙성을 통해 특징이 나오게 된다고 생각합니다. 실제로 숙성연수 20년을 넘으면 이 특징이 강하게 나타납니다. 이를 위해 우리는 짧게 숙성된 미즈나라 원주를 사용하지 않고, 숙성을 통해 미즈나라답게 되었을 때를 기다린 뒤에 제품에 사용하고 있습니다.

또, 미즈나라향에 관해서는 제가 스코틀랜드에서 유학중일 때, PhD 연구 테마로 다뤘습니다. 특징적인 향 중 하나인 코코넛향에 주목해 향을 분석했는데, '위스키 락톤'이라 불리는 코코넛향을 가진 화합물의 이성질체異性質體 비율이 이 향에 영향을 미치는 것을 알았습니다.

'재패니즈 위스키'란 무엇이라고 생각하시나요?

A _____ 일본 자연환경(특히 물과 숙성환경)을 최대한으로 살리면서, 스카치위스키를 교본삼아 겸손하게 꾸준히 배우고 연구하고, 일본인의 '모노즈쿠리(물건을 뜻하는 '모노'와 만들기를 뜻하는 '즈쿠리'가 합성된 용어로, '혼신의 힘을 쏟아 최고의 물건을 만든다'는 뜻)' 정신을 가지고 만들어내는 것이라고 생각합니다. 스카치위스키와 달리 회사 간에 원주를 교환하는 문화가 없어서, 하나의 증류소가 개성 강한 원주를 다양하게 만들어야만 했던 상황이 고품질 위스키

를 만드는 원동력이 되었다고 생각합니다.

또, 일본에서 처음 위스키를 만들기로 생각한 산토리 창업자 토리이 신지로의 "일본에서 맛있는 위스키를 만들고 싶다"는 문화와 구상이 사내에서는 지금도 강하게 이어져오고 있습니다. 리딩 컴퍼니 산토리가 이런 생각을 갖고 일본 위스키 제조를 견인하는 것은, 작금의 일본 위스키에 대한 고평가에 적지 않은 영향을 미쳤다고 자부합니다.

일본 위스키 100주년에 대한 감상을 들려주세요.

A＿＿ 이 기념할 만한 시기에 저 스스로가 위스키 제조를 담당하고 있는 한 사람으로서 마주한다는 것을 매우 영광스럽게 생각합니다. 지금까지 산토리 위스키를 만들어온 선배들에 대한 감사의 마음을 가지고, 100년 역사를 잘 받아들여서 맛있는 위스키를 계속 만들어나가고 싶습니다. 이와 동시에 다음 100년을 향한 첫 1년이기 때문에, 다음 세대에 더 맛있는 위스키를 여러분에게 전할 수 있도록 성심성의껏 노력하겠습니다.

세계적인 재패니즈 위스키 붐을 견인하는 산토리로서의 책임감은 어떨까요?

A＿＿ 현재 일본에서는 80개가 넘는 증류소가 생길 정도로 위스키 제조가 활발하고, 앞으로도 일본 위스키 붐은 계속될 것으로 보입니다. 다만, 이를 붐으로 삼는 것이 아니라, 꾸준히 뿌리내리려면 정직하게 맛있는 위스키를 만드는 게 중요하다고 생각합니다. 일본에서 처음으로 위스키를 만들기 시작한 창업자의 생각이 이어져 내려오고 있는 리딩 컴퍼니로, 명실상부한 일본 위스키의 우수성을 세계적으로 인정받을 수 있게 업계를 선도해나가고 싶습니다.

앞으로의 100년, 어떤 위스키를 만들고 싶으신지요?

A ____ 매일 위스키뿐만 아니라 세계의 다양한 술을 마셔보려 노력하고 있는데, 수많은 미주에서 감명받고 있습니다. 이런 미주를 연구하면서, 우리 산토리 위스키가 더 맛있어질 수 있는 요소가 있다고 생각합니다. 앞으로 더 맛있는 위스키를 제공할 수 있도록, 맛있는 위스키를 만들기 위한 노력을 계속해나가고 싶습니다.

또, 세계 위스키 업계는 환경과 공존해야 합니다. 환경을 배려하면서도 맛을 해치지 않도록 다양한 기술 개발도 함께 진행하고 싶습니다.

산토리 위스키를 좋아하는 한국의 위스키 팬들에게 한마디 부탁드립니다.

A ____ 일본과 한국은 식문화가 비슷하다고 생각하기 때문에, 음식과 잘 어울리는 산토리 위스키를 한국 분들도 즐길 수 있지 않을까 생각합니다. 위에서 말씀드린 것처럼 산토리 위스키는 100주년을 맞아 성실하게 위스키를 만들고 있습니다. 한국 위스키 팬 여러분, 산토리 100년의 마음이 담긴 위스키를 꼭 한번 맛보시기 바랍니다. 건배!!

지나온 100년, 앞으로의 100년

매년 11월 11일 11시 11분이면 야마자키 증류소 근처 시이오 신사椎尾神社에서 가을 제사가 열린다. 야마자키 증류소에서 처음으로 위스키가 생산된 날을 기념하기 위해 산토리가 주최한다. 야마자키 증류소 직원은 물론, 주민들까지 모여 마을의 과거 모습과 현재를 되돌아본다. 또 앞으로도 이 땅에서 좋은 위스키를 계속 만

시이오 신사 가을 제사에 올라가는 산토리 위스키 (사진 제공: Landmark Co.,Ltd. / Kunihiko Nobusawa)

들 수 있도록 한마음으로 염원한다.

시이오 신사는 한때 번창했지만 야마자키 증류소를 세우던 1923년에는 이미 쇠퇴했다. 그대로 방치했다면 사라졌을지도 모를 신사를 토리이 신지로와 마을 사람들이 재건해 지금에 이르렀다. 산토리 위스키의 지난 100년도 시이오 신사처럼 쇠퇴기가 있었지만, 이떤 고난에도 위스키를 만들겠다는 신념과 일단 부딪쳐 보자는 도전 정신이 산토리 위스키를 이끌어왔다. 다시 시작하는 100년, 산토리 위스키의 역사이자 일본 위스키의 역사가 써나갈 이야기들이 기대된다.

야마자키 증류소와 하쿠슈 증류소 견학

야마자키와 하쿠슈 증류소는 2023년 견학 및 상점 방문을 중지하고 리모델링을 했다. 산토리 위스키 100년을 맞아, 증류소의 다양한 매력을 알리기 위해서다. 야마자키 증류소는 11월 1일, 하쿠슈 증류소는 10월 2일 견학 등을 재개했다.

증류소 시설 가이드 견학 등은 홈페이지를 통해 일정을 확인해서 신청해야 한다. 두 증류소 모두 인기가 많아서 예약이 만만치 않다. 대개 방문 두 달 전쯤 예약을 진행한다(3월에 방문한다면 1월에 예약). 역사관이나 상점 방문도 반드시 예약을 해야 한다. 코로나19로 견학이 중지된 뒤에 만들어진 VR 기술을 이용한 '360도 프리 투어'도 홈페이지에서 가능하다.

3. 닛카 - 요이치, 미야기쿄, 가시와

천혜의 자연, 요이치의 산과 바다

홋카이도 요이치는 산과 바다로 둘러싸인 천혜의 자연을 가진 곳이다. 해산물이 풍부하고 과일 재배도 가능한 흔치 않은 지역 중 하나다. 연간 평균 기온 8도로 홋카이도 다른 지역에 비해 기온도 높은 편이고, 눈도 적게 내린다. 무엇보다 산간 지역의 풍부한 물이 만들어낸 요이치강은 요이치 지역주민들에게 큰 축복이다.

에도시대 말기부터 메이지시대까지, 요이치 사람들은 청어잡이로 큰돈을 벌었다. 요이치에서만 연간 4000만 톤 이상의 청어를 잡아들였다. 청어잡이로 재산을 축적한 어부들은 '반야(番屋, 어부들이 어장 근처 해안가에 만드는 작업장 겸 숙박시설)'를 만들어 음주가무를 즐겼다. 과거 반야로 사용했던 해안가 건물을 그대로 옮겨와 음식점과 카페로 운영하는 곳에 가봤는데, 깨끗한 목조건물에서 과거 번성했던 요이치의 흔적을 찾아볼 수 있었다. 홋카이도를

요이치강. 타케츠루 마사타카는 요이치강과 주변을 둘러싼 산을 보고 스코틀랜드 캠벨타운 지역과 비슷하다고 말했다

요이치 청어 어장이었던 오쿠데라교바奧寺漁場. 청어를 가득 잡은 어선들의 모습 (사진 제공: 요이치쵸 교육위원회)

과거 반야로 사용하던 목조건물. 2층 마룻바닥은 어부들의 잠자리였다

대표하는 민요 '소란부시ソーラン節'도 청어잡이 어부들이 부른 노동요다.

그러나 해양환경 변화로 1927년부터 청어 어획량이 급감했고, 1935년에는 청어가 전혀 잡히지 않았다. 청어 어획량이 줄자 새로운 생계가 필요했던 어업인들은 산을 활용하기 시작했다. 바다와 가까운 산간 지역에 사과 농장을 만들어 겸업을 시작했다. 청어로 축적한 부가 과일 재배에 적합한 요이치 환경과 만나 사과 생산량은 급격히 늘어났다. 그러나 홋카이도 다른 지역의 사과와 조선에서 나온 사과 등과의 경쟁으로 사과 가격은 변동이 심했다. 이런 상황에서 요이치에서 재배한 사과를 모두 사들이겠다는 사람이 나타났으니, 바로 타케츠루 마사타카였다.

타케츠루, 대일본과즙주식회사를 차리다

1934년 3월 1일, 타케츠루 마사타카는 고토부키야에서의 약 10년 근무를 끝내고 퇴사했다. 야마자키 증류소와 작별을 고한 것이다. 그리고 스코틀랜드와 기후가 비슷한 요이치로 향했다. 산과 바다, 강이 있는 이 지역은 타케츠루가 생각하는 스코틀랜드 증류소 주변 환경과 꼭 닮아 있었다. 겨울에도 비교적 따뜻하고, 여름에는 바닷바람이 시원하고, 습도도 적당해 위스키를 만들기에 아주 좋은 조건이라고 생각했다.

1934년 7월 2일 '대일본과즙주식회사'를 설립했다. 타케츠루는 '위스키가 숙성될 때까지 사업을 버틸 수 있느냐 없느냐에 성패가 달려 있다'고 생각하고, 요이치 지역의 풍부한 사과를 이용하기로 했다. 흠집 여부 등을 따지지 않고 사과를 대규모로 사들여서 사과 재배 농가들이 매우 좋아했다고 한다. 그러나 사과주스는 잘 팔리지 않았다. 타케츠루는 소매업체로부터 회수한 사과주스를 증류해서 브랜디를 만들 계획을 세운다. 1936년 8월 26일, 위스키와 브랜디 제조 면허를 획득하고 초대 증류기를 도입했다.

1940년 6월, 타케츠루 마사타카의 첫 위스키가 출시됐다. 타케츠루는 회사명 '대일본과즙'에서 일본을 뜻하는 '일'과 과일을 뜻하는 '과'를 따와 '닛카(일과) 위스키'라는 이름을 붙였다. 그러나 곧 2차세계대전이 시작됐고, 요이치 증류소는 일본 해군과 육군이 차례로 관리했다. 타케츠루는 요이치를 떠나 고향으로 피신을 가기도 했다. 다행히도 야마자키 증류소처럼 전쟁으로 인한 피해 없이 종전을 맞았다.

대일본과즙주식회사 설립 당시 사무실 모습

대일본과즙주식회사 사무실 현재 모습.
일본 중요문화재로 등록되었다

닛카 주식회사, 일본 위스키 호황기에 힘입어 성공가도

1952년 본사를 도쿄로 옮기고 회사명을 '닛카 위스키 주식회사'로 바꾼다. 당시 일본 위스키는 주세법상 3가지로 분류됐다. 몰트위스키 함유

2장 일본 위스키 선구자들이 걸어온 길

증류소에 산더미처럼 쌓여 있는 사과

요이치 증류소 제1호 증류기에 석탄을 넣는 모습

대일본과즙주식회사에서 출시한 최초의 위스키 '닛카 위스키'

량과 알코올 도수에 따라 위스키 등급을 나눴는데, 최하등급인 2급(1952년까지 3급)을 타케츠루는 만들고 싶지 않았다. 이 등급의 위스키는 알코올 도수 37~39%, 몰트위스키 함유량 5% 미만이었다. 위스키 본고장 스코틀랜드 위스키를 꿈꾸던 타케츠루로서는 타협할 수 없는 일이었다. 그러나 이상만으로는 회사 적자를 막을 수 없었다. 결국 2급 위스키를 만들기로 결정하고, 1951년에 발매한 '스페셜 블렌드 위스키 각병'을 둥근 병으로 바꾼 '마루빙닛키丸びんニッキー'를 1956년에 발매한다. 타사 2급 위스키와 다른 점은 몰트위스키 함량을 5%에 가깝게 했다는 것. 타케츠루의 고집이었을 것이다.

위스키 판매 호조로 1959년 효고현 니시노미야 공장, 1960년 아오모리현 히로사키 공장을 잇달아 완공한다. 그러나 1961년, 부인 리타가 64세의 나이로 사망한다. 타케츠루는 장례식에도 참석하지 않을 정도로 실의에 빠졌지만, 그를 다시 살게 만든 건 위스키였다. 아들 다케시의 제안으로 리타에게 감사의 마음을 담은 특별한 위스키를 만들기 시작한다. 이 위스키가 1962년 출시된 '슈퍼 닛카'다. 타케츠루 마사타카의 리타를 향한 사랑의 결정체라고 할 수 있다.

1969년, 닛카 위스키는 제2의 몰트위스키 증류소를 만든다. 센다이 미야기쿄宮城峡 증류소다. 그로부터 4년 후인 1973년, 요이치 몰트와 미야기쿄 몰트, 그리고 그레인위스키를 블렌딩한 '노스랜드Northland' 위스키가 탄생했다. '블렌디드 위스키'를 일본에서 확립한 제품이다. 노스랜드의 발표야말로 스카치위스키를 동경했던 타케츠루가 기다리고 기다리던 순간이었다. 1972년 9월 15일, 타케츠루는 회사 직원들에게 이런 말을 남겼다.

"이번에 홋카이도 요이치 몰트위스키, 센다이 공장 몰트위스키와 코페이 그레인위스키를 블렌딩해서 신제품 '노스랜드'를 발매했다. 복수의 몰트 공장을 만든다는 것은 막대한 자본이 필요하고, 제한된 인생에서 도저히 불가능한 일이다. 스코틀랜드가 400년간 쌓아올린 것으로, 일생 동안 복수의 몰트위스키 증류소와 그레인위스키 증류소, 3개의 공장을 세워 블렌딩한 예는 없다. 센다이 몰트 원주를 요이치 몰트 원주와 블렌딩해서, 그레인위스키를 블렌딩한 것이 이 제품이다. 정말로 부드럽고 좋은 향과 젠틀한 맛이 난다. 나는 이것이 매우 잘 만든 위스키라고 생각한다."

타케츠루 마사타카는 1979년 8월 29일 세상을 떠났다. 향년 85세였다. 병원 입원중 쇠약해진 모습을 보이기 싫어 면회는 가까운 친척들에게만 허용했고, 병원 음식도 먹지 않았다고 한다. 그러나 의사의 만류에도 위스키는 계속 마셨다. 마지막 입원 때 "의사가 나만 위스키를 마실 수 있도록 허락해줬다"고 기뻐하며 물잔에 위스키를 따라 마셨다는 이야기도 전해진다.

타케츠루 마사타카의 아들 다케시는 아버지의 뜻을 이어받아 닛카 위스키를 계속 발전시켜나갔다. 1984년 첫 싱글몰트 위스키 '홋카이도 12년'을 출시하고, 1985년 '프롬 더 배럴'을 출시했다. 1989년에는 스코틀랜드 벤 네비스Ben Nevis 증류소 경영권도 취득했다. 1989년, 증류소 이름을 딴 싱글몰트 위스키 '요이치 12년'과 '센다이·미야기쿄 12년'도 발매했다. 그리고 2000년에는 요이치와 미야기쿄 몰트를 키몰트로 블렌딩한 '타케츠루 12년 퓨어몰트'를 발매했다.

1980년대 중반부터 2000년대까지는 일본 위스키 암흑기였지만, 닛카 위스키는 세계에서 인정받기 시작했다. 싱글캐스크 요이치 10년이

타케츠루 마사타카가 리타에 대한 사랑을 표현한 위스키, 슈퍼 닛카

미야기쿄 증류소 완공 기념 행사에서 타케츠루 마사타카

타케츠루가 염원하던 위스키, 노스랜드

위스키를 테이스팅하는 타케츠루 마사타카

영국 위스키 매거진을 발행하고 있는 출판사가 주최하는 '월드 위스키 어워드wwa'에서 'BEST OF THE BEST 2001'에 뽑혔다. 이는 일본 위스키가 '세계 5대 위스키'에 드는 계기를 만들었다. '싱글몰트 요이치 1987'이 WWA 싱글몰트 위스키 부문 최고상을 수상했고, 타케츠루 21년과 17년도 각각 2007년과 2015년 WWA 블렌디드 몰트위스키 부문 세계최고상을 수상했다. 그리고 2014년, NHK 아침 드라마 〈맛상マッサン〉으로 타케츠루와 리타의 이야기가 그려지면서 일본에 위스키 붐이 다시 일기 시작했다. 이 붐은 단순히 일본 국내에 그치지 않았고, 전 세계적인 붐으로 확산됐다. 닛카는 산토리와 함께 일본을 대표하는 위스키 회사로 명성을 이어나가고 있다.

타케츠루 12년 퓨어몰트

닛카 위스키를 세상에 알린 계기가 된 싱글캐스크 요이치 10년

주소	7 Chome-6, Kurokawacho, Yoichi, Yoichi District, Hokkaido 046-0003(〒046-0003 北海道余市郡余市町黒川町7丁目6)
홈페이지	https://www.nikka.com/distilleries/yoichi/
위스키 생산 시작	1936년

I. 요이치 증류소

일본 위스키의 아버지가 세운 일본 중요문화재, 요이치 증류소

아주 춥지는 않은 홋카이도의 3월 말. 구름 한 점 없는 하늘과 따뜻한 햇살 아래 기차를 타고 요이치역에 도착했다. 역 밖으로 나오자마자 눈앞에 보이는 요이치 증류소. 역에서 걸어서 2분 남짓한 거리에 증류소가 있어 접근성이 매우 좋다. 역 한편에는 닛카 위스키 로고가 새겨진 오크통이 쌓여 있고, 드라마 〈맛상〉 무대였음을 알리는 입간판도 있었다. '일본 위스키의 아버지'라 불리는 타케츠루 마사타카가 요이치에 반한 이유가 무엇인지, 직접 두 발로 알아내고 싶은 마음에 두근거리기 시작했다.

아사히그룹 홍보 담당자와 함께 요이치 증류소로 향했다(2001년부터 닛카 위스키는 아사히 맥주의 완전 자회사가 됐다). 마치 중세 유럽의 성을 그대로 옮겨온 듯한 석조건물과 붉은 지붕. '찰리의 초콜릿 공장'에 처음 온 아이가 된 기분이랄까. 위스키 팬으로서

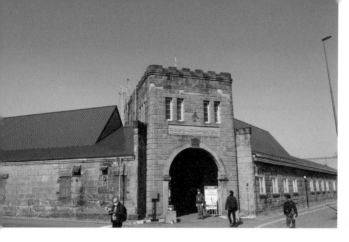

요이치 증류소 전경

요이치 증류소 건물들. 붉은 지붕과 푸른 하늘의 조화가 아름답다

닛카 위스키 엠블럼

타케츠루가 앉던 임원 회의실 의자

이런 멋진 증류소 건물을 보면 설렐 수밖에 없다.

회사 엠블럼은 유럽의 가문 문장에서 힌트를 얻어 고마이누(신사나 절 앞에 사자 비슷하게 조각해놓은 석조상)와 사무라이 투구를 그려넣었다. 일본 전국시대 무장 야마나카 시가노스케山中鹿介의 투구다. "저에게 칠난팔고七難八苦를 주소서"라며 가문 부흥을 꾀했던 야마나카처럼, 다가올 고난을 몇 번이고 이겨내겠다는 타케츠루의 의지가 담긴 것으로 볼 수 있다.

요이치 증류소 건물 중 10개동이 지난 2021년 일본 중요문화재로 지정되었다. 사무동, 증류동, 건조탑, 숙성고 등이다. 원재료 가공부터 숙성까지 일련의 위스키 제조시설이 남아 있는 점을 인정받았다. 또 중세 유럽 요새를 연상시키는 사무동 정문, 붉은색 뾰족한 지붕과 석조외벽이 특징인 건조탑과 저장고, 독일식 벽으로 마감된 목조양옥 등 건축적 조화도 중요문화재 지정 이유다.

안내를 받아 일반에 공개되지 않는 사무동 2층으로 올라갔다. 과거 임원회의가 열리던 곳으로, 가운데 벽난로를 중심으로 실제 임원들이 회의를 하던 테이블과 의자가 그대로 보존되어 있다. 벽난로 앞에 있는 의자가 타케츠루가 앉던 의자다. 색이 바랜 나무의자를 보며, 위스키를 향한 타케츠루의 열정을 받아내느라 고생 많았겠다는 생각이 절로 들었다. 벽장에는 닛카 위스키 제품과 트로피 등이 있었다. 트로피에는 리본이 수없이 달려 있었는데, 사내테니스 대회에서 우승한 팀이 붙여놓은 것이라고 했다. 스포츠 팬이었던 타케츠루는 사원들이 반드시 하나의 스포츠 부서에 들어가게 했다. 야구, 테니스, 탁구, 검도, 스모 등의 부서가 있었다고 한다.

요이치 증류소 공장장 투어

사무동에서 나와 본격적으로 요이치 증류소 견학을 하는데 이와타케 기미아키 공장장이 직접 안내를 해줬다. 우선 건조탑부터. 요이치에는 2개의 건조탑이 있다. 과거에는 피트로 맥아를 직접 건조했지만, 지금은 사용하지 않는다. 건조탑에 놓인 피트는 아무런 향이 없지만, 여기에 불을 피우면 정로환이나 훈연향, 바다내음 같은 것이 맥아에 스며든다. 타케츠루가 홋카이도에 위스키 공장을 세운 것도 피트 채취가 가능한 지역이었기 때문이다.

다음은 당화조와 발효조. 적당한 크

요이치 증류소 건조탑에 전시된 피트를 들어 보이는 이와타케 공장장

발효동 향을 밖으로 내보내는 배관. 공장장은 여기서 나오는 향을 통해 발효가 잘되고 있는지 체크한다

자세히 보면, 창문을 경계로 위아래 돌 색깔이 다른 걸 알 수 있다. 요이치 증류소 곳곳에서 녹색 돌을 찾아보자

기로 분쇄한 맥아를 65도 온수로 당화한 뒤, 효모를 넣어 발효하는 공정이다. 높이 5.5미터, 둘레 17.3미터의 굉장히 큰 스테인리스 당화조 1대를 사용한다. 당화를 통해 만들어지는 맥즙 당도는 14~15브릭스. 메론과 비슷한 당도다. 여기에 3가지 정도 효모를 사용해 발효한다. 어떤 효모를 사용하는지 물으니 효모는 절대 공개할 수 없다고 한다. 효모를 공개하면 모든 걸 빼앗긴다고…… 발효 온도에 따라 위스키 향 성분이 바뀌기 때문에 온도조절을 하고 있다. 이렇게 만들어진 발효액(워시)은 알코올 도수가 8~10%이다. 발효동에 삐죽 나온 작은 배관이 하나 보이는데, 발효동 향을 밖으로 내보내는 배관이다. 공장장은 여기서 나오는 향을 맡으며 발효가 잘 진행되는지 가늠한다고 한다.

발효동 앞에는 1934년 창업 당시의 대일본과즙주식회사 건물이 있다. 현재는 전시용으로만 사용중이다. 사무실 안쪽의 왼쪽 소파가 타케츠루가 앉았던 자리다. 당시 사용하던 금고와 난로 등 쇼와시대 사무실 모습을 생생하게 볼 수 있다. 그리고 건물 외벽을 자세히 보면 아래쪽만 녹차색을 띤다. 이 돌은 후쿠이현에서 가져온 샤쿠다니이시笏谷石다. 약 1700만 년 전 화산활동으로 만들어진 돌. 이 건물뿐만 아니라, 타케츠루 저택과 1저장고 아래쪽 등 요이치 증류소 군데군데에 사용된 녹색 돌을 찾아보면 재미있다.

다음은 증류. 요이치 증류소의 가장 큰 특징이 바로 증류다. 스코틀랜드에서도 거의 흔적을 감춘 '석탄 직접가열방식' 증류를 하고 있기 때문이다. 우선, 증류동에 들어서면 거대한 증류기 7대가 죽 늘어선 모습이 장관이다. 오른쪽 4기가 초류기, 왼쪽 2기가 재류기다. 그리고 초류기와 재류기 사이 작은 증류기가 타케츠루가 처음 사용했던 증류기다. 이 증류기는 현재는 가동하지 않고 전시

요이치 증류소 증류기들. 왼쪽에서 세번째, 가장 작은 게 초대 증류기다

석탄을 가마에 넣는 요이치 증류소 직원. 조금만
가까이 가도 뜨거운 열기가 느껴졌다

용으로만 놔뒀다.

초류기는 모두 석탄을 때서 증류한다. 증류가 시작되면 7~10분 간격으로 석탄을 넣어 화력을 조절하는데, 화로가 열릴 때마다 엄청난 열기가 뿜어나온다. 1200~1300도 열기다. 석탄이 타는 소리도 기분 좋게 다가온다. 공장장은 요이치 증류소에서 이 석탄의 열기와 소리를 즐겼으면 좋겠다고 말했다. 혹시 삼겹살이나 감자를 굽진 않느냐고 묻자, 이 정도 온도면 바로 타 숯이 되어버릴 거라고. 반면, 재류기는 스팀 간접가열을 한다. 모든 증류기에는 '시메나와'라는 것이 달려 있다. 신과 인간의 결계로, 불순한 것들이 술에 담기지 말라는 의미에서 사케 양조장에서 달기 시작했다. 히로시마 사케 양조장 가문 출신 타케츠루의 영향으로 닛카 위스키 증류기에도 시메나와를 달았다. 1년에 한 번 교체한다.

요이치 증류소 위스키 특징은 무거운 주질과 복잡한 맛이다. 이를 위해 초류기 4개와 재류기 2개는 라인암이 아래를 향한다. 또 웜텁 콘덴서를 사용해서 증류액이 느리게 만들어진다. 이렇게 만들어진 위스키 스피릿은 장기숙성에도 오크통에 지배당하지 않고, 스피릿 특성을 잘 간직한다고 한다.

뜨거운 열기와 만난 증류동을 나오면 숙성고 부지가 펼쳐진다. 재미있는 사실은 이 부지가 과거엔 모두 강이었다는 점이다. 강 한가운데에 섬을 만들고 그 위에 숙성고를 지었다. 증류시설과 숙성고 사이에는 다리를 놓았다. 이렇게 만든 이유는 증류시설에 불이 나도 강물로 쉽게 진화하기 위해서였다. 타케츠루가 위스키에 대해 공부할 때, 화재로 숙성고가 소실된 사례를 주의깊게 본 것은 아닐까? 그리고 당시에는 소방체계가 미흡했기 때문에 불이 날 경우 자체 대응능력을 키울 필요도 있었을 것이다. 숙성고와 숙성고

과거 강에 둘러싸여 있던 숙성고 사진

요이치 증류소 1번 숙성고

쿠퍼리지에서 오크통 내부를 태우는 모습. 증류소는 어딜 가도 뜨겁다

사이도 멀찌감치 떨어져 있는데, 한 숙성고에서 불이 나도 다른 숙성고로 옮겨붙지 않게 하기 위해서였다. 숙성고 번호가 나란히 붙지 않은 것도 강을 메워 만들었기 때문인데, 번호 순으로 지은 지 오래된 숙성고다.

요이치 41호 숙성고. 증류소에서 가장 높은 건물이다(일반에게는 공개하지 않고 있다)

가장 최근에 지어진 41호 숙성고로 가는 길에 쿠퍼리지가 있다. 일반인에게 공개하지 않는 쿠퍼리지는 요이치에서 사용하는 오크통을 만드는 곳이다. 마침 오크통 내부를 태우고 있었다. 강한 열로 오크통 안쪽을 태우자 흰 연기가 뿜어져나왔다. 그 향을 맡아보니 기분 좋은 바닐라와 토스트 향이 났다. 이 성분들이 위스키에 담겨 위스키 맛을 낸다고 생각하니 어떤 향기보다 좋게 느껴졌다. 이 향으로 향수를 만들 수 있다면, 매일 밤 침대에 뿌려 기분 좋게 잠들 수 있을 것만 같았다.

"요이치 GO! 최고!"

쿠퍼리지를 지나 만난 41호 숙성고. 다른 숙성고는 1층인 데 반해, 높이 30미터로 증류소 전체에서 가장 높은 건물이다. 당연히 지진도 버틸 수 있고, 수해가 일어나도 이 건물만은 건재할 것이라고 한다. 재미있는 건 30개 숙성고 다음에 지어진 숙성고가 41호라는 점이다. 일본어로 숫자 4는 '욘ょん'이라 읽고, 숫자 1은 '이치ぃㅎ'라

끝이 보이지 않는 그야말로 거대한 숙성고다

고 읽는다. 그래서 숫자 4와 1을 따로 읽으면 '욘+이치'가 되는데, 이게 '요이치'와 비슷해서 41호로 명명했다고 한다. 여기에 '호'를 일본어로 읽으면 '고ː'가 되니까, '41호'는 '요이치 고!(요이치 가즈아!)'라는 의미가 된다. 또 한 가지 재미있는 사실은 '41호'라고 쓰인 작은 번호판의 크기. 이 번호판은 가로 415밀리미터, 세로 315밀리미터다. '315'는 숫자를 각각 읽으면 '산이치고'인데, '최고'를 의미하는 일본어 '사이코最高'와 발음이 비슷하다. 그러니까 가로세로 길이를 나란히 읽으면 '요이치 고, 사이코!(요이치 GO! 최고!)'라는 뜻이 된다. 숙성고를 지은 회사 정식 설계도에 이런 내용이 담겨 있었는데, 건설회사의 선물이라고 한다.

41호는 최첨단 숙성고다. 닛카 미야기쿄 증류소 등에 먼저 도입됐다. 숙성고 안으로 들어가면 오크통 수납고 2개가 있는데, 오른쪽이 큰 오크통을, 왼쪽이 작은 오크통을 들이는 곳이다. 오크통이 드나드는 걸 사람의 힘을 빌리지 않고 모두 자동으로 할 수 있다. 지하철 등에서 과자를 판매하는 자동판매기 방식을 생각하면 된다. 원하는 위치에 있는 오크통을 자유자재로 옮길 수 있다.

타케츠루 마사타카와 리타가 살던 저택으로

증류소 투어를 마치고 일반 투어에서는 공개하지 않는 타케츠루 저택에 들어갔다. 타케츠루가 살던 집을 그대로 옮겨놓은 것으로 1층에 타케츠루 부부가, 2층에 아들 부부가 살았다. 거실에는 타케츠루가 아들과 위스키 이야기를 나눴던 소파를 비롯해 리타가 쓰던 피아노도 그대로 남아 있다. 부엌에는 리타가 생전에 만든 쓰케모노가 상하지 않고 있었는데, 공장장이 처음 입사해서 봤을 때 그대로라고 한다. 당시 상사가 하나 먹어보겠느냐고 권하기도 했다고.

타케츠루는 자기 취향이 확고한 사람이었다. 방안에는 온통 '타케(대나무)'와 '츠루(학)' 투성이다. 각종 그림과 족자, 가구 등에 대나무와 학이 그려져 있다. 다다미 가장자리까지 한쪽은 대나무, 한

타케츠루 마사타카와 리타가 살던 저택

타케츠루 마사타카 저택 거실

다다미까지 대나무(타케)와 학(츠루)에 집착했던 타케츠루. 가로줄에 학이, 세로줄에 대나무가 그려져 있다

쪽은 학 그림을 넣어 만들었다. 다다미 방 한편에 화장실이 있는 것도 좀 특이하다. 매일 위스키를 400~500밀리리터 정도 마신 타케츠루가 가족들에게 민폐를 끼치기 싫어서 방안에 화장실을 설치했는지도 모르겠다.

마을에 공헌, 일본인 최초
동계올림픽 금메달과 리타로드

타케츠루는 스포츠를 굉장히 좋아했다. 회사에 여러 종목의 스포츠 클럽을 만들어 직원들이 활동하게 했다. 특히 스키 등 동계스포츠를 좋아한 타케츠루는 1951년, 지역 중학교 교장 권유로 사비를 들여 요이치에 점프대를 만들었다. 여기에서 연습한 닛카 사원 가사야 유키오笠谷幸生는 1972년 삿포로 올림픽 스키점프 노멀힐에서 금메달을 땄다. 동계올림픽에서 최초로 금메달을 딴 일본인이다. 가사야의 금메달은 닛카 위스키에 큰 홍보 효과도 가져왔다. 이 점프대는 '타케츠루 점프대Taketsuru schanze'라 불리며 지금도 스키점프 선수들을 길러내고 있다.

가사야 유키오를 뒤에서 바라보고 있는 타케츠루 마사타카

지금도 요이치 아이들을 길러내고 있는 리타유치원. 노란색 유치원 버스에 '리타유치원リタようちえん'이라고 적혀 있다

타케츠루의 부인 리타는 일본에서

아이들에게 영어와 피아노를 가르쳤다. 당시 리타에게 교육받은 아이들이 정재계 고위 인사들 자녀였고, 이 인연이 타케츠루에 대한 신뢰와 투자로 이어지기도 했다. 리타는 요이치에서도 아이들을 위해 봉사했는데, 상속받은 유산으로 유치원도 세웠다. 이 유치원은 현재 리타유치원으로 개명되어 요이치 지역 아이들을 길러내고 있다. 리타는 사업가 아내로서가 아니라, 일본을 사랑하는 외국인으로서 살아갔다. 리타를 사랑하는 요이치 마을 사람들이 정말 많았는데, 투병중인 리타를 위로하려고 크리스마스 이브에 마을 사람들이 몰려가 찬송가를 불러줄 정도였다.

요이치에는 '리타로드'도 있다. 요이치를 사랑했던 리타의 이름을 붙인 길이다. 요이치역 앞에서 요이치 증류소 오른쪽을 지나 리타유치원까지 이어지는 산책로다. 1988년 요이치와 스코틀랜드 리타의 고향이 자매결연을 맺은 것을 계기로 정비되었다. 길가에는 스코틀랜드를 상징하는 꽃인 헤더heather가 심겨 있고, 지역주민과 증류소 직원들이 정기적으로 청소하고 관리한다. 요이치 증류소 투어 후에 리타로드를 걸으며, 마치 스코틀랜드에 온 듯한 기분을 잠시나마 느껴보면 어떨까.

리타유치원에서 자라나는 겐타로 군과 다미 군

일본에서 대학 다니던 시절 같은 서클에서 활동했던 친구가 공교롭게도 결혼 후 요이치로 이주해 블루베리 농사를 짓고 있었다. 요이치 증류소를 방문한 김에 오랜만에 만나 식사를 하고, 직접 재배한 사과로 시드르를 만드는 농가 등을 방문했다. 함께 돌아다니다보니 어느덧 해가 저무는데, 친구가 아이들을 데리러 유치원에

리타유치원에 다니는 오오쿠라 겐타로(왼쪽)와 다미(오른쪽)

가야 한다고 말했다.

알고 보니 친구의 두 아이 모두 리타유치원에 다니고 있었다. 함께 리타유치원에 따라가 겐타로와 다미가 하원하길 기다렸다. 유치원 건물은 굉장히 깨끗해 보였고, 교실에서 나오는 아이들 표정에서 오늘 하루 정말 신나게 뛰어놀았다는 게 보이는 것만 같았다. 아이들을 하원시키는 아버지 얼굴에는 사랑이 듬뿍 담겨 있었다. 타케츠루의 요이치 증류소가 위스키를 길러내듯, 리타유치원은 요이치의 아이들을 훌륭하게 길러내고 있었다.

이와타케 기미아키 공장장 인터뷰
공장장 하루 일과가 어떻게 되나요?

A _____ 아무것도 안 해요. 좋은 위스키를 만들기 위해서 어떻

이와타케 기미아키 요이치 증류소 공장장

게 하면 좋을지만 생각합니다. 혼자서 생각하는 게 아니라, 현장에서 일하는 사람들은 제가 모르는 문제점과 좋은점을 알고 있으니까, 그걸 각자 생각하고 발견해서 말해줬으면 좋겠다고 생각합니다. 이게 가능하도록 교육하는 것이 제 일이고요. 내년 닛카 위스키는 90주년을 맞는데요, 100년, 200년으로 잇기 위해 인재를 키우는 게 중요합니다. 지속경영을 위한 인재육성을 어떻게 할지 생각하고 있습니다. 가장 중요한 건 사람을 육성하는 일입니다.

어떤 인재를 원하시나요?

A ＿＿＿ 지금 하는 일을 마주하면서 장래에 어떻게 바꾸면 좋을 것인가를 생각하는 사람, 챌린지가 가능한 사람입니다. 그걸 말로 잘 표현해야한다고 생각합니다. 상사에게 잘 전달하고, 부하에게

　　　　　　　　　　　　　　2장 일본 위스키 선구자들이 걸어온 길

도 납득시키는 것이 가능한 사람이 필요합니다. 커뮤니케이션보다 더 높은 레벨의 이야기라고 생각합니다.

위스키 제조에서 지키고자 하는 전통과 혁신하고자 하는 점은 무엇이 있나요?

A ＿＿ 전부 바꿔도 좋다고 생각합니다. 그렇게 생각하지 않으면 아무것도 일어나지 않습니다. 타케츠루 씨의 "진짜 위스키를 사람들이 마시게 하고 싶다", "위스키 만들기에 트릭은 없다"는 말은 지켜나가고자 합니다. 이 말 외에는 무엇이든 바꿔도 된다고 생각합니다. 그렇게 하지 않으면 좋아지지 않습니다. 지금의 품질을 지키겠다고 생각하면 품질은 올라가지 않지요. 강해지려면 세계를 노려야 합니다. 일본 최고를 노리지 않으면 안 됩니다. 지키는 것보다 무엇이든 도전한다는 마음을 가져야 합니다.

애착 가는 제조공정이 있는지요?

A ＿＿ 위스키를 만들 때 발효에 4일이 걸리고, 증류에 하루가 걸립니다. 그리고 오크통에 담아 몇십 년이 지납니다. 짧은 기간이 중요한지 긴 기간이 중요한지 모르겠지만, 하나하나 모든 공정이 잘되지 않으면 안 됩니다. 효모도 보리도 살아 있는 것이기 때문입니다. 석탄도 불순물이 많은 것도 있습니다. 그런 것을 사용하면 스피릿이 미묘하게 달라지죠. 오크통도 최선을 다해 새지 않게 만들어야 합니다. 모든 공정이 잘 돌아가야 위스키를 잘 만들 수 있습니다.

석탄 직접가열방식은 노동력도 비용도 많이 드는데 고집하는 이유는?

A ＿＿ 창업 때부터 타케츠루 씨가 스코틀랜드에서 보고 와서 그대로 하는 것입니다. 1년에 한 번 화로를 보수해야 합니다. 석탄

이 아래로 떨어지지 않도록 하는 주물(로스톨)이 있는데, 그게 타서 점점 얇아지기 때문에 정기적으로 교체해야 하죠. 하지만 화력은 매력이 있습니다. 800~1200도의 화력은 매력적이고, 요이치 위스키의 중후한 향과 강한 바디감을 만들어줍니다.

재패니즈 위스키에 대해 어떻게 생각하시나요?

A _____ 일본 위스키의 시작은 스코틀랜드 위스키 원주를 수입해 블렌딩한 것입니다. 그것이 사람들에게 받아들여져서 성장했습니다. 위스키 팬도 늘어났습니다. 선배들의 이런 노력은 존중받아야 한다고 생각합니다. 한편으로 일본에서 만들어 3년 이상 숙성한 '일본 위스키'도 잘 만들어서 고객들에게 전달하는 것이 중요하다고 생각합니다.

요이치에 온 한국인들에게 소개하고 싶은 먹거리는?

A _____ 겨울에는 아구 나베를 먹어봤으면 좋겠습니다. 간이 맛있습니다. 털게도 맛있고, 연어도 좋지요. 봄에는 청어가 맛있고, 산채나 죽순 등 산에서 나는 것도 맛있습니다. 여름에는 성게가 좋습니다. 매일 먹고 싶지만 돈이 없어서 못 먹네요…… 그리고 포도도 맛있습니다. 징기스칸도 맛있고요. 계절마다 이렇게 맛있는 게 많은 지역은 흔치 않으니 사계절 내내 언제든지 즐겨주세요.

위스키를 시작하는 사람들에게 한마디 부탁드립니다.

A _____ 인생은 여행입니다. 인생 여행 중에 위스키를 즐기는 여행도 함께했으면 좋겠습니다. 인생에서 위스키가 조금이라도 등장한다면 기쁠 것 같습니다. 그게 요이치라면 더할 나위 없겠지요. 그런데 또 요이치만 말하면 안 되겠네요, 미야기쿄도 있으니까요.

주소	1, Nikka, Aoba Ward, Sendai, Miyagi 989-3433(〒989-3433 宮城県仙台市青葉区 ニッカ1番地)
홈페이지	https://www.nikka.com/distilleries/miyagikyo/
위스키 생산 시작	1969년

Ⅱ. 미야기쿄 증류소

강 이름마저 닛카, 그것은 운명…… 아름다운 미야기쿄

일본 센다이 지역의 유명한 온천마을 사쿠나미作並. 이곳은 관광 안내소에 가면 야외 족욕탕이 있다. 위스키 팬이라면 반색할 만한 것에서 온수가 흘러나오는데 바로 오크통이다. 오크통을 자세히 살펴보면 '닛카 위스키' 마크가 붙어 있고, 오크통 아래쪽에서 따뜻한 온천물이 쉴새없이 흘러나온다. 마치 숙성이 끝난 위스키를 끝없이 뿜어내는 것 같다. 아마도 세계에서 유일한 '위스키 오크통 족욕탕' 아닐까. 주인장에게 물어보니 15년 전쯤에 처음 설치했고, 오랜 세월 밖에 있다보니 풍화로 낡아서 작년에 새로 들였다고 한다. 구름 한 점 없는 맑은 날씨, 4월 봄바람을 기분 좋게 맞으며 족욕을 하고 있으니 피곤이 한 방에 가시는 느낌이 들었다. 왠지 취하는 것처럼 노곤해지기도 하고.

사쿠나미 온천에서 차로 10분 거리에 닛카 위스키 '미야기쿄 증

(아마도) 전 세계 유일의 오크통 족욕탕. 미야기쿄 증류소를 방문한다면, 이곳에 한번 들러보길 바란다

닛강 수질을 체크하는 닛카 위스키 임직원들

닛강. 증류소 방문도 잊은 채 계속 바라보고 만 풍경

미야기쿄 증류소의 아름다운 호수. 백조 한 마리가 우아하게 노닐고 있다

류소'가 있다. 사쿠나미 온천지대 '히로세강'과 '닛강'이 합류하는 지역에 위치한 미야기쿄 증류소. 타케츠루가 블랙닛카 위스키를 닛강 강물로 희석해 마신 뒤, "맛있다! 여기로 정하자"며 곧바로 증류소 건설을 결정한 곳이다. '닛강(新川, 일본어 발음 '닛카와')'이 '닛카 위스키'와 이름이 닮아서, 닛카 위스키가 생긴 뒤에 이름이 붙은 줄 아는 사람이 많다. 그러나 닛강의 이름과 발음은 처음부터 '닛카와'였고, 이것도 타케츠루가 미야기쿄 증류소 건설을 결정하는 데 중요한 역할을 했을 것이다. 생전 처음 가보는 지역에 내 이름과 같은 상호를 쓰는 가게가 있으면 친근감이 드는 것과 같은 기분이랄까. 미야기쿄 증류소는 1968년에 착공해 1969년 5월에 완공됐다.

미야기쿄 증류소에 가기 전, 닛강이 흐르는 곳에 먼저 가봤다. 삼림이 우거진 아름다운 자연에서 졸졸 흐르는 닛강의 깨끗한 모습은 사람 마음을 빼앗기에 충분했다. 구름 한 점 없는 날씨에 산과 강을 바라보고 있으니 신선이 된 느낌마저 들었다. 돗자리 하나 가져와서 신선한 과일에 위스키 한잔 마시면 극락이 부럽지 않을 텐데…… 위스키 제조에 자연환경을 중요하게 여긴 타케츠루가 왜 이곳을 흡족해했는지 바로 이해할 수 있었다. 오죽했으면 자연을 파괴하지 않기 위해 증류소를 세울 때 모든 전선을 지하에 매립했을까. 전봇대 하나 눈에 걸리는 게 싫었던 거다.

미야기쿄 증류소에 들어서면 가장 먼저 너무나 멋진 호수가 눈에 들어온다. 나무로 빽빽하게 둘러싸인 호숫가와 그 안에서 노니는 백조. 그 뒤로 보이는 가마쿠라산. 여기에 오크통 물레방아가 운치를 더한다. 그냥 앉아서 바라보는 것만으로 기분이 넉넉해진다. 위스키를 만드는 공장에 온 것인지, 트래킹을 하러 자연 속으로 들어온 것인지 헷갈릴 정도다. 한 가지 재미있는 사실은 호숫가 나무가 검다는 점이다. 위스키를 만들 때 사용하는 효모들이 오랜 세월 나무에 달라붙어 만들어낸 색이라고 한다.

요이치와 정반대, 그래서 좋은 것

미야기쿄 증류소는 태생적으로 요이치 증류소와 정반대 스타일을 가졌다. 사용하는 맥아부터 증류기 형태, 가열방식과 냉각방식까지 모두 다르다. 닛카 직원들은 미야기쿄에서 위스키가 만들어

미야기쿄 증류소에 증류기를 들이는 모습

미야기쿄 증류소 증류기

졌을 때, 요이치와 너무 달라서 걱정을 많이 했다고 한다. 그러나 타케츠루는 "다르니까 좋은 것이다"라며 기뻐했다고 한다.

요이치와 미야기쿄의 스피릿 차이는 증류기에서 결정된다. 먼저, 요이치 증류소 증류기는 스트레이트형이다. 무거운 성분까지 그대로 스피릿에 담긴다. 하지만 미야기쿄는 모든 증류기가 볼을 가진 형태로, 환류를 촉진시켜 비교적 가벼운 성분만 스피릿에 포함된다. 라인암도 요이치가 아래를 향하고, 미야기쿄는 위를 향한다. 또 요이치는 증류과정 일부에서 석탄 직접가열방식을 사용하지만, 미야기쿄는 모든 증류를 스팀 간접가열방식으로 한다. 또 냉각기는 요이치가 웜텁, 미야기쿄가 셸앤튜브를 쓴다. 웜텁에 비해 셸앤튜브가 냉각과정에서 구리 접촉 면적이 많아, 유황취 같은 오프플레이버를 더 많이 제거한다. 결과적으로 요이치가 바디감 있는 위스키 스피릿을 만든다면, 미야기쿄는 가볍고 깨끗한 위스키 스피릿을 만든다.

미야기쿄 증류소에는 당화조 1개, 발효조 22개, 증류기 8개가 있다. 이를 A와 B, 둘로 나눠 생산한다. A는 처음 증류소를 만든 당시의 설비로 생산하고, B는 1976년 증류소를 확장하며 도입한

미야기쿄 증류소 준공 당시에 사용했던 오크통

삿포로 중심가 스스키노에서 언제나 반겨주는 수염 아저씨

좀더 큰 설비로 생산한다. A는 한 배치에 몰트 10톤을 사용하고, 디스틸러리 효모로 3일간(72시간) 발효시킨다. A의 발효조는 총 11개다. 그리고 1만 6000리터 용량 초류기 2개와 1만 2500리터 용량 재류기 2개로 증류한다.

B도 한 배치에 몰트 10톤을 사용한다. A와 마찬가지로 디스틸러리 효모로 3일간 발효시킨다. B의 발효조도 A와 마찬가지로 11개다. 그리고 2만 5500리터 초류기 2개와 1만 8500리터 재류기 2개로 증류한다. A와 B 모두 오크통에 스피릿을 넣을 때 도수는 63%다. 1986년까지는 65%로 통입했다는 기록도 있다.

숙성고는 더니지 방식과 최첨단 자동화 랙 방식 두 종류가 있다. 숙성고는 모두 24개다. 대부분이 더니지 방식이고, 일부 숙성고는 일반인에게 공개하고 있다. 공개중인 숙성고 안에는 1969년 증류소 준공 당시에 사용했던 오크통이 전시되어 있다. 오크통마다 그려져 있는 '수염 아저씨'는 거의 흔적 없이 지워졌다.

잠깐 옆길로 새서 닛카를 상징하는 수염 아저씨에 대해 알아보자. 밤에 삿포로 번화가 스스키노すすきの에 가면, 화려한 전광판 한가운데에 수염을 기른 아저씨가 한 손에는 위스키 잔을, 다른 한 손에는 보리를 쥐고 있는 그림을 볼 수 있다. 이 그림은 블렌딩의 중요성을 상징하는 캐릭터로 원래 이름은 'King of Blenders(블렌더들의 왕)'이다. 1965년, '신 블랙닛카'가 탄생할 때 라벨에 그린 것으로 블렌딩이야말로 위스키의 핵심이라 생각한 타케츠루가 고안했다. 타케츠루도 수염을 길렀기 때문에 캐릭터가 본인 아니냐는 질문을 많이 받았는데, 그때마다 타케츠루는 "나는 내 얼굴을 라벨로 사용할 정도로 낮이 두껍지 않다. 이 남자는 눈이 푸르지 않으냐"고 대답했다고 한다. 모델은 W. P. 로리William Phaup Lowrie로

19세기 위스키 블렌딩의 중요성을 역설한 인물이라고 한다.

닛카 그레인위스키는 코페이식 증류기로부터

요이치 증류소에는 없고 미야기교 증류소에만 있는 설비가 있다. 바로 코페이 연속식 증류기다. 1830년에 이니어스 코페이Aeneas Coffey가 고안한 연속식 증류기다. 1964년, 닛카 니시노미야西宮 증류소에서 코페이 증류기 가동을 시작했다. 당시에도 코페이 증류기는 잡미 성분을 많이 남겨 구식으로 여겨졌다. 그러나 타케츠루는 기술력으로 잡미를 원료 본연의 향과 단맛으로 바꿀 수 있다고 생각했다. 산토리가 2010년대 들어 코페이 증류기를 도입함으로써, 타케츠루의 생각이 옳았다는 것이 증명된 듯하다.

코페이 증류기는 한 번에 대량의 스피릿을 제조할 수 있기 때문에 항시 가동하지는 않는다. 그러나 한번 가동을 시작하면 일주일 동안 연속으로 가동한다. 증류기는 '워시탑'과 '정류탑', 2개가 한 세트로 이뤄져 있다. 우선, 워시탑 상부에 워시를 부어 증류를 시작한다. 워시탑은 24단인데, 기화와 응축을 반복하면서 알코올 도수 50%의 스피릿을 만들어낸다. 이 스피릿을 42단으로 된 정류탑에 쏟아 다시 증류한다. 증류과정에서 42단 중 어느 곳에서라도 스피릿을 빼내는 것이 가능한데, 일반적으로 32단 정도에서 빼내 알코올 도수 95% 미만의 위스키 스피릿이 완성된다.

향과 맛이 밋밋한 일반 그레인위스키와 달리 코페이 증류기로 만든 그레인위스키는 달콤한 향과 크리미한 풍미가 은은하게 느껴진다. 최신 연속식 증류기와 비교했을 때, 고순도 알코올 제조 능력은 떨어지지만, 이 특징이 블렌디드 위스키의 완성도를 높일

닛카 코페이 증류기

수 있다. 몰트를 이 증류기에서 증류하기도 하는데, 이렇게 만든 제품이 '닛카 코페이 몰트'다. 부드러우면서도 몰트 특유의 향이 많이 남아 있는 것이 특징이다.

코페이 증류기는 1990년대 닛카 경영악화로 집을 옮겨야 했다. 이때 선택된 곳이 미야기쿄 증류소다. 1999년 8월 미야기쿄 증류소의 파고다 지붕이 달린 건조동 앞, 입구에서 가까운 건물 안으로 옮겨졌다. 옥수수를 주원료로 몰트 등을 섞어 알코올 도수 94%의 스피릿을 증류해낸다. 이 스피릿은 63%로 낮춰 오크통에 들어가고, 숙성 후 닛카 블렌디드 위스키 제조에 사용된다.

닛카 코페이 몰트위스키

닛카의 또다른 그레인위스키 공장

닛카 위스키는 2023년 3월, '닛카 더 그레인위스키'를 발매했다. 그레인위스키에 대한 닛카의 남다른 애정을 담은 한정판 위스키로, 닛카가 소유하고 있는 그레인위스키 공장의 원주를 블렌딩해서 만든 한정판이다.

2장 일본 위스키 선구자들이 걸어온 길

미야기쿄 증류소 전경. 요이치 증류소 못지않게 아름다운 곳이었다

미야기쿄 코페이 증류기로 만든 몰트위스키와 그레인위스키, 그리고 이 코페이 증류기가 니시노미야에 있을 때 만든 오래 숙성한 위스키, 여기에 기타큐슈 모지門司 공장에서 만든 그레인위스키와 가고시마 사쓰마쓰카사さつま司 공장에서 만든 그레인위스키를 더했다. 풍미가 더 진하고 옥수수와 호밀 등의 풍미를 가진 그레인위스키를 코페이 그레인위스키 등과 블렌딩해서, 새로운 그레인위스키의 가능성을 제시했다. 닛카 위스키는 앞으로도 꾸준하게 일본 남부 기타큐슈와 가고시마 거점을 통해, 요이치나 미야기쿄와는 또다른 새로운 위스키 개발에 적극적으로 도전할 예정이다.

요이치 증류소와 미야기쿄 증류소 견학

요이치 증류소와 미야기쿄 증류소는 홈페이지에서 투어를 예약할 수 있다. 무료 투어부터 유료 투어, VIP 투어까지 다양하니, 일정에 맞춰 신청하면 된다. 요이치에 비해 상대적으로 미야기쿄가 예약이 쉬운 편이다. 증류소 내 상점 등은 미리 예약하지 않아도 자유롭게 방문할 수 있다. 시음과 위스키 구입만 하고 싶다면, 굳이 예약하지 않아도 된다.

증류소 한정판 블렌디드 위스키, '츠루'

요이치와 미야기쿄 증류소에서만 판매하는 한정판 블렌디드 위스키, 츠루鶴. 아름다운 병 디자인이 '학'을 뜻하는 단어 '츠루'와 만나 우아함을 더한다. 숙성연수도 써 있지 않은 블렌디드 위스키의 가격이 1만 4000엔 정도. 다소 비싸다는 느낌도 들지만, 맛을 보면 절로 고개가 끄덕여지는 위스키다.

향은 아주 달콤하다. 멜론과 희미한 스모키향이 겹쳐서 느껴진다. 알코올 도수가 낮아서 코에 잔을 가까이 대고 한참을 맡아도 전혀 거부감이 없다. 오랫동안 향을 맡으면서 바뀌어가는 달콤한 향을 느껴보길 바란다.

맛에서는 멜론이 가장 눈에 띄었고, 잘 익은 복숭아(딱복인데 아주 달콤한), 솜사탕의 단맛에 약간 태워먹은 달고나, 그리고 그 끝에 기분 좋은 오크 스파이시.

피니시가 꽤 길다. 달콤한 그레인위스키(아마도 코페이 연속식 증류기로 만든)가 주는 부드러운 느낌과 함께 맛에서 느껴졌던 오크 스파이시가 기분 좋게 마무리 지어준다.

정말 잘 만든 블렌디드 위스키라고 생각한다. 몇 잔이든 연거푸 마실 수 있으면서, 향과 맛이 뚜렷한 위스키. 산토리의 히비키와 다른 느낌이라면 역시 스모키와 두드러지는 멜론의 향기. 히비키가 좀더 동양적인 느낌이라면, 츠루는 보다 스카치에 가까운 블렌디드 위스키가 아닐까.

증류소 한정판 블렌디드 위스키, 츠루.
알코올 도수 43%

1.
요이치 증류소 근처 가키자키 상점
柿崎商店

7 chome-25 Kurokawacho, Yoichi, Yoichi District, Hokkaido
+81-135-22-3354

요이치 증류소 근처에 있는 해산물 위주 상점이다. 요이치 인근에서 잡힌 신선한 해산물을 값싼 가격으로 판다. 특히 털게가 굉장히 저렴했다. 요이치 증류소로 출장 온 아사히 그룹 직원들은 여기에서 특산품을 사서 돌아간다고 한다. 2층에 있는 해산물 식당이 특히 매력적인데, 신선한 해산물이 잔뜩 올라간 해산물덮밥의 가성비가 너무나 좋다. 요이치 증류소를 방문한 사람이라면, 꼭 여기서 식사 한 끼 하길 바란다.

가키자키 상점 가이센동(해산물덮밥)

2.
써니 사이드 팜
Sunny Side Farm

1030 Noboricho, Yoichi, Yoichi District, Hokkaido
+81-135-23-5152

요이치에는 포도와 블루베리, 사과 등을 재배하는 농가가 많다. 특히 요이치에서 재배한 포도와 사과로 만든 와인은 세계적으로도 좋은 평가를 받고 있다. 써니 사이드 팜은 젊은 부부가 아이들과 함께 유기농으로 채소와 사과, 블루베리 등을 재배하는 농가다. 주변 농가에서 재배한 농작물과 직접 재배한 사과로 만든 주스 등을 판매한다. 요이치 마을 네트워크도 훌륭하기 때문에 요이치에서 며칠 머물 계획이라면 여러 정보를 얻기에도 좋다.

써니 사이드 팜에서 판매하는 다양한 농작물

3.

레코팡 드 캉파뉴
レ・コパンドゥカンパーニュ

Kawasaki-17-1 Sakunami, Aoba Ward, Sendai, Miyagi
instagram.com/lescopains_sakunami
+81-22-395-3110

미야기쿄 증류소에서 걸어서 10분이 채 안 걸리는 위치에 '레코팡 드 캉파뉴'라는 식당이 있다. 2차선 도로 한편에 자리잡은 목조건 물이다. 미야기쿄 증류소를 찾은 단체손님들이 예약하곤 했다는 이 식당은 삼림이 우거진 주변 환경과 어우러진 곳이다. 가게 안으로 들어가면 친절한 사장님이 맞아준다. 경양식집 같은 테이블보가 깔린 식탁 앞에 앉아서 '오늘의 메뉴' 중에 선택하면 된다. 특히 맛있기로 유명한 것은 함박스테이크. 직접 만든 특별한 소스 위에 야채튀김이 올라간 함박스테이크는 보는 것만으로 군침을 돌게 한다. 아주 부드러워서 씹지 않아도 부드럽게 넘어가는 함박스테이크의 맛이 썩 괜찮다. 밥을 다 먹고 세트 메뉴로 시킬 수 있는 커피 한 잔을 마시면서 증류소 투어의 여운을 느끼면 어떨까.

함박스테이크와 신선한 샐러드. 증류소 견학 전후에 한 끼를 해결할 식당으로 손색없다

주소   967 Masuo, Kashiwa, Chiba, Japan(千葉県柏市増尾967)

Ⅲ. 가시와 공장

닛카 위스키의 모든 것이 탄생하는 곳, 가시와 공장 블렌더실

요이치와 미야기쿄에서 만든 위스키는 도치기현 사쿠라시에 있는 '닛카 도치기 공장'에서 블렌딩된 후, 치바현 가시와시의 닛카 가시와柏 공장으로 운반되어 병입된다. JR가시와역에서 차로 15분 정도 떨어진 공장의 면적은 도쿄돔 1.2배 정도다. 공장 주변에는 나무들이 빽빽하게 자라고 있는데, 1967년 이곳을 찾은 타케츠루가 심호흡 뒤에 "음, 맛있다"라며 자연환경에 감동해 부지를 결정했다고 한다.

가시와 공장 안에는 닛카 블렌더들이 근무하는 블렌더실이 있다. 블렌더들은 매년 4월 말부터 5월 초까지 요이치 증류소, 미야기쿄 증류소, 도치기 공장 등 세 곳에서 1000~2000가지 원주 샘플을 수집한다. 1개월간 샘플을 확인하는데 하루에 약 100개를 시음하는 것이다. 샘플 체크를 통해 블렌더들은 기존 제품 품질 유지

닛카 위스키 가시와 공장 전경

닛카 위스키 블렌더실. 타케츠루 마사타카와 아들 다케시 사진이 걸려 있다. 테이블
에 달린, 고깔을 뒤집어놓은 듯한 것은 위스키를 머금었다 뱉는 용도다

　　　　　　　　　　　　　　　　2장 일본 위스키 선구자들이 걸어온 길

및 향상, 신제품 개발, 새로운 원액 개발이라는 3가지 중요한 업무를 담당한다.

일본뿐 아니라 전 세계가 열광한 일본 위스키는 과연 누가 만드는가? 오자키 히로미尾崎裕美 치프 블렌더를 만나 이야기를 들어봤다.

오자키 히로미 치프 블렌더 인터뷰

매일 위스키를 마시는 일은 어떤가요?

A _____ 일로 술을 마시는 것과 평소에 술을 마시는 것은 다릅니다. 일로 술의 관능평가를 합니다만, 기본적으로 향이 메인입니다. 맛을 포함해서 확인하지만, 전부 뱉습니다. 마시면 취해버리니까요. 일하면서 마시는 술과 가게에서 마시는 술은 전혀 다릅니다.

시음할 때 알코올 도수는?

A _____ 대체로 제품은 40% 이상입니다만, 먼저 스트레이트로 향을 맡고, 물과 1대 1로 희석해서 향도 맡아봅니다. 이러면 향이 더 피어오릅니다.

현재 닛카 블렌더는 몇 명인가요?

A _____ 저를 포함해서 6명 있습니다. 저는 치프 블렌더고, 블렌더 실장이 있고, 실무 블렌더도 있습니다. 작년까지는 제가 블렌더 실장 겸 치프 블렌더였습니다. 젊어 보이지만, 60세가 되어서 올해부터는 정년재고용이 되어, 블렌더 실장은 다른 사람이 맡고 저는 치프 블렌더를 맡았습니다.

신입사원이 블렌더가 되기 위해서는 어떤 능력이 필요할까요?

A _____ 특별히 자격은 필요 없습니다. 회사에 들어와서부터의

오자키 히로미 닛카 위스키 치프 블렌더

경험이 중요합니다. 저는 대학시절 미생물학 공부를 했습니다. 발효 등 식품회사에서 일하고 싶어서 입사했지만, 블렌더가 하고 싶었던 것은 아닙니다. 미생물 등 양조 지식이 있으면 입사하기 쉽지만, 그런 전문 지식이 없어도 하는 사람이 많습니다. 회사에 입사하면 어떤 부서에 가도 위스키 관련 관능평가를 하기 때문에, 그런 경험을 통해 여러 가지 향을 익혀나가면 됩니다. 누구라도 가능성은 있습니다.

인문계 나온 사람도 가능한가요?

A _____ 불가능하진 않습니다만…… 현재는 이공계 졸업한 사람이 연구소나 공장에 들어오게 되어 있습니다. 인문계 출신은 지금은 없는 거 같습니다.

블렌더로서 일하는 기간은 어떻게 되나요?

A _____ 10년 이상 일하는 사람도 있고, 3년 정도 만에 다른 부

서로 옮기는 사람도 있습니다. 케이스 바이 케이스입니다.

요이치, 미야기쿄 각각의 키가 되는 요소는 뭔가요?

A_____ 요이치와 미야기쿄 원주는 각각 특징이 있습니다. 요이치는 석탄 직접가열증류로 증류기 형태도 스트레이트라서 강렬하고 중후한 원주가 됩니다. 헤비피트 원주가 특징적인 요소 중 하나입니다. 그런 개성이 잘 나오도록 싱글몰트를 만듭니다. 미야기쿄는 간접가열증류로 증류기 형태는 벌지형이고, 라인암이 상향이라서 화려하고 프루티한 원주가 만들어집니다. 각각 만드는 방식에 따라 원주 개성이 잘 드러나도록 만듭니다.

요이치는 아일라 피트에 비해 밸런스가 좋게 느껴지는데⋯⋯

A_____ 아일라 피트는 특징이 확실하지만, 요이치는 피트를 전면에 내세우지 않습니다. 아주 강하지 않으면서도 밸런스 있게, 요이치의 프루티한 면도 나타날 수 있도록 하고 있습니다.

츠루를 마셨는데, 너무 맛있었습니다. 어떻게 만들었는지요?

A_____ 위스키 원주는 숙성될수록 품질이 변하지만, 제품화된 위스키의 품질은 유지되도록 매년 레시피를 바꾸는 것이 블렌더의 큰 역할입니다. 원주는 부족하지만 품질 유지가 가능하도록 5년~10년 후를 계산해서 결정해야 합니다. 그것이 매우 중요한 부분입니다. 품질, 재고, 가격 3가지 모두를 고려해서 매년 구성 원주를 결정하고 있습니다.

위스키 원주가 다양하게 필요하지 않습니까?

A_____ 블렌더로서 사용할 수 있는 파트가 많을수록 편합니다. 위스키가 안 팔리던 시대에는 생산량도 적었습니다. 그 원주로 만들고 있기 때문에 정말 힘듭니다. 드라마 〈맛상〉 방영 전부터 하이볼 붐 등으로 수요가 늘고 있었습니다만, 드라마로 수요가 급격히

늘어서 재고를 꽤 사용했습니다. 그래서 원주 부족이 이어졌습니다. 〈맛상〉 유행 뒤에 원주를 만들었다고 해도 이제 겨우 7~8년입니다. 이제야 사용할 수 있게 되었는데, 아직 원주가 부족해서 출하량을 제한하거나, 숙성연수가 들어간 제품의 판매를 중단하고 있습니다. 작년에 소량이나마 요이치 10년을 다시 판매하기 시작했지만, 충분한 공급이 이뤄질 때까지는 좀더 시간이 필요합니다.

회사에서는 매년 판매량을 늘리고 싶어하지 않나요?

A ____ 영업이나 회사 경영진으로부터 더 만들어달라는 말을 들은 적도 있습니다만, 만드는 쪽에서는 장래를 위해 보관해야 한다고 생각합니다. 위스키 사업의 구조를 잘 모르면 좀처럼 이해할 수 없지만, 지금은 과거의 경험이 있기 때문에 잘 컨트롤 되고 있습니다.

공식 테이스팅 그대로 맛이 나는데 그 비결은?

A ____ 상품을 만들면 향을 맡고 맛을 보면서 여러 단어를 끄집어냅니다. 블렌더 모두가 코멘트를 내서 만듭니다. 몇 번이고 계속 향을 맡으면서, 여러 명의 블렌더가 느낀 감각도 참고로 해서 문장을 만들어냅니다.

더운 지역에 위스키 증류소가 많이 생기고 있는데, 닛카는 비교적 추운 지역에만 증류소가 있습니다. 더운 지역 원주는 필요하지 않나요?

A ____ 사실, 올해 3월 28일 발매한 '닛카 더 그레인'은 미야기쿄의 코페이 그레인위스키와 코페이 몰트위스키, 과거 니시노미야에서 만든 코페이 그레인위스키와 코페이 몰트위스키를 중심으로 블렌딩한 것입니다. 여기에 일본 남부 규슈 지역에서 주로 소주를 만들고 있는 후쿠오카의 모지 공장 및 가고시마의 사쓰마쓰카사 증류소에서 수 년 전부터 생산한 그레인 위스키를 함께 블렌딩했

　2장 일본 위스키 선구자들이 걸어온 길

습니다.

홋카이도 등은 냉랭하고 습도도 유지되어서, 오크통 성분이 천천히 위스키에 스며들어 마일드하게 숙성됩니다. 따뜻한 장소에서도 그에 맞는 스피릿과 오크통으로 숙성하면 좋은 위스키가 만들어진다고 생각합니다만, 북쪽의 냉랭한 곳에서 천천히 숙성하는 데 따른 메리트는 반드시 있다고 생각합니다.

닛카에서 사용하는 오크통은 어떤 게 있나요?

A ____ 뉴 오크, 내면을 태운 리차 오크, 뚜껑만 새 목재로 만든 리메이드 오크, 버번 오크 등 다양하게 사용합니다. 럼 오크, 셰리 오크, 애플브랜디 오크, 포트와인 오크 등에서 피니시한 제품도 있습니다. 사이즈로는 혹스헤드가 가장 많습니다.

대기업과 크래프트 증류소 원주 차이는 뭘까요?

A ____ 크래프트 증류소에서는 상호 위스키 원주 교환을 하는 곳도 있는 것 같습니다만, 산토리와 닛카 등 대기업은 기본적으로 위스키를 교환하지 않습니다. 따라서 스스로 다양한 위스키 원주를 만들 필요가 있습니다. 원료를 바꾸거나, 효모를 바꾸거나, 발효공정, 증류, 숙성환경 등을 바꿔서 다양한 위스키를 만들고 있습니다.

가장 오래된 샘플은?

A ____ 1940년대 샘플이 있습니다. 정말 소량입니다. 꽤 연수가 흘러서…… 숙성감이 제법 있지만, 단품으로 상품화는 잘 모르겠습니다.

재패니즈 위스키 특징은 뭘까요?

A ____ 일본 위스키는 스코틀랜드에서 배워 와서 만들었기 때문에 타입은 스카치 타입입니다. 그러나 일본에서 만든 위스키와

스코틀랜드 위스키는 다르다는 걸 느낍니다. 예를 들어, 해외여행을 가면 그 나라 특유의 향을 느끼곤 하는 것처럼, 스코틀랜드 위스키에서 일본 위스키에는 없는 독특한 향을 느끼곤 합니다.

일본의 향은 뭘까요?

A ____ 일본 위스키의 특징을 말로 하는 것은 어렵습니다. 스타일은 스카치입니다만, 숙성환경도 다르기 때문에 일본과 스카치는 조금 다르다고 생각합니다. 그리고 블렌딩의 섬세함도 다르지요.

블렌더 일과는?

A ____ 시기에 따라 다릅니다만, 일 년에 한 번 각 상품의 레시피를 정할 때는 꽤 바쁩니다. 요이치, 미야기쿄, 도치기에 숙성고가 있는데, 각 공장에 가서 로트별로 대표적인 샘플을 약 2000개 정도 샘플링해서 블렌더실로 가져갑니다. 그리고 한 달에서 한 달 반 정도에 걸쳐 테이스팅을 해서 숙성 정도를 체크합니다.

테이스팅 결과를 통해, 다음해의 타케츠루와 슈퍼 닛카 등의 상품 레시피를 검토하고, 마지막으로 작년이나 올해와 향미가 변하지 않았는지 확인합니다.

블렌더로서 가장 기쁠 때는?

A ____ 참여한 상품이 출시되어 고객이 즐거워할 때 기쁩니다. 또, 조금 전에 말한 일 년에 한 번 하는 레시피 검토가 8월 말쯤 끝나는데, 품질에 문제가 없고 재고도 충분히 남기고, 가격적으로도 문제가 없을 때는 안심하게 됩니다.

닛카 위스키 100년을 위한 계획은?

A ____ 우선, 내년 90주년을 향해 닛카 위스키 원주의 다양성을 알리기 위한 '닛카 디스커버리 시리즈'를 출시해왔습니다. 요이치는 피트, 미야기쿄는 프루티한 이미지가 있습니다만, 2021년 제

2023년 월드 드링크 어워드 베스트 블렌디드 몰트 상을 받은 타케츠루 위스키. 지금도 그의 정신은 닛카 위스키에 계속 살아 있다

1탄은 '요이치 논피트'와 '미야기쿄 피티드'로 의외성을 만들었습니다. 2022년 제2탄 '싱글몰트의 아로마틱 이스트'는 발효공정에서 만들어지는 개성 있는 향을 즐기도록, 요이치는 서양배와 사과 등의 향을, 미야기쿄는 살구 등의 숙성된 과실향을 냈습니다. 올해 2023년은 '닛카 더 그레인'입니다. 규슈에서도 그레인위스키를 만들고 있다는 사실에 놀랐을 겁니다. 디스커버리 시리즈는 올해가 마지막이었고, 그것을 이어받아 내년에는 닛카 위스키 90주년 기념 제품을 발매할 예정입니다.

3장

주세법의 변화와
일본 위스키의 흥망성쇠

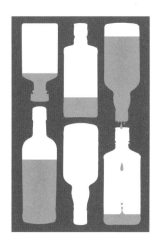

일본 주세법의 변화

일본 위스키 역사를 논하는 데 빼놓을 수 없는 것이 주세법이다. 주세법은 위스키가 무엇인지, 어떤 원재료가 들어가야 하는지 규정했다. 위스키 제조사는 주세법이 어떻게 변화하는지에 맞춰 위스키 원액 함유량 등을 결정했고, 제품 콘셉트도 결정했다. 일본 위스키 업계의 흥망성쇠는 주세법이 좌우했다고 해도 과언이 아니다.

1940년, 주세법 제정

일본 주세법은 1940년에 제정됐다. 사케, 소주, 위스키 등 술을 분류해 서로 다른 세금을 매겼다. 전쟁으로 영국 등 유럽 위스키 수입이 중단되자, 일본산 위스키 판매가 늘면서 세금 부과가 필요해진 것도 그 배경으로 보인다.

당연히 위스키가 사케나 소주보다 세율이 높았다. 1943년에 주세법이 개정됐는데, 이때는 전쟁이 한창이었기 때문에 세율을 높여 전쟁자금을 더 동원하기 위한 것이었다. 전쟁이 끝난 뒤로도 세율은 변동이 없었다. 다만, 1949년에 '위스키 혼합율'에 따른 등급 주세 제도가 도입되어 여러 기업이 위스키 제조에 뛰어들 수 있는 기반을 만들었다. 1949년에 제정된 위스키 주세법은 다음과 같다.

1급 – 알코올 도수 43도 이상, 위스키 함유량 30% 이상
2급 – 알코올 도수 40도 이상, 위스키 함유량 5% 이상 30% 미만
3급 – 알코올 도수 40도 미만, 위스키 함유량 5% 미만

여기에서 '위스키'는 '몰트(발아시킨 곡물류)를 발효, 증류해 3년간 숙성한 원주가 30% 이상 포함된 것'이다. 즉, 3년 숙성 위스키가 30% 이상 들어간 것이 주세법에서 말하는 '위스키'고, 이것을 30% 이상 섞으면 '1급 위스키'로 출시됐다. 즉, 우리가 생각하는 일반적인 위스키 10% 이하로도 최고급에 속하는 1급 위스키를 만들 수 있었다. 당시 출시된 위스키가 지금 생각하는 위스키와는 전혀 다른 것이었음을 알 수 있다. 3급의 경우 위스키 함유량 5% 미만으로, 위스키가 하나도 들어 있지 않아도 '위스키'라는 카테고리로 판매할 수 있었다.

이 당시 주세법 개정은 사케와 소주를 만들던 회사의 요구로 이뤄진 것으로 보인다. 전쟁 이후 쌀이 부족한 일본에서 사케와 소주는 만들기 어려웠다. 쌀이 아닌 다른 원료로 술을 만들어 팔아야 했다. 게다가 미군이 일본 전국 각지에 있었기 때문에 그들의 니즈를 충족시키려면 '위스키'라는 술이 필요했다. 한편으로는 저질 알

2급 위스키였던 체리 위스키. 라벨 위에 '위스키 2급ウィスキー一2級'이라고 적혀 있다

코올로 만든 술로 사상자가 많이 발생했는데, 이런 술이 횡행하는 것을 막기 위해 등급 제도를 도입했다는 주장도 있다.

해외에서 만든 위스키로부터 일본산 위스키를 지키기 위한 고육지책이기도 했다. 당시 대세였던 스카치 위스키는 위스키 함유량 100%로 무조건 1급이다. 1급 위스키는 세율이 비싸서 일본 국내 판매가가 비싸질 수밖에 없다. 반면, 일본 제조업체들은 2급이나 3급 위스키로 대응할 수 있다. 또 위스키 함유량이 30%만 돼도 스카치위스키와 동일한 '1급'에 들어가기 때문에, 더 낮은 가격으로 1급 위스키를 만들 수 있었다.

1953년에 주세법이 다시 한번 개정됐다. 1급, 2급, 3급이 각각 특급, 1급, 2급으로 한 단계씩 올라갔다.

특급 – 알코올 도수 43도 이상, 위스키 함유량 30% 이상

1급 – 알코올 도수 40도 이상, 위스키 함유량 5% 이상 30% 미만

2급 – 알코올 도수 37도 이상, 위스키 함유량 5% 미만

가장 아래 등급의 최저 알코올 도수를 정했다. 무엇보다 중요한 건 '최저 3년 숙성' 의무가 사라진 것이다. 오늘 증류한 위스키 스

특급 위스키 표기. '위스키 특급ウィスキー特級' 옆에 '종가従価'라고 써 있다. 일본 주세가 종가세였다는 것을 보여준다

피릿도 '위스키' 범주에 들게 됐다. 위스키의 가장 큰 부담 요소라고도 할 수 있는 숙성과정이 사라지니 생산자로서는 더할 나위 없이 좋은 일이었다. 재미있는 사실은 숙성기간을 정하지 않은 이 법이 현재까지 이어지고 있다는 점이다. 그러니까 일본에서는 숙성여부를 묻지 않고 '위스키'라 칭할 수 있다.

1968년 주세법이 다시 한번 개정됐는데, 이번 개정의 특징은 2급 위스키에도 최소한의 위스키가 들어가야 한다고 규정했다. 그러나 특급 위스키의 함유량 상한선을 낮춰, 고급 위스키 생산자들의 편의를 도왔다.

특급 – 알코올 도수 43도 이상, 위스키 함유량 23% 이상

1급 – 알코올 도수 40도 이상, 위스키 함유량 13% 이상 23% 미만

2급 – 알코올 도수 37도 이상, 위스키 함유량 7% 이상 13% 미만

1978년에는 위스키 함유량에 변화가 있었다.

특급 – 알코올 도수 43도 이상, 몰트위스키 함유량 27% 이상

**1급 – 알코올 도수 40도 이상, 몰트위스키 함유량 17% 이상 27%
미만**

**2급 – 알코올 도수 37도 이상, 몰트위스키 함유량 10% 이상 17%
미만**

1980년대, 일본에 소주 붐이 불기 시작했다. 일본 소주 회사들이 마시기 편한 소주를 잇달아 출시했다. 소주는 위스키보다 세율이 낮았기 때문에 가격경쟁력이 있었다. 소주 붐에 기름을 부은 것은 이자카야 체인점의 탄생이다. 이자카야 체인점이 인기를 얻었는데, 이들은 소주에 탄산수 등을 섞은 '츄하이'를 주력상품으로 내세웠다. 인기에 편승해 소주 회사들이 '캔 츄하이'를 출시하면서 소주는 엄청난 인기몰이를 했다. 보리소주를 오크통에 숙성시켜 위스키와 닮은 제품을 출시하기 시작한 것도 이맘때다.

대중이 값싼 소주를 많이 찾기 시작하자 위스키 업계는 직격탄을 맞았다. 특히 '특급 위스키'뿐이던 스카치위스키 업계는 타격이 더욱 심했다. 1981년 당시 조니워커 레드가 3819엔이었는데 이 중에 세금이 2623엔이었다. 가격의 약 68%가 세금이었던 셈이다. 전후 일본 주세법은 원칙적으로 종량세였는데, 일부 고가 주류(사케 특급, 위스키 등)에만 종가세가 붙었기 때문이다. 그러나 무역자유화가 진행되고 1980년대에 유럽이 일본의 주세제도가 무역장벽이라며 개선을 요구해왔다. 결국 1987년 11월 10일, 일본에서 생산한 주류에는 낮은 세율을 적용하고 수입주(위스키 등)에 높은 세

캔 츄하이

율을 적용해 GATT 3조에 위반된다는 지적이 있었다. 이에 따라 1989년 일본은 주세법을 개정해 위스키에 대한 종가세 제도, 등급별 제도를 폐지했다.

1989년 등급제와 종가세 폐지로 스코틀랜드, 아일랜드, 미국, 캐나다 등 해외 위스키가 일본 시장에 더욱 값싸게 공급됐다. 1급과 2급 위스키에도 특급 위스키와 같은 세금이 매겨졌다. 일본 위스키의 가격경쟁력은 급격히 저하됐고, 군소 위스키 업체들은 이런 시장에서 버텨낼 수가 없었다. 특히 저가의 2급 위스키를 많이 만들던 지역 위스키 업체들이 값싼 스카치위스키 공세에 자취를 감추기 시작했다.

산토리와 닛카는 '뉴 스피릿NEW SPIRIT'이라는 새로운 술을 만들어 대응했다. 럼, 진, 보드카 등 스피릿류에 속하던 술에 위스키와

닛카 골드닛키와 화이트닛키

브랜디 원주를 8% 미만으로 혼합해 만들었다. 알코올 도수도 30도
대였다. 이렇게 하면 위스키 세금을 피하고 보다 낮은 스피릿 세
금을 적용받을 수 있었다. 단, 위스키와의 구분을 위해 짙은 색을
입히는 데 제약이 있었다. 산토리 '커스텀Custom'과 닛카 '골드닛키
Gold Nikky'가 대표적인 브랜드다. 이후 위스키 세금이 낮아지면서
이 술들은 자취를 감췄다.

　이후 국제사회로부터 주세법이 복잡하다는 지적을 받으면서 일
본은 계속 주세법을 개정했다. 1996년에는 WTO가 소주와 위스
키의 주세 격차 수정을 권고해서, 소주 세율을 높이고 위스키 세율
을 내렸다. 현재는 주류에 대한 종량세가 완전히 정착되었다. 주류
를 제조방법과 성질에 따라 발포주류(맥주, 발포주 등), 양조주류(사
케, 과실주 등), 증류주류(위스키, 브랜디, 소주 등), 혼합주류(리큐어,
합성청주 등) 등 4종류로 분류하고 있다. 분류별로 기본 세율을 정

한 후 품목별로 다른 세율을 정한다.

현재 일본 위스키 세금은 알코올 도수 37도를 기준으로 정해진다. 37도까지 1킬로리터 당 37만 엔이고, 37도를 넘으면 1도 당 1만 엔이 가산된다. 알기 쉽게 위스키 한 병(700밀리리터)을 기준으로 하면, 40도 위스키 280엔, 50도 350엔, 60도 420엔의 세금이 붙는다. 한국 주세 72%와 비교하면, 위스키 종량세가 얼마나 세금을 낮췄는지 알 수 있다. 한국에선 1만 원짜리 위스키도 세금이 7200원에 달한다.

주세법의 빈틈을 이용한 '재패니즈 위스키'

현재 일본 주세법상 갓 증류한 스피릿을 숙성도 안 한 채, '위스키'라고 이름 붙여 팔아도 아무런 문제가 없다. 위스키 10%에 주정 등을 90% 섞어도 위스키다. 또 해외에서 수입한 위스키를 일본 국내에서 병입만 해서 파는 것도 문제없다. 일부 업자들은 이런 위스키에 '일본 위스키'라고 이름 붙여 해외에 수출하고 있다(한국에도 수출되고 있다). 전 세계적으로 일본 위스키가 인기를 끈 덕에 이런 위스키도 날개 돋힌 듯 팔리기 때문이다.

물론, 법적으로 문제가 없기 때문에 불법적인 위스키는 아니다. 그러나 우리는 일반적으로 '일본 위스키', 또는 '재패니즈 위스키'라고 하면 일본에서 증류해 숙성까지 이뤄진 위스키를 떠올린다. 따라서, 일본 위스키를 판매할 때는 위스키가 어디에서 만들어졌는지 명확히 표기해야 한다고 생각한다. 겉으로는 '일본 위스키'라고 하면서, 내용물에 '스코틀랜드산 위스키'가 포함되어 있다면, 굳이 이런 위스키를 사서 마실 이유가 없기 때문이다. 그냥 스코틀랜드산 위스키를 더 싼 값에 사서 마시면 된다.

이런 일본 위스키의 '그레이 존gray zone'을 염려한 일본양주주조협회가 지난 2021년 3월 1일 '재패니즈 위스키 표시에 관한 기준'을 마련했다.

1. 재패니즈 위스키 원재료 – 맥아, 곡물류, 일본 국내에서 채취한 물로 한정. 또한, 맥아는 반드시 사용할 것.

2. 재패니즈 위스키 제조 – 당화, 발효, 증류는 일본 국내 증류소에서 할 것. 또한, 증류시 스피릿 알코올 도수는 95도 미만으로 할 것.

3. 재패니즈 위스키 저장 – 내용량 700리터 이하 목제 오크통에 담아, 다음날로부터 환산해 3년 이상 일본 국내에서 저장할 것.

4. 재패니즈 위스키 병입 – 일본 국내에서 용기에 담고, 알코올 도수는 40도 이상으로 할 것.

5. 그 외 – 색조 조정을 위한 캐러멜 사용 인정.

일본양주주조협회에는 산토리, 닛카 등 대기업은 물론이고 우리가 익히 알고 있는 위스키 증류소 대부분이 가입되어 있다. 2023년 3월 현재 89개사가 등록되어 있다. 일본양주주조협회는 매년 4월 1일을 '재패니즈 위스키의 날'로 정해 이벤트 행사를 여는 등 홍보를 강화하고 있으며, 또한 이들이 만든 기준을 법제화하기 위한 노력도 계속하고 있다.

일본 고도 성장기와 함께한
위스키 증류소

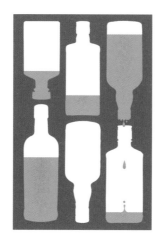

1. 혼보주조-마르스 신슈, 마르스 츠누키

산으로 둘러싸인 한적한 일본 마을 버스 정류장. 벚꽃 산책길을 걸으려는 단체관광객을 태운 버스가 여러 대 오가는 것 빼곤 사람 흔적을 찾기 어려웠다. 사람 대신 오래된 나무가 울창하게 늘어선 산골 도로. 그 너머에 산봉우리 여러 개가 병풍처럼 늘어서 있다. 마침 전날 미세먼지 가득한 서울에서 온지라 산간 지역의 맑은 공기가 눈물겹게 반가웠다. 버스 정류장에서 택시를 타고 증류소까지 약 15분. 푸른 나무 사이를 달리다 넓은 강이 나타났는데, 오랜 세월이 깎아놓은 돌의 모습이 정겹다. 인근 캠핑장에서 텐트 치는 사람들의 대화 소리와 하염없이 흐르는 강물 소리가 귓가를 즐겁게 한다. 그리고 캠핑장 앞 강 건너편, 푸른 산을 배경으로 붉은 지붕을 쓴 흰색 건물에 'SINGLE MALT KOMAGATAKE'가 선명하게 보였다. 사람이 만든 위스키 증류소지만, 주변 자연과 너무나 잘 어울러진다는 느낌이 들었다.

4장 일본 고도 성장기와 함께한 위스키 증류소

인근 캠핑장에서 강 건너 보이는 마르스 신슈 증류소

마르스 신슈 증류소 입구에 놓인 초대 증류기

마르스 신슈 증류소에 도착하자 가장 먼저 눈에 띈 것은 입구에 전시해놓은 초대 증류기 2대. 불과 8년 전까지도 사용했던 증류기다. 세월의 흔적이 그대로 담긴 채 검게 변색된 증류기는 열만 가해주면 당장이라도 위스키를 만들어낼 수 있다고 말하는 것만 같았다. 이 증류기를 고안한 사람은 이와이 기이치로岩井喜一郞. 1909년 셋쓰주조에 입사한 그는 연속식 증류장치를 고안하고, 신식소주와 주정함유음료 등을 개발했다. 당시 후배였던 타케츠루 마사타카를 스코틀랜드로 유학 보내는 데도 역할을 했다. 타케츠루는 회사의 기대에 부응해 스코틀랜드에서 착실히 위스키 제조에 대해 배웠고, 귀국해서 보고서를 회사에 제출했다.

그러나 시대가 셋쓰주조의 위스키 증류소 건설 계획을 가로막았다. 1차세계대전이 가져온 호황이 저물고 경기가 침체되기 시작했다. 셋쓰주조의 스코틀랜드식 위스키 증류소 설립은 물거품이 됐다. 이에 실망한 후배 타케츠루는 회사를 떠나 토리이 신지로의 고토부키야로 향한다. 야마자키 증류소를 만들고, 그로부터 10년 후 독립해서 홋카이도에 위스키 공장을 세웠다. 셋쓰주조에 남겨진 이와이는 타케츠루 보고서를 손에 쥔 채, 일본 위스키의 성공가도를 지켜보게 됐다.

1934년부터 이와이는 회사를 다니며 오사카제국대학 공학부 강사를 겸업했다. 이공계 지식과 주류업계에서 쌓은 경험을 제자들에게 열심히 가르쳤다. 그러던 어느 날, 우연히 위스키를 만들 수 있는 기회가 나타났다. 혼보 구라키치本坊藏吉라는 생도가 있었는데, 가고시마 소주 제조업체 '혼보주조本坊酒造' 가문의 일곱째 아들이었다. 그가 이와이의 딸과 결혼을 한 것이다. 이후, 이와이는 혼보주조 고문이 됐고, 1960년 혼보주조가 야마나시山梨에 위스키

이와이 기이치로

증류소를 만들기로 하면서 이와이는 자신의 지식과 경험을 살려
냈다. 이와이는 '늦었지만 토리이 신지로와 타케츠루 마사타카 못
지 않은 위스키를 만들어보겠다'는 생각으로 가득하지 않았을까.

이와이는 타케츠루 보고서를 참고했다. 특히 증류기 형태가 타
케츠루가 보고서에 그린 것과 완전히 닮아 있다. 스트레이트형에
라인암이 아래를 향한다. 그리고 라인암이 콘덴서에 가까워질수록
점점 좁아진다. 1960년, 야마나시 공장에서 위스키 제조를 시작했
고, '마르스MARS 위스키'라는 브랜드로 판매했다. 마르스(화성)는
혼보주조 상징인 별을 따와 농업과 싸움의 신의 의미를 부여한 브
랜드였다.

1969년부터 혼보주조 소주 공장이 있는 가고시마 지역에서도 위
스키 면허를 재취득해, 작은 증류기로 1984년까지 위스키를 증류
했다. 그리고 1985년, 나가노 신슈信州 지역으로 설비를 옮겨 왔다.

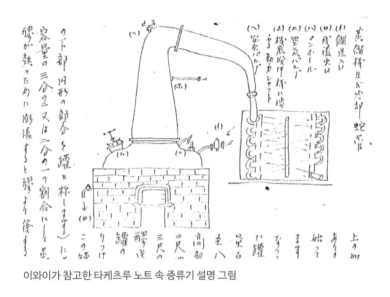

이와이가 참고한 타케츠루 노트 속 증류기 설명 그림

'마르스 신슈 증류소'의 시작이다. 마르스 위스키는 대표적인 지역 위스키 중 하나로 인기가 많았다. 그러나 위스키 붐은 식어갔고, 1989년 위스키 등급제도 폐지로 지역 위스키가 살아남을 길은 없었다. 1992년, 결국 마르스 신슈 증류소는 생산을 중단하고 만다.

2008년 하이볼 붐으로 일본 위스키에 활력이 되살아나자 신슈 증류소는 재생산 계획을 세운다. 그리고 2011년, 19년 만에 몰트위스키 생산을 재개했다. 1992년 이전에 만들어 잘 숙성된 위스키를 연달아 내놓았고, 국내외에서 높은 평가를 받았다. 특히 2013년 '마르스 몰티지 3 플러스 25, 28년'이 '월드 위스키 어워드 2013' 블렌디드 몰트 부문에서 세계최고상을 수상하면서 자신감도 쌓였다. 이 위스키는 가고시마와 야마나시에서 각각 3년 숙성한 위스키를 신슈 증류소에서 25년 추가 숙성해 블렌딩했다.

2016년에는 가고시마 공장의 위스키 면허를 이전해서 마르스 츠누키津貫 증류소를 만들었다. 츠누키 지역은 혼보주조가 시작된 곳으로 역사적으로도 의미 있는 곳이다. 또 유네스코 세계자연유산으로 유명한 야쿠시마屋久島 지역에 위스키 숙성고를 지어 나가노, 가고시마, 야쿠시마 세 곳에 숙성고를 갖게 됐다. 신슈 지역은 냉랭하고 건조한 반면, 야쿠시마 지역은 매우 덥고 비가 많이 내려 습도가 아주 높다. 신슈 증류소에서 만든 위스키를 신슈에서 숙성하느냐, 야쿠시마에서 숙성하느냐에 따라 위스키 풍미가 완전히 달라진다. 증류소 2개와 숙성고 3개로 다양한 위스키 원주를 갖추기 시작했다. 그리고 2020년에는 1985년부터 쓰던 낡아버린 신슈 증류소 생산설비를 전면 리뉴얼했다.

1986년 마르스 위스키 홍보 전단

주소	4752-31, Miyada, Kamiina District, Nagano 399-4301(〒399-4301 長野県上伊那郡宮田村4752-31)
홈페이지	https://www.hombo.co.jp/visiting/shinshu/
위스키 생산 시작	1960년(신슈 증류소 전신, 야마나시 공장)

I. 마르스 신슈 증류소

신슈 증류소, 마르스 위스키의 심장

신슈 증류소 위스키 블렌더 가와카미 구니히로河上国洋의 안내로 증류소를 둘러봤다. 신슈 증류소는 흰색 증류소 건물과 녹색 자연의 조화가 아름답다. 입구쪽 방문자센터에서 나와 가장 안쪽 증류동으로 향하는 길은 약간의 오르막인데, 마치 산속을 거니는 느낌마저 들 정도다. 산간지대에 있는 증류소인만큼 물도 맑고 깨끗한데, 지하 120미터에서 끌어올린 우물물을 사용한다고 한다. 연간 평균 수온 15도 정도로 차갑다.

신슈 증류소에서는 주로 영국산 피티드와 논피트 몰트를 모두 사용한다. 12월과 1월에만 피티드 몰트로 위스키를 만든다. 취재를 갔을 때는 베어즈Bairds사와 크리스프Crisp사의 몰트를 사용하고 있었다. 일본산 몰트도 1년에 20톤 정도 사용한다. 몰트 분쇄기(몰트밀)는 독일 쿤젤사 제품이다. 몰트 클리너로 돌 등 이물질을 깨

4장 일본 고도 성장기와 함께한 위스키 증류소

신슈 증류소 건물들. 증류소
상징인 파고다 지붕이 보인다

몰트 분쇄기

당화조

발효조

끗하게 제거한 뒤에 분쇄하고 당화를 시작한다.

당화조는 일본 미야케제작소에서 만든 제품을 쓴다. 4700리터 용량 당화조에 분쇄한 몰트 1.1톤을 넣고, 65도의 뜨거운 물을 넣어 당화한다. 원래는 한 배치에 몰트 1톤을 썼는데, 1.1톤까지 늘려서 생산량을 극대화했다. 당화 시간은 1시간. 이렇게 만들어진 맥즙 당도는 14브릭스 정도다. 가능한 한 깨끗한 워트를 만들려고 노력하는데, 프루티한 맛을 내기 위해서라고 한다.

발효조는 총 6개로 스테인리스 3개, 나무(더글러스퍼) 3개다. 발효는 4일간 한다. 스테인리스와 나무를 나눈 이유는 스테인리스는 깔끔한 풍미를, 나무는 복잡한 풍미를 만들어주기 때문이다. 효모는 디스틸러리 효모와 에일 효모 등을 다양한 비율로 섞어서 쓴다. 발효조 온도관리는 따로 하지 않고, 자연 그대로의 온도로 발효한다.

한 가지 재미있는 사실은 과거 신슈 증류소 발효조가 철제였다는 점이다. 철로 만든 발효조는 스테인리스나 나무보다 관리가 매우 어려웠다고 한다. 매일 사람이 직접 발효조 안에 들어가 청소를 해야 했다. 2018년에 나무 발효조 3개, 2020년에 스테인리스 발효조 3개가 도입되면서 철제 발효조는 모두 사라졌다.

신슈 증류소 증류기는 라인암이 끝으로 갈수록 매우 가늘어지는 것이 특징이다. 이렇게 라인암이 가늘어지면 스피릿의 구리 접촉면이 늘어나 깨끗한 스피릿을 만들 수 있다고 한다. 2015년에 새로 들인 증류기지만, 크기와 모양은 1960년부터 사용해온 증류기와 완전히 동일하다. 일본 미야케제작소에서 과거 증류기 설계 자료를 토대로 만들었다. 단, 초류기에 사이트글래스(거품이 올라오는 정도를 확인하는 유리창) 3개를 추가하고, 2020년 리뉴얼 때 맨홀을 투명한 유리로 바꿔 증류기 내부를 볼 수 있게 했다. 또 가열방식을 기존 구리 스팀코일에서 스테인리스 파코레이터로 바꿨다. 이를 통해 증류의 효율성을 높였다.

초류기 용량이 6000리터고 재류기 용량이 8000리터다. 초류기로 증류한 로우와인 2개 배치를 합쳐서 재류기에서 재증류하기 때문에 재류기가 더 크다. 신슈 증류소의 가장 큰 특징이라면 증류기 냉각장치(콘덴서)가 다르다는 점. 초류기는 셸앤튜브, 재류기는 웜텁 방식이다. 셸앤튜브 방식은 가벼운 주질을, 웜텁 방식은 중후한 주질의 스피릿을 만들 수 있다. 서로 다른 냉각방식으로 보다 복합적인 주질의 스피릿을 기대할 수 있다. 이와이가 처음 고안한 증류기부터 이어져온 것이다. 이렇게 증류한 스피릿은 알코올 도수가 70% 정도 되는데, 3~4개 배치로 만든 스피릿을 모아 오크통에 담는다. 오크통에 담을 때는 알코올 도수를 60%로 낮춘다.

숙성고는 4개가 있다. 가장 최근에 만든 네번째 숙성고에는 2600개 정도의 오크통을 보관할 수 있다. 일반적으로 숙성에 사용하는 버번과 셰리 오크 외에도 와인 오크, 맥주숙성(IPA, 스타우트) 오크, 미즈나라 오크 등도 쓴다. 신슈 증류소에서 가장 오래된 위스키들은 1숙성고에 모여 있다. 오크통에는 신슈 증류소만의 방식으로 표기를 해뒀는데, 표기 원칙이 궁금한 사람은 현장에서 직원들에게 물어보자.

신슈 증류소에서 만든 위스키 스피릿은 츠누키와 야쿠시마에서도 숙성된다. 매년 5000리터 정도의 위스키 스피릿을 츠누키 증류소로 보내 숙성한다. 반대로 츠누키 증류소로부터 매년 5000리터 정도 위스키 스피릿을 받는다. 각각 배럴 사이즈 오크통 25개 정도 양이다. 또 야쿠시마 숙성고에서도 신슈 증류소에서 만든 위스키를 숙성한다. 신슈, 츠누키, 야쿠시마의 연간 평균기온은 각각

신슈 증류소 증류기.
오른쪽이 초류기, 왼쪽이 재류기다

랙 방식 숙성고

오크통에는 증류소 직원들만 알아
볼 수 있도록 표시를 해놨다

다양한 마르스 위스키를 시음할 수 있는 공간. 오크통 제조에 사용하는 목재로 만들었다

위스키 병을 그대로 가져다 쓴 조명이 인상적이었다

11도, 18도, 19도다. 기온에 따른 숙성고의 온도 차이를 이용해 다양한 스타일의 위스키 원주를 만들고 있다.

숙성고까지 취재를 마치고 방문자센터로 향했다. 방문자센터는 위스키 관련 제품을 살 수 있는 상점과 시음 공간으로 나뉘어 있다. 시음 공간은 마치 정통 바에 온 듯한 세련된 곳으로 벽난로와 마르스 위스키 빈병으로 만든 천장조명이 운치를 더한다. 오크통 목재로 만든 바카운터에서 신슈 증류소와 츠누키 증류소, 두 곳에서 만든 다양한 위스키를 시음할 수 있다.

가와카미 블렌더에게 위스키 세 잔을 추천 부탁했고, 그가 추천해준 위스키는 '싱글캐스크 고마가타케 9년, Cask No.1665', '싱글몰트 고마가타케 9년 스몰배치', 그리고 '고마가타케 2022 에디션'이었다. 싱글캐스크와 스몰배치, 그리고 대량 배치 비교를 통해 신슈 증류소가 추구하는 맛의 방향성이 무엇인지 알려주기 위해서라고 생각했다. 모두 훌륭한 위스키였지만, 192병만 생산된 싱글캐스크 위스키가 가장 맛이 좋았다. 부드러운 피트향 속에 신슈 증류소만의 프루티한 향이 가득 담긴 과일 케이크 같은 위스키였다. 위스키를 다 마시고 가와카미 블렌더에게 신슈 증류소에 대해 더 자세히 물어봤다.

가와카미 구니히로 블렌더 인터뷰
어떻게 위스키 업계에 들어오게 됐는지요?

A ＿＿＿ 원래 전혀 다른 일(공업 관련)을 하고 있었는데, 신슈 지역에서 나고 자란지라 다시 돌아오고 싶다는 마음이 있었습니다. 위스키 증류소가 있다는 것을 알아서, 여기에서 일하는 걸 꿈꾸고

가와카미 구니히로 신슈 증류소 블렌더

있었는지도 모르겠습니다. (실제 어릴 적부터 살던 집이 신슈 증류소 근처라고 했다.)

위스키를 만들 때, 가장 신경쓰는 점은 무엇인가요?

A ____ 역시 밸런스입니다. 향과 맛의 밸런스가 가장 중요하다고 생각합니다.

가끔 놀라운 위스키를 발견할 때가 있나요?

A ____ 위스키를 만드는 사람에게 숙성고는 보물상자 같은 것입니다. 향미를 전부 체크하는데, '이건 정말 좋은 향이다'라는 발견이 종종 있습니다. 그렇게 발견한 위스키를 소비자에게 제공하는 것은 만드는 사람으로서 매우 기쁜 일입니다.

신슈 증류소 환경이 위스키에 끼치는 영향은 어떻습니까?

A ____ 신슈는 냉랭한 지역이라 숙성이 천천히 진행됩니다. 여기에서 만든 깨끗한 스피릿이 오랜 숙성으로 풍부하고 부드러운

위스키로 바뀌게 되죠. 신슈 증류소는 '클린&리치' 위스키를 만드는 것이 목표입니다.

신슈 증류소가 전통적으로 지켜오는 것과 도전해나가는 것을 알려주세요.

A ____ 현재 사용하는 증류기는 2대째인데, 완전히 똑같은 형태로 만든 것이 우리 전통입니다. 도전하고 있는 것은 2020년에 리뉴얼할 때, 철로 된 발효조를 없애고 스테인리스와 나무 발효조를 도입해서 새로운 맛을 추구했습니다. 이때 효모도 여러 비율로 실험하기 시작해서 맛있는 위스키를 만들어나가고 있습니다.

현재 신슈 증류소 직원은 어떻게 구성되어 있나요?

A ____ 증류 담당자 4명, 블렌딩 담당자 4명으로 총 8명이 제조를 담당하고 있습니다. 그 밖에 사무직과 상점을 운영하는 인원이 있습니다.

신슈 증류소에서 생산하는 위스키에 동물 라벨이 유난히 많은데 그 이유는 뭔가요?

A ____ 동물을 위스키 라벨로 제작하는 것은 자연환경을 중요하게 생각하기 때문이죠. '자연과 위스키'는 끊을 수 없는 관계니까요. 물론, 럭키 캣 시리즈의 고양이는 사장님이 기르는 고양이고, 빠삐용 시리즈도 사장님이 나비를 좋아하기 때문이기도 합니다. (웃음)

일본을 대표하는 위스키 증류소로서 어깨가 무겁지 않은지요?

A ____ 책임감은 느끼고 있습니다. 일본뿐만 아니라 세계로 뻗어나가야 하니까, 맛있는 위스키를 만들어야만 한다고 생각하고 있습니다.

일본에 크래프트 증류소가 많이 생기고 있습니다. 이에 대해 어떻

게 생각하시나요?

A ____ 다양한 스타일의 위스키가 만들어지지 않을까 싶습니다. 하지만 제대로 된 룰을 따르지 않으면, '재패니즈 위스키'는 뒤죽박죽이 되어버릴 겁니다.

당신이 생각하는 위스키란 무엇인가요?

A ____ 위스키는 멋있는 마실거리입니다. 멋을 부리면서 마셔주시기 바랍니다.

한국 마르스 위스키 팬들에게 하고 싶은 말이 있다면?

A ____ 저희 위스키를 많이 즐겨주시면 좋겠습니다. 그리고 꼭 증류소에 와주세요. 환경이 아름다운 곳에서 마시면 위스키를 가장 맛있게 즐길 수 있습니다. 이곳에 오기 힘들다면, 이 아름다운 환경을 떠올리며 저희 위스키를 마셔주시면 감사하겠습니다.

주소	6594 Kasedatsunuki, Minamisatsuma, Kagoshima 899-3611(〒899-3611 鹿児島県南さつま市加世田津貫6594)
홈페이지	https://www.hombo.co.jp/visiting/tsunuki/
위스키 생산 시작	2016년

Ⅱ. 마르스 츠누키 증류소

츠누키, 혼보주조 발상지 가고시마에서 위스키의 가능성을

일본 규슈 남단 가고시마현은 과거부터 소주 제조로 유명한 지역이다. 가고시마에서 생산되는 소주 브랜드만 2000개가 넘어 '소주 왕국'이라 불린다. 특히 고구마소주가 유명한데, 배수가 잘되는 화산재 토지가 고구마 재배에 적합해 전국 1위의 고구마 생산량을 자랑한다. 이 가고시마에 2016년 탄생한 위스키 증류소가 바로 '츠누키津貫' 증류소다.

마르스 츠누키 증류소의 '슈퍼 아로스파스식 증류기'

마르스 츠누키 증류소가 위치한 곳은 혼보주조 발상지다. 증류소에 도착하면 다른 건물에 비해 유난히 높은 건물이 눈에 띈다. 이 건물 안에는 과거 주정을 만들던 혼보주조의 '슈퍼 아로스파스

마르스 츠누키 증류소 전경

슈퍼 아로스파스식 증류기. 세월을 말해주려는 듯, 군데군데 녹이 슬어 있었다

식Super Arospas type 증류기'가 전시되어 있다. 건물 안에 들어가면 어마어마하게 높은 증류기(26미터)에 압도되는데, 증류기를 개량하면서 1970년대 초반까지 사용했다. 고구마, 옥수수, 당밀 등을 원료로 96%의 고순도 주정을 만들었고, 희석해서 소주를 생산했다.

이 증류기를 조금 더 자세히 살펴보자. 1949년, 프랑스 멜MELL사에서 만든 아로스파스식 증류기가 일본에 소개됐다. 이것을 1955년경 개량한 것이 '슈퍼 아로스파스식 증류기'라고 한다. 당시 주정을 만들던 주류회사들이 도입하기 시작했다. 이 증류기는 알코올을 물로 희석해 '퓨젤유fusel oil'라는 불순물을 제거할 수 있었다.

퓨젤유는 알코올 발효과정에서 만들어지는데, 독성이 강해 두통이나 현기증을 일으킨다. 단식 증류기는 '컷'을 통해 퓨젤유 성분을 제거하지만, 연속식 증류기는 연속 증류하는 특성상 퓨젤유 제거가 어렵다. 그래서 고안된 것이 증류중에 알코올을 물로 희석해서 불순물층을 제거하는 것이다. 연속식 증류과정에서 알코올에 물을 섞어 10~20% 정도로 희석하면, 퓨젤유와 순수한 알코올 사이에 끓는점 차이가 생긴다. 이 차이를 통해 퓨젤유를 분리하고, 보다 순도 높은 알코올을 얻게 된다. 연속식 증류기의 자세한 증류 방식에 대해서는 산토리 위스키 파트의 '치타 증류소' 부분을 참고하기 바란다.

츠누키 증류소 위스키 제조공정

위스키 증류동에 들어가면 가장 먼저 하이브리드 증류기가 눈에 들어온다. 단식 증류기와 연속식 증류기 2가지 기능을 가진 증류기로, 진을 만드는 데 사용한다. 혼보소주 원주에 주니퍼베리,

가고시마산 보태니컬을 넣어 증류해서 만든다. 용량은 400리터.

하이브리드 증류기 뒤에는 1969년부터 1984년까지 가고시마 공장에서 위스키를 만들던 귀엽고 앙증맞은 증류기가 1대 설치되어 있었다. 이 증류기로 소주에 가고시마산 보태니컬을 넣어 재증류해서 스피릿을 만들었다. 현재는 사용하고 있지 않지만, 왠지 이 귀여운 증류기로 만든 위스키가 맛보고 싶다.

츠누키 증류소는 신슈 증류소와 마찬가지로 1배치 1.1톤 맥아를 사용한다. 몰트밀만 독일제를 사용하고, 당화조부터 증류기까지 미야케제작소 제품을 사용한다. 당화에는 6000리터 스테인리스 당화조를 사용한다. 츠누키 증류소 관계자는 이 당화조 성능이 워낙 좋아서 분쇄 비율에는 별로 신경을 쓰지 않는다고 한다. 당화조를 잘 운용하면 그것만으로도 깨끗한 맥즙을 만들어낼 수 있기 때문이라고 한다. 1번, 2번 맥즙을 발효조로 옮긴다. 2019년부터는 3번 맥즙 탱크를 사용하기 시작했다. 3번 맥즙은 다음 당화시 온수 역할을 하는데, 피티드 몰트는 3번 맥즙 피트향이 아주 강해서 당화에 사용하면 더 많은 피트향을 남길 수 있다고 한다.

발효는 6000리터 스테인리스 발효조 5대에서 이뤄진다. 효모는 신슈 증류소와 마찬가지로 디스틸러리 효모와 에일 효모 등을 여러 비율로 배합해 사용한다. 효모탱크를 사용해 효모를 배양하고, 어떻게 하면 워시에 좋은 영향을 미칠지 연구해 효모 상태를 관리한다. 다양한 효모 사용을 통해 위스키 스피릿의 다양성이 높아진다. 발효 시간은 90시간 전후.

증류기는 초류기 5800리터, 재류기 2700리터다. 둘 다 스트레이트형이고 라인암은 아래를 향한다. 짧은 스트레이트형 증류기라서 오프플레이버가 많이 생기는 특성이 있지만, 증류 속도와 컷을

오크통 바로 뒤에 보이는 게
하이브리드 증류기다

500리터 용량의 소형 증류기. 1969년부터 사
용했다(현재는 2대 모두 사용하지 않고, 연속식 증
류기와 함께 전시되어 있다)

당화가 끝난 맥즙. 깔끔한 단맛이 인상적이었다

츠누키 증류소 증류기

조절해 깨끗한 스피릿을 만들어낸다. 콘덴서는 모두 웜텁 방식이
다. 웜텁 방식은 공간을 많이 차지하지만, 천천히 냉각함으로써 구
리 접촉면이 늘어나 불순물 등을 더 많이 제거할 수 있다. 알코올
도수 7%인 발효즙을 두 번 증류하면 70%의 스피릿이 된다. 알코
올 도수를 60%로 낮춰 오크통에 담아 숙성한다.

숙성고는 돌로 지었다. 츠누키 증류소는 고온다습한 분지에 있
고, 나가노의 신슈 증류소보다 훨씬 남쪽에 있어 숙성이 빠르게 진
행된다. 그래서 장기숙성에 불리한데, 이 단점을 극복하려고 연간
온도차를 줄일 수 있는 석조숙성고를 사용한다. 원래 창고로 사용
하던 건물로 1953년에 지었다. 석조숙성고의 앤젤스셰어는 연간
2~3%다. 같은 가고시마현 가노스케 증류소가 4~8%인 데 비하면
굉장히 적은 증발량이다. 오크통 약 200개 정도를 숙성하고 있다.

츠누키 증류소 하이라이트는 Cafe Bar&Shop 혼보가 고택 '호
조寶常'다. 혼보주조 2대 사장 혼보 쓰네키치本坊常吉가 살았던 저택

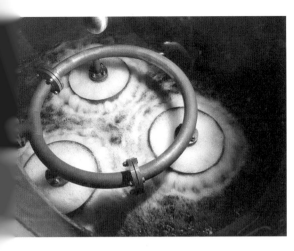

유리 맨홀로 본 증류기 내부 모습. 스팀 퍼컬레이터 간접가열방식이다. 곡물향을 남기고 부드러운 스피릿을 만드는 게 특징이다

돌로 지은 숙성고

석조숙성고 내부

Cafe Bar&Shop 혼보가 고택 '호조'

고즈넉한 혼보가 고택 내부. 여유롭게 시음하기 딱 좋다

으로 1933년에 지은 일본식 단층 목조 저택이다. 특히 정원이 아름다운데, 고즈넉한 저택 안 의자에 앉아 아기자기한 정원을 바라보고 있으면 마음이 차분해진다. 이곳에서 사계절 변하는 정원 모습을 바라보며 위스키를 마실 수 있다면 얼마나 좋을까! 저택에서는 다양한 마르스 위스키를 맛볼 수 있다. 또 오리지널 상품과 주류 판매상점도 있어서, 위스키를 마시면서 쇼핑을 즐길 수 있다.

일본 위스키 암흑기에 발매된 마르스 싱글캐스크 393

마르스 위스키는 1992년부터 2011년까지 위스키 증류를 멈췄다. 위스키 등급제 폐지로 위스키가 잘 안 팔렸기 때문이다. 그러나 판매는 중단하지 않았다. 1992년까지 만든 위스키를 소량씩 발매했고, 일부 맛이 좋았던 캐스크는 싱글캐스크로 발매하기도 했다. 후쿠오카의 바 라이카도LEICHHARDT에서 스미요시 바텐더를 통해 '일본 위스키 암흑기'에 출시된 마르스 싱글캐스크 위스키를 경험했다.

증류: 1986년 4월 16일

숙성기간: 15년

병입: 2001년

캐스크: 아메리칸 화이트 오크

알코올 도수: 59.5도(CS)

오크통에 담은 스피릿 양: 440리터

병입 용량: 550밀리리터

사용된 물: 일본 중앙알프스 산기슭 지하 120미터 천연수

마르스 싱글몰트 위스키, 싱글캐스크 393

　어떤 물을 사용했는지까지 아주 자세히 표기되어 있다. 이 위스키가 병입된 2001년은 위스키 업계로서는 암흑기라 불러도 좋을 해다. 당시 이 위스키는 굉장히 싼 가격으로 유통되었다고 한다. 당시 이외에도 다양한 마르스 싱글캐스크가 출시되었다. 만일 요즘 싱글캐스크, 캐스크 스트렝스로 병입된 15년짜리 마르스 위스키라면, 가격이 상당히 높을 것이다(물론, 2011년 증류를 기준으로 했을 때 15년 숙성을 만나려면 아직 시간이 필요하다).

　가벼운 피트와 산미가 느껴지는 향. 허브와 바닐라, 잘 만든 꿀의 향이 피어오른다. 그리고 파인애플향도 살짝. 목넘김이 매우 부드럽다. 59.5도라고는 믿기지 않을 정도로 바닐라맛이 부드럽게 넘어간다. 하지만 도수가 높은 만큼, 무거운 느낌이 들면서 프루티한 마무리. 아메리칸 화이트 오크의 맛을 참 잘 뽑아냈다. 피니시도 어디 하나 모난 데 없이 입안에 착 감기는 단맛. 너무 드라이하

신슈 증류소 테이스팅룸

신슈 증류소에서 테이스팅한 다양한 마르스 위스키 싱글몰트

지도, 너무 오일리하지도 않은 적절한 밸런스. 마지막에 감칠맛이 돌면서 다음 한 모금을 재촉한다.

신슈 증류소, 츠누키 증류소, 야쿠시마 에이징 셀러 견학

혼보주조 증류소와 숙성고는 모두 예약 없이 방문할 수 있다. 게다가 비교적 자유롭게 시설을 둘러볼 수 있는 게 장점. 다만, 세 곳 모두 외진 곳에 있기 때문에 버스 등 교통편을 잘 확인해둬야 한다.

신슈 증류소와 츠누키 증류소의 매력은 시음 공간과 상점이다. 시음 공간은 위스키 마시기 편하게 꾸며놓았다. 특히 혼보주조에서 발매한 다양한 마르스 위스키를 맛볼 수 있는 게 장점이다(시음은 유료이다). 증류소를 찾을 때는 꼭 시음 시간을 1시간 이상 생각해서, 여유롭게 위스키를 음미해보자.

그리고 상점에서는 증류소 한정판 위스키를 판매한다. 한 병의 양은 200밀리리터로 적지만, 구매하기 힘든 싱글캐스크 위스키도 판다. 판매를 시작한 싱글캐스크 위스키가 다 팔리면 캐스크와 숙성연수를 바꿔 다른 싱글캐스크를 상시 판매한다. 한정판 일본 싱글캐스크 위스키를 꼭 사고 싶다면, 신슈나 츠누키 증류소에 가보자.

주소	1 Chome-178 Sasagawa, Koriyama, Fukushima 963-0108(〒963-0108 福島県郡山市笹川 1 丁目178)
홈페이지	https://www.sasanokawa.co.jp/
위스키 생산 시작	2016년(체리 위스키는 1946년 발매)

2. 사사노카와주조 – 아사카 증류소

도쿄에서 북쪽으로 가는 길목에 있는 교통요지 후쿠시마현 고리야마郡山시. 메이지유신 이후 공업도시로 발달하면서 급격히 인구가 늘어난 곳이다. 전국 각지에서 사람들이 모인 탓에 야쿠자 단체도 생겨나 치안이 좋지 않은 도시로 유명해지기도 했다. 한편, 다양한 사람들이 모인 덕에 음악, 미술, 연극 단체를 결성하기 쉬웠고, 이렇게 결성된 단체가 고리야마 문화의 규모와 다양성을 늘려갔다. 특히 "좋은 음악을 싸게, 많은 사람에게"라는 슬로건 아래 근로자 음악협의회가 세계적인 음악회를 기획하면서 '음악도시 고리야마'라는 명성을 갖게 됐다.

예술의 도시는 밤이 긴 법. 가게들이 일찍 문 닫는 다른 도시와 달리 고리야마 술집들은 새벽까지 장사하는 곳이 많다. 저녁을 먹고 들른 바에서 위스키를 세 잔 정도 마시며 바텐더와 대화를 나누는데, 고리야마에서 가장 오래된 바에 대한 이야기를 들었다. 그

고리야마 번화가 밤거리

바 와타나베 입구. 유럽 어느 나라의 굉장히 오래된 골목길을 걸어들어가는 느낌이다

올드 오버홀트 소다와리

바에서 고리야마 위스키와 칵테일 문화가 시작됐고, 그곳의 제자들이 고리야마 바 업계를 이끌고 있다고 한다.

위스키 새옹지마

몇 년 전, 지인이 함께 마시자며 산 '올드 오버홀트'라는 위스키가 너무 맛이 없어서 싱크대에 버린 적이 있다. 당시에 이 위스키에 대해 이런 평가를 했다.

"이걸 마셨더니 참이슬이 그리워진다. 주정강화 위스키? 당 첨가 위스키? 김 빠진 콜라를 마시는 듯. 스피릿이나 캐스크의 풍부한 향과 맛은 날아가고 단맛만 남아 있는 위스키다."

그런데 이 위스키를 다시 만났다. 고리야마에서 가장 오래된 바 와타나베에서는 올드 오버홀트에 탄산수를 섞어 마시는 '올드 오버홀트 소다와리'가 유행이었다고 한다. 바테이블에는 늘 올드 오버홀트가 놓여 있고, 바에 온 모두가 이 술로 첫 잔을 마셨다. 킵해놓은 올드 오버홀트도 백바에 가득했다고 한다. 와타나베의 제자들이 차린 가게에서도 올드 오버홀트 소다와리는 인기였고, 고리야마의 정통 마실거리가 됐다.

나쁜 기억이 있는 위스키지만, 이런 스토리를 듣고는 마셔보지 않을 수 없었다. 올드 오버홀트 소다와리를 한 잔 주문했다. 탄산의 청량함이 올드 오버홀트의 달콤함과 어우러진 정말 맛있는 한 잔이었다. 단 두 모금으로 단숨에 비워버리고 다시 한 잔을 주문했다. 지금까지 마셔온, 위스키에 탄산수를 섞은 음료 중 가장 맛있었다.

과거에 싱크대에 버렸던 위스키가 이렇게 맛있게 돌아올 줄은

고리야마의 이자카야에서 만난 사사노카와주조 사케(가운데)

상상도 못했다. 아마도 고리야마에 가지 않았다면, 올드 오버홀트를 다시 입에 댈 일은 없었으리라. 한번 실망한 위스키라도 '어떻게 마실까'를 좀더 궁리해봐야겠다 싶었다. 지금까지 맛없게 마신 위스키는 마시는 방법이 잘못된 것에 불과하지 않았을까. 아니면 스토리가 덜했거나…… 위스키 새옹지마다.

위스키에 대한 새로운 깨달음을 얻고, 마무리로 근처 이자카야를 찾았다. 한입거리 안주에 지역 사케 세트를 주문해 마셨다. 마침 내일 찾아갈 사사노카와주조에서 만드는 사케가 있었다. 맛을 강하게 뽐내기보다 음식맛을 받쳐주는 가볍고 담백한 스타일의 사케였다. 위스키와 사케가 만들어낸 기분 좋은 취기와 함께 '음악과 술의 도시' 고리야마의 밤은 깊어갔다.

250여 년 전부터 사케를 만든 양조장의 위스키 증류소

다음날 아침 일찍, 버스를 타고 아사카安積 증류소를 찾아갔다. 아사카 증류소는 1765년부터 사케를 만들어온 사사노카와주조笹の川酒造가 세운 증류소다. 1946년, 전쟁 직후 쌀이 없어 사케를 만들 수 없자, 갖고 있던 군용 알코올로 술을 만들기 위해 위스키 면허를 취득했다. 당시 후쿠시마현에는 미군 약 4000명이 주둔했는데 이들이 타겟이었다. 군용 알코올에 위스키를 블렌딩하고, 색과 향을 입혀서 2급 위스키를 만들었다.

아사카 증류소

체리 위스키. 라벨 위에 '2급'이라는 글자가 선명하다

사사노카와주조 야마구치 데쓰조 山口哲蔵 대표는 "'2급 위스키'의 몰트 위스키 상한선까지 위스키를 블렌딩했다. 굉장히 마시기 편한 위스키로 높은 평가를 받았었다"고 말했다. 사사노카와주조 대신 '야마자쿠라(山桜, 산벚나무)주조'라는 이름을 써서, 위스키 이름도 '체리 위스키(벚나무 열매는 영어로 cherry)'라 지었다. 일본 고도성장기를 등에 업고 지역 위스키로 좋은 평판을 얻으며 '북쪽의 체리, 동쪽의 도아, 서쪽의 마르스'란 명성과 함께 지역 위스키로 기반을 다졌다. 후쿠시마 언론, 관광협회 등이 주최한 지역 특산물 인기상도 수상했고, 사장실에는 체리 위스키 팬이 보내준 달력 그림도 걸려 있었다.

그러나 소주 붐과 함께 1989년 위스키 등급 제도 폐지로 2급 위스키는 더이상 발붙일 곳이 없었다. 그렇게 산벚나무의 아름다운 벚꽃잎은 지고 말았다.

아쿠토 이치로와의 운명적인 만남

2004년, 사사노카와주조에 아쿠토 이치로가 찾아왔다. 도아주조東亜酒造 후계자였던 아쿠토는 회사가 매각되자 남은 위스키를 보관할 곳을 찾고 있었다. 위스키 면허가 없으면 위스키를 취급할 수 없었는데, 사사노카와주조는 조금씩이나마 체리 위스키를 만들고 있었다. 팬들이 있었기 때문이다. 아쿠토 이치로는 도아주조 하뉴羽生 증류소에서 만든 위스키를 사사노카와주조 창고에 보관해달라고 요청했다. 야마구치는 기껏 만든 위스키가 사라지는 것은 주류업계의 손실이라는 생각으로 아쿠토의 요청을 받아들였다.

아쿠토 이치로가 가져온 오크통은 제각각이었다. 200리터 오크통도 있는가 하면, 400리터짜리 큰 오크통도 있었다. 당시 사사노카와주조 숙성고는 1층 건물로 200리터 오크통을 4단까지만 적재할 수 있었다. 400리터 오크통은 적재가 불가능했기에, 적재 선반을 재용접해서 2단과 3단을 하나로 만들어 400리터 오크통을 적재했다. 그리고 하뉴 증류소 스피릿이 담긴 탱크에서 위스키 원주를 뽑아내 오크통에 옮겨 숙성을 시작하기도 했다.

얼마 후, 사사노카와주조에 보관되어 있던 하뉴 증류소 위스키가 하나씩 출시되기 시작했다. 바로 아쿠토 이치로가 자신의 이름을 붙인 '이치로즈 몰트Ichiro's Malt'다. 처음에는 일본에서도 잘 팔리지 않았지만, '이치로즈 몰트 카드 시리즈'가 해외에서 높은 평

아사카 증류소 숙성고. 4단 적재와 3단 적재가 혼재되어 있다. 하뉴 증류소의 큰 오크 통을 숙성하기 위해 재용접해서 3단으로 만들었다

가를 받으며 연이은 품절을 기록했다. 이 54종의 위스키 시리즈는 해외 옥션에서 약 10억 원의 낙찰가를 기록함으로써, 일본 지역 위스키가 세계적으로 유명해지는 데 결정적인 역할을 했다.

이후 2008년 '벤처위스키 주식회사(치치부 증류소)'를 세운 아쿠토 이치로는 야마구치 데쓰조에게 위스키에 대한 열정을 전달하며, 인도와 중국이 앞으로 위스키를 마시면 위스키 산업이 엄청나게 커질 것이라고 예언했다. 야마구치는 아쿠토의 이야기를 통해, 반드시 위스키 붐이 올 것이라 생각했다. 마침 2015년이 사사노카와주조 250주년으로 기념할 만한 사업도 필요했다. 본격적인 위스키 생산을 위해 새로운 증류기를 도입하고, 위스키 생산 전반을 리뉴얼하기로 결정했다.

4장 일본 고도 성장기와 함께한 위스키 증류소

치치부 증류소와 같은 스코틀랜드 포사이스 증류기를 도입하려고 했는데, 3년 정도 납품이 밀린다는 이야기를 들었다. 아쿠토가 도와준다 해도 2년은 걸린다고 했다. 그래서 일본 국내 업체를 찾아냈다. 다카사키高崎시에 있는 미야케三宅제작소였는데 연락하자마자 곧바로 찾아왔다. 증류기 설계도를 받아서 아쿠토와 상담을 했고, 아쿠토로부터 괜찮다는 의견을 받자마자 증류기를 주문했다.

사사노카와주조 10대째 대표 야마구치 데쓰조

아쿠토로부터 위스키 만드는 법을 모두 전수받기 위해 치치부 증류소와 완전히 똑같은 사이즈로 만들었다. 크기가 다르면 만드는 법이 달라져서 아쿠토가 가르칠 수 없다고 했기 때문이다. 그래서 현재 가지고 있는 증류기는 높이만 조금 낮을 뿐, 치

치치부 제1증류소와 똑같은 증류기. 미야케제작소에서 만들었다

치부 증류소와 완전히 똑같은 형태다. 스코틀랜드에서 만들었느냐, 일본에서 만들었느냐의 차이가 있을 뿐이다. 그렇게 2016년에 새로운 증류기 2대가 도입됐고, 아사카 증류소라는 이름이 시작됐다. '아사카'는 증류소가 위치한 지역명에서 따왔다.

아사카 증류소 위스키 제조

현재 위스키를 만드는 제조동은 사사노카와주조 '3번 구라^蔵'다. 구라는 일본어로 창고를 의미하는데, 사사노카와주조에는 5개 구라가 있다. 3번 구라는 원래 사케와 리큐어를 보관하는 곳이었다. 사케 양조장의 오래된 건물인 만큼 나무로 지어져 있다. 아사카 증류소는 1년 중 10개월만 위스키를 만든다. 7월과 8월은 설비 관리 및 보수를 한다. 5월과 6월에는 피티드 몰트를, 나머지 기간에는 논피트 몰트를 사용해 위스키를 만든다.

아사카 증류소는 한 번 위스키를 만들 때 영국산 몰트 400킬로그램을 사용한다. 작은 돌이나 금속 등 불순물을 1차적으로 걸러 낸 후에 분쇄를 시작한다. 몰트는 피티드와 논피트 모두 사용한다. 피트 수치는 50ppm. 앞으로 60ppm 몰트에도 도전할 예정이다. 또 전체 몰트 중 5% 정도는 스페셜 몰트를 사용한다. 강하게 볶은 초콜릿 몰트인데, 이 몰트를 쓰면 맥즙 색과 구수한 향이 진해진다. 평소의 부드럽고 달콤한 향에 비해 토스트향이 많아지고, 주질도 달라진다.

몰트 분쇄는 허스크, 그리츠, 플라워 순으로 2:7:1 비율. 위스키 제조 황금비율이라 불리는 일반적 분쇄 비율이다. 이렇게 하면 당화과정에서 보다 높은 당분을 얻을 수 있고, 맥즙 투명도도 높일 수 있다. 맥즙을 만들고 남은 찌꺼기는 주변 낙농가에서 사료로 사용한다. 몰트를 당화해 맥즙을 만들 때는 66도의 온수로 20분 정도 걸린다. 원래 30분간 당화했는데, 20분 당화와 별 차이가 없어서 시간을 단축시켰다. 미야케제작소에서 만든 당화조를 쓴다. 맥즙은 1000리터씩 두 번 만들어 2000리터 크기 발효조로 옮긴다.

더글러스퍼 목재로 만든 나무 발효조 5개를 사용하고 있다.

과거 사케 양조장 건물이었던 흔적이 남아 있는 아사카 증류소. '3번 창고三番蔵'라는 한자가 보인다

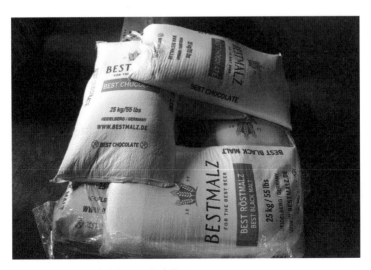

아사카 증류소의 스페셜 몰트, 초콜릿 몰트

나무 발효조

발효중인 워시. 증류를 몇 시간 앞둔 상태다

2023년 5월부터는 발효조를 1개 더 들여서 월요일부터 일요일까지 쉬지 않고 주 7일 생산 체제를 도입했다. 새로 들인 발효조는 스테인리스지만, 뚜껑을 아메리칸 오크로 만들어 유산균 발효도 기대하고 있다.

효모는 증류소용 효모인 피나클과 디스틸러 맥스 등을 사용해, 더 풍부하면서 중후한 위스키 스피릿을 꾀한다. 발효는 4~5일, 100시간 전후로 한다. 스테인리스 발효조를 쓸 때는 3~4일 발효했으나, 2019년 나무 발효조로 바꾸면서 유산균 발효를 위해 시간을 늘렸다. 이를 통해 더 복합적인 향미를 가진 발효즙이 만들어진다. 스테인리스 발효조일 때는 선풍기를 트는 등 온도관리를 했지만, 현재는 자연에 맡긴 채 온도는 관리하지 않는다. 발효 경과, 주질 등을 보면서 별도 관리해나갈 예정이다. 발효를 통해 만들어진 발효즙 알코올 도수는 8%. 스테인리스로 만들 때는 7% 정도였는데, 긴 발효시간으로 알코올 생산 효율이 좋아진 것으로 판단하고 있다.

미야케제작소가 만든 증류기는 치치부 제1증류소 증류기와 같은 크기다. 초류기가 2000리터, 재류기가 1000리터. 특징은 헤드와 암이 짧고 굵은 것. 향이 풍부하고 주질이 무거운 스피릿이 만들어

진다. 셸앤튜브 콘덴서를 쓰는데, 냉
각수 온도를 5도 정도로 높게 해서
증기가 천천히 냉각되도록 했다. 이
렇게 하면 스피릿이 구리와 닿는 면
적과 시간이 늘어난다. 무거운 주질
속에 담기기 쉬운 오프플레이버를
가능한 한 많이 제거하고, 더 다양한
향을 담기 위한 조치다. 두 번 증류
해 만든 위스키 스피릿은 알코올 도
수 71~72%이고, 63.5%로 낮춰 오
크통에 담아 숙성한다.

초류기와 재류기 모두 라인암이 아래를 향하고
있다. 무거운 주질을 만들기 위한 설계다

숙성고는 1숙성고와 2숙성고가 있
다. 1숙성고에는 랙 방식 선반에 오
크통 1000개 정도를 숙성중이다. 과
거 이치로즈 몰트가 보관되었던 숙성
고다. 현재 이치로즈 몰트 오크는 딱
1개만 남아 있다. 과거 이곳에서 숙
성했던 것을 기념하기 위해 빈 오크
통 하나를 남겼고, 거기에 아사카 증

아사카 증류소 2숙성고

류소 스피릿을 채워넣었다. 2021년에 병입 시설을 개조해서 2숙성
고를 만들었다. 마찬가지로 랙 방식 숙성고인데, 80%는 버번배럴,
20%는 셰리, 뉴 오크, 미즈나라, 사쿠라 등이다. 현재 2숙성고에는
오크통 400개 정도를 숙성중이다.

시음하면서 술을 구매할 수 있는 공간도 있다. 사사노카와주조
사케, 아사카 증류소 위스키 등 여러 제품을 맛보고 구매할 수 있

아사카 증류소 내에서는 다양한 위스키 시음과 함께 구매도 할 수 있다. 맨 오른쪽이 2023년 치치부 위스키 축제 한정보틀

다. 마스터 디스틸러로부터 3가지 위스키를 추천받아 시음해봤다. 특히 기억에 남는 위스키는 2023년 치치부 위스키 축제 한정보틀. 아일라 피티드 캐스크에 숙성한 싱글몰트 위스키였는데, 강렬한 피트향 속에 달콤한 과일향이 풍부하게 담겨 있었다.

야마구치 데쓰조 사장이 바라보는 일본 위스키

증류소 취재를 마치고 야마구치 데쓰조 사장과 이야기를 나눴다. 인자하고 따뜻한 미소를 짓는 그였으나, 일본 위스키를 바라보는 시각은 냉철했다. 일본 위스키 증류소가 100개를 향하고 있지만, 그저 위스키를 만들어보고 싶다는 생각으로 증류를 시작한 곳

4장 일본 고도 성장기와 함께한 위스키 증류소

아사카 증류소에 유일하게 남은 하뉴 증류소 오크통. 안의 내용물은 제품화되고 오크통엔 아사카 증류소 스피릿을 담았다. 과연 일본 크래프트 증류소 중 이치로즈 몰트만큼 성공하는 곳은 몇 군데일까?

도 많다고 지적했다. 술을 잘 만든다는 기본이 중요한데, 그 의미의 무게를 새로운 증류소들이 얼마나 이해하고 있는지 궁금하다고 말했다.

야마구치 사장은 유통이 매우 중요하다고 강조했다. 그런데 유통까지 생각하는 일본 위스키 증류소는 몇 없다고 한다. 그저 일본 위스키라면 팔릴 거라 믿고 위스키를 만든다는 것이다. 한때 일본에 지역 맥주 양조장 붐이 일면서 300개 넘는 크래프트 양조장이 생겼는데, 지금은 절반 정도만 살아남았다. 일본 위스키가 이와 같은 전철을 밟는 걸 염려하며, 산토리와 닛카가 넓혀온 길 위를 그저 걷기만 해서는 안 된다고 경고했다.

야마구치 사장과의 대화를 통해, 장밋빛으로만 보이던 일본 위스키를 다른 시각으로 볼 수 있었다. 앞으로 10년간 100여 개 일본 위스키 증류소에서 쏟아질 저숙성 위스키가 모두 소비될 수 있을까? 선택받을 것인가, 외면당할 것인가. 앞으로 신생 증류소들에게 닥칠 운명인지도 모르겠다.

주소	208 Saburomaru, Tonami, Toyama 939-1308(〒939-1308 富山県砺波市三郎丸 208)
홈페이지	https://www.wakatsuru.co.jp/saburomaru/
위스키 생산 시작	1952년

3. 와카쓰루주조-사부로마루 증류소

　　도야마富山현은 일본 중부 동해바다와 접해 있다. 해발고도 3015미터인 다테야마산立山은 일본 3대 명산 중 하나로, 아름다운 경치가 유명하다. 또 일본에서 가장 큰 수력발전소 구로베댐黒部ダム은 건설 당시 사용하던 수송열차를 탈 수 있는 관광명소다. 대학생 때 이 열차를 타본 적이 있는데, 댐까지 꽤 빠르게 달려 긴장감이 넘쳤던 기억이 있다. 산과 바다로 둘러싸인 자연이 아름다운 도야마현은 인천에서 직항 비행기가 있을 정도로, 등산 애호가 등 한국인 관광객에게 인기가 많다.

　　도야마현에서 1950년대부터 위스키를 만들었다고 하면 고개를 갸우뚱할 사람이 많을 것이다. 그러나 이 지역 위스키는 지역주민들에게 사랑받으며 이어져왔고, 현재는 새로운 아이디어로 가득한 혁신적인 증류소로 거듭나고 있다. 바로 일본 호쿠리쿠北陸 지역에서 가장 오래된 위스키 증류소, 사부로마루三郎丸 증류소다.

사부로마루 증류소 증류동. 맨 위 작은 지붕은 위스키 증류시 발생하는 증기를 밖으로 내보내는 용도다

사케에서 위스키로

사부로마루 증류소 역사는 와카쓰루주조若鶴酒造에서 시작됐다. 도야마현 서부에 있는 도나미砺波시에서 1862년 창립한 와카쓰루 주조는 지역에서 생산되는 풍부한 쌀로 사케를 만들었다. 사케 사업은 탄탄대로였으나, 1939년 2차세계대전이 발발하면서 쌀이 군수물자로 지정되어 수급이 어려워졌다. 여기에 전쟁 막바지인 1945년, '도야마 대공습'으로 주조 일대가 피해를 입어 사케 생산은 더욱 어려워졌다. 이에 2대 사장이던 이나가키 고타로稲垣小太郎는 쌀 이외의 원료로 술을 만들겠다는 계획을 세운다.

간장 등 발효식품을 만드는 깃코만キッコーマン 공장장 출신 등을 채용해 1947년 '와카쓰루 발효연구소'를 설립했다. 처음에는 '국

와카쓰루주조 2대 사장 이나가키 고타로 흉상

우(돼지감자)'를 재배해 알코올을 생산하는 연구를 했다. 1949년
소주 면허를 취득하고, 1952년 7월에 위스키 제조 면허를 취득하
는 등 본격적인 증류주 생산을 위한 기반을 다졌다.

그렇게 해서 1953년 처음으로 내놓은 위스키가 '선샤인 위스키
Sunshine Whisky'다. 당시 지역주민들로부터 공모를 받아 결정한 제품
명이다. 전쟁으로 모든 것을 잃은 일본에 물과 공기, 그리고 햇볕
이 만들어내는 증류주로 다시 해가 떠오르게 하자는 의미가 담겼
다. 한국은 7월까지 전쟁이 이어졌던 해이지만, 일본은 위스키가
소비 1위 주류로 올라서는 등 전쟁특수로 경제가 되살아나기 시작
한 시기였다.

1952년에 위스키 제조 면허를 취득했는데 어떻게 1953년에 바
로 위스키 제품을 내놓았는지 의아해하는 사람도 있을 것이다. 마
침 1953년에 일본 주세법이 개정되어, 위스키 원주 '3년 이상 숙

선샤인 위스키

성' 의무가 사라졌다. 갓 증류한 위스키 스피릿에 여러 술과 알코올 등을 섞어 '위스키'라는 이름을 붙여서 팔 수 있었다. 이 위스키는 지금도 판매중이다. 사부로마루 증류소 몰트위스키, 스코틀랜드산 그레인위스키, 그리고 블렌딩용 알코올 등을 혼합해 만든다.

2016년, 젊은 피로 다시 태어난 사부로마루 증류소

사부로마루 증류소는 1950년대부터 위스키를 만들었지만, 일본 지역 위스키 붐이 일었던 1980년대에도 연간 3000병 정도 판매하는 데 그쳤다. 여름에만 위스키를 생산하고, 1대의 증류기로 두 번 증류를 해서 생산량도 적었다. 모든 설비는 파이프라인으로 연결되지 않아 인력도 많이 필요했다. 세월이 흐르면서 증류소 건물도, 그 안의 증류기를 비롯한 각종 설비도 낡아가기만 했다. 창문도 깨지고 비도 새는 증류소 건물의 해체를 검토하기도 했다. 이 쇠퇴해가던 위스키 증류소에 새로운 바람을 불러일으킨 이가 와카쓰루주조 5대 후손, 이나가키 다카히코稲垣貴彦다.

사부로마루 증류소 CEO이자 마스터 블렌더 이나가키 다카히코는 어릴 적부터 낚시를 좋아했다. 대학에서도 낚시 동아리에 들어갈 정도로 열정적이었다. 산에서 합숙하며 계류낚시를 할 때면, 와카쓰루주조 됫병(1.8리터) 사케를 가져가곤 했는데 너무나 무거

사부로마루 증류소 CEO 겸 마스터 블렌더, 이나가키 다카히코. '사부로마루'란 이름은 증류소가 위치한 지역 이름에서 따왔다

사부로마루 증류소 크라우드 펀딩 참여자 463명 명단

윘다고 한다. 그러다 알코올 도수가 높아 적은 양으로 취할 수 있는 위스키를 가져가기 시작했다. 그렇게 다양한 위스키를 접하면서 위스키 사랑에 빠졌다.

대학 졸업 후, 3년 반 정도 IT회사에서 직장생활을 하던 그가 2015년에 와카쓰루주조로 돌아왔다. 자연스레 선조들이 남긴 위스키에 시선이 향했다. 어떻게 하면 도야마 지역 위스키 역사를 이어갈 수 있을까 고민하던 그는 2016년 '사부로마루 증류소 개보수 프로젝트'를 기획했다. 크라우드 펀딩으로 위스키 생산설비를 바꾸는 계획이다. 이 프로젝트는 펀딩 목표 금액 2500만 엔을 훨씬 상회하는 3825만 5000엔 펀딩에 성공했다. 참여자만 법인과 개인을 합쳐 463명에 달했다. 2016년 당시, 일본 국내 크라우드 펀딩 금액으로는 5위 안에 들 정도로 화제가 됐다. 크라우드 펀딩 성공으로 현재 증류소 건물을 제외한 거의 모든 설비가 새것으로 바뀌었다. 물론 증류기도 2대를 도입했다.

오타니의 '이도류'를 닮은 이나가키 '위스키 로드'

2022년 WBC에서 가장 인상적인 선수는 일본 오타니 쇼헤이 선수였다. 투수와 타자, 두 포지션을 모두 소화하며 메이저리그에서 활약하는 그. 큰 키와 다부진 체격으로 육체적으로나 정신적으로나 훌륭한 모습은 타국의 야구 문외한도 반하게 만들었다. 그런데 사부로마루 증류소에서 이나가키 다카히코를 만나자마자 문득 오타니 쇼헤이가 떠올랐다. 다부진 체격과 큰 키가 오타니와 닮기도 했지만, 오타니가 '이도류'로 자신만의 길을 만들어가듯, 이나가키도 자신만의 '위스키 로드'를 걸어가는 모습이 닮았기 때문이다.

4장 일본 고도 성장기와 함께한 위스키 증류소

'제몬ZEMON', 위스키 본고장 영국에서도 인정받은
세계 유일의 '청동 증류기'

일본 에도시대, 도야마현 다카오카성高岡城 초대 번주였던 '마에다 도시나가前田利長'는 성 아랫마을을 번영시키려고 주물사 7명을 불러들여 주조산업을 장려했다. 이것이 도야마현 다카오카시 청동 제조 역사의 시작으로 400년이 넘었다. 일본에서 가장 뛰어난 청동 기술을 가진 것으로 평가받고 있으며, 현재도 일본 청동 제품의 90%를 다카오카시에서 만든다.

도야마현 즈이센지사원 청동 범종

증류소 재정비를 서두르기 위해 새로운 증류기가 필요했던 이나가키. 그러나 당시 증류기를 만들 수 있는 일본 회사는 한 곳뿐이었고, 스코틀랜드 증류기 제작사는 3년을 기다려야 했다. 다카오카고등학교 출신인 이나가키는 어릴 적부터 잘 알던 다카오카 청동 기술력을 돌파구로 생각했다. 곧바로 일본 국내 범종 제작 1위 회사, 오이고老子 제작소에 증류기 제작을 의뢰한다.

증류기를 구리로 만드는 이유는 위스키 증류시 만들어지는 '유황취' 등 불쾌한 향미를 없애기 위해서다. 구리 90%, 주석 8%, 아연 2%로 만든 청동 증류기도 구리 증류기와 마

청동 증류기(왼쪽)와 구리 증류기(오른쪽) 시제품. 구리 증류기가 얇고 가벼운 데 반해 청동 증류기는 매우 두껍고 무겁다

찬가지로 유황취를 없앨 수 있는지 실험이 필요했다. 먼저 2리터 짜리 실험기 3개(스테인리스, 구리, 청동)를 만들어 비교했다. 실험 결과, 구리 증류기에 비해 10% 정도 구리 성분이 적은 청동으로 도 구리 증류기와 비슷한 효과를 얻었다. 청동은 사형에 주물을 흘려보내 만들기 때문에 내부가 울퉁불퉁해지는데, 증기가 증류기에 접촉하는 면이 늘어나는 효과를 만들어 10% 적은 구리 함량을 극복한 것이다.

실험기로 청동 증류기 효과를 확인한 뒤, 우여곡절을 거쳐 8개월 만에 증류기를 완성했다(현재는 4개월에 초류기와 재류기, 2개 증류기를 생산할 수 있다). '제몬'이라는 이름을 붙였는데, 오이고 제작소 가문 당주가 대대로 사용해온 옥호 '지에몬次右衛門'에서 따왔다. 구리를 펴서 만든 증류기는 표면이 매우 얇다. 반면, 제몬은 구리 증류기보다 2.5배 두껍다. 이 두께 차이와 청동 합금 특성으로 제몬 열전도율은 구리 증류기의 1/8에 불과하다. 과거에는 증류기 외부에서 열을 가했기 때문에 열전도율이 높아야 했다. 그러나 현대 증류기는 내부 가열방식이라 열전도율이 낮을수록 좋다. 내부 온도가 올라가면 열을 바깥으로 내보내지 않고 축열하기 때문이다. 같은 양의 발효액을 증류

청동 증류기 제몬을 주조하는 모습

세계 최초 청동 증류기, 제몬

4장 일본 고도 성장기와 함께한 위스키 증류소

한다면, 연료를 50% 아낄 수 있어서 이산화탄소 배출량도 절반으로 줄어든다. 또 구리 증류기 수명이 20~30년인 데 반해, 제몬은 수명이 60년 이상이라고 한다.

2023년 봄에 개교(?)한 히다 다카야마 증류소. 폐교된 다카네高根초등학교를 위스키 증류소로 바꾼 곳이다. 이 증류소에서 '제몬2'를 도입했다. 사부로마루 증류소 제몬과 다른 점은 몸통 부분. 몸통 부분을 추가할 수 있도록 설계해서 생산량이 늘면 증류기 용량을 늘릴 수 있다. 일본 국내는 물론, 영국에서도 특허를 획득한 증류기 제몬은 현재 국내외에서 제작 의뢰를 받고 있다.

맛있는 피트 위스키를 향해

사부로마루 증류소는 과거부터 스모키한 위스키를 만들어왔다. 이나가키 대표도 아드벡 1973, 1974 등 아일라 피트 위스키를 좋아한다고 한다. 그래서 지금도 피트 처리된 스코틀랜드산 몰트로 위스키를 만들고 있다. 페놀 수치는 45~47ppm. 물론 논피트 맥아와 도야마산 맥아 등의 실험도 이뤄지고 있다.

당화조는 2018년에 미야케제작소 스테인리스 당화조를 도입했다. 가나자와의 어느 바에서 이나가키가 술을 마시고 있었는데, 그곳에서 미야케제작소 후계자를 만난 인연으로 도입했다고 한다. 이전에 사용하던 50년 된 자체 제작 당화조는 매우 비효율적이었다. 당화 후 찌꺼기 제거에만 3명이 반나절 작업을 해야 했다고. 이 당화조는 윗부분만 잘라내서 증류소 한편에 전시해놓았다. 사부로마루 증류소 당화는 온도 65도의 물로 3시간 동안 진행한다. 처음 나오는 맥즙 당도는 18브릭스.

사부로마루 증류소 맥아 저장고 지킴이. 도야마현 이나미시 전통 나무 조각이다

자체 제작한 과거 당화조

미야케제작소 신형 당화조

당화가 끝난 맥즙은 우선 법랑 발효조 4개로 옮겨진다. 위스키와 에일 효모를 넣고 2일간 발효한다. 자켓을 입힌 형태의 발효조로, 온도조절을 통해 33도가 넘어가지 않도록 한다. 발효가 끝나도 30도 정도 온도를 유지한다. 2일간 법랑 발효를 통해 원하는 알코올이 만들어지면, 오레곤파인 나무 발효조로 옮겨 유산균의 활약을 기다린다. 나무 발효조 2개는 각각 4.3미터 깊이로 7000리터까지 담을 수 있다. 가늘고 긴 형태를 통해, 발효액의 나무 접촉면을 최대화한 것이 특징이다. 그리고 공기 접촉을 최소화하기 위해 아래에서 채워 올리는 방식을 채용했다. 법랑 발효조와 달리 나무 발효조는 온도를 관리하지 않는다.

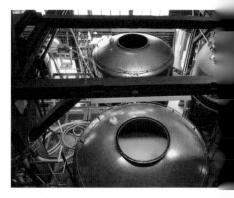

법랑 발효조

나무 발효조. 4.3미터로 굉장히 가늘고 긴 형태를 띤다

법랑 발효조와 나무 발효조에서 4일간 발효된 발효액을 제몬이 증류한다. 무거운 타입 위스키를 만들고 싶어서 라인암을 아래로 향하게 했다. 오래된 건물의 지붕 각도 때문에라도 라인암은 아래로 향해야 했다고. 제몬 초류기는 2600리터로 스팀 직접가열과 간접가열, 두 가지 방식을 쓴다. 높은 열로 빠르게 가열함으로써 무거운 스피릿 성분을 만들어내기 위함이다. 재류기는 3800리터로 스팀 간접가열방식이다. 피트 위스키 스피릿의 무거운 향미를 중

직접 개발한 제몬 증류기와 이나가키 다카히코 대표

사부로마루 증류소 숙성고 스프링클러

시하기 때문에 다른 증류소보다 하트를 길게 뽑아낸다. 하트 알코올 도수는 68%고, 63%로 희석해 오크통에 담는다.

사부로마루 증류소 위스키 숙성고는 4개다. 증류동 내 숙성고는 열이 많이 발생해서 큰 오크통 위주로 숙성한다. 기존에 사용하던 저온 숙성고가 있고, 2021년에는 지붕에 스프링클러가 달린 숙성고를 새로 지었다. 한여름에는 스프링클러에서 물을 뿜어 숙성고 온도를 낮춰 과도한 증발을 막는다. 그리고 증류소에서 조금 떨어진 도야마현 이나미 지역에 'T&T 도야마' 숙성고가 있다. 한여름 두 달을 제외하고는 1년 내내 위스키를 만든다. 과거 여름에만 위스키를 만들었던 것과 정반대의 길을 걷고 있는 셈이다.

1년에 한 번, 싱글몰트 사부로마루

2016년 사부로마루 증류소에서 55년 숙성 싱글몰트 위스키가 발매됐다. 1960년 빈티지로 알코올 도수 47%, 155병 한정. 가격은 55만 엔. 당시 일본에서 가장 오래 숙성된 위스키로 주목받았

사부로마루 증류소 증류동에서 숙성중인 위스키

사부로마루2 THE HIGH PRIEST-
ESS 캐스크 스트렝스

다. 이후 증류소에 남아 있던 빈티지 위스키를 몇 가지 발매한 뒤, 2020년 11월에 싱글몰트 '사부로마루0 THE FOOL'을 발매했다. 타로 카드를 모티브로 호쿠리쿠 지역에서 활동하는 작가의 일본 풍 그림을 차용했다. 48%와 캐스크스트렝스, 두 가지로 발매된다. 매년 가을에 딱 한 번 출시되는데, 바로 품절될 정도로 인기를 얻고 있다.

2021년에 '사부로마루1 THE MAGICIAN'이 출시됐고, 2022년에 '사부로마루2 THE HIGH PRIESTESS'가 출시됐다. 2022년에 발매된 '사부로마루2 THE HIGH PRIESTESS 캐스크 스트렝스'를 마셔봤다. 강렬한 피트향과 오렌지, 그리고 맥아향의 밸런스가 아주 맘에 들었다. 마셔본 일본 피트 위스키 중 무게감이 가장 강한 위스키였는데, 그 안에 섬세한 느낌이 스며들어 있었다. 높은 알코올 도수에도 부드러운 편이었다.

사부로마루 증류소에서는 스코틀랜드산 위스키를 블렌딩한 제품, 일본 에이가시마 증류소 위스키와 블렌딩한 블렌디드 몰트 'FAR EAST OF PEAT' 등을 발매했다. 자사 피트 위스키를 중심으로 다양한 위스키를 만들어 위스키 팬들의 호기심을 자극하고 있다.

지역 친화를 넘어 위스키 러버 친화적인 증류소

사부로마루 증류소 한편에는 지하수를 마음대로 길어갈 수 있는 곳이 있다. 매일 새벽 물을 길어가는 마을 주민도 있다고 한다. 사케와 위스키를 만드는 데 사용하는 좋은 물을 독점하지 않고 지역주민과 나누는 것이다. 이 지하수는 경도 60mg/l 연수다.

　　　　　　　　　　4장 일본 고도 성장기와 함께한 위스키 증류소

누구나 마음껏 물을 길어갈 수 있는 사부로마루 증류소 약수터(?)

사부로마루 증류소 식당에서 맛본 호타루이카와 아궁이로 지은 밥

사부로마루 증류소 상점. 왼쪽 공간에서는 테이스팅을 할 수 있다

증류소 견학에 앞서 설명을 듣고 있는 관광객들

증류소 내 식당 '아궁이 flamme 탄자부로'에서는 매일 아궁이에서 지은 밥과 함께 도야마 지역 제철 음식을 맛볼 수 있다. 여기에서 사부로마루 증류소에서 만든 위스키 시음도 할 수 있다. 도야마의 봄을 대표하는 '호타루이카(매오징어)'를 샤브샤브로 먹으면서 사부로마루 피티드 위스키를 한 잔 마시니 세상 부러울 것이 없었다. 지역주민은 물론, 위스키 증류소에 견학 온 사람들에게도 사랑받는 곳이다.

상점에서는 사부로마루 위스키는 물론 각종 위스키 관련 제품을 구입할 수 있다. 사부로마루 피트 스피릿, 스코틀랜드산 몰트위스키와 사부로마루 몰트위스키를 블렌딩한 블렌디드 몰트 등은 증류소에서만 구매할 수 있다. 이 밖에도 도야마현 독립병입 회사가 수입하는 위스키, 와카쓰루주조 사케 등도 판매한다. 면세 가능.

증류소 견학은 주말을 포함해 매일 진행된다. 약 60분 정도 소요되며 무료다(단, 시음 등은 유료). 홈페이지를 통한 예약은 필수다.

주소	970 Shibanta, Gotemba, Shizuoka 412-0003(〒412-0003 静岡県御殿場市柴怒田 970)
홈페이지	https://www.kirin.co.jp/experience/factory/gotemba/
위스키 생산 시작	1973년

4. 기린 디스틸러리 - 후지고텐바 증류소

한국 '쓰리소사이어티스 증류소'는 한국, 스코틀랜드, 미국이 만나 만들었다. 한국이라는 지역과 스코틀랜드에서 온 위스키 기술자, 그리고 미국의 경영자까지. 이 3박자가 만나 '한국 싱글몰트 위스키'를 만든다. 일본에도 이런 시도가 50년 전에 있었다. 미국 버번과 스코틀랜드 몰트위스키, 그리고 일본을 대표하는 후지산의 자연환경이 만나 만들어진 위스키 증류소, 후지고텐바富士御殿場 증류소다.

산토리와 닛카를 따라잡기 위해 합작회사를 세운 기린

1970년대 일본 위스키 붐. 닛카는 요이치에 이어 미야기쿄 증류소를 세웠고, 산토리도 야마자키에 이어 하쿠슈 증류소를 세울 무렵이다. 일본을 대표하는 맥주 회사 기린KIRIN도 산토리와 닛카에

일본 후지산 아래 위치한 후지고텐바 증류소

뒤지지 않는 위스키 생산기반이 필요했다. 기린의 선택지는 외국 기업과의 합작회사였다. 외국의 제조 노하우를 들여오는 것이 산토리와 닛카를 따라잡는 지름길이었기 때문이다. 기린은 캐나다에서 설립되어 미국에서 크게 성장한 스피릿 업체 시그램과 영국 위스키 업체 시바스 브라더스와 손잡고, 1972년 '기린 시그램사'를

후지고텐바 증류소 로고

세웠다. 그리고 위스키 숙성에 적합한 후지산 기슭에 증류소를 건설해 1973년 11월부터 증류소를 가동했다. 회사 엠블럼은 미국을 상징하는 흰머리 독수리, 캐나다 시그램 가문의 백마, 스코틀랜드를 상징하는 사자, 그리고 기린을 상징하는 보리와 홉을 넣어 만들었다.

몰트위스키와 그레인위스키를 한곳에서

기린은 여러 증류소를 세우지 않고, 증류소 하나에서 몰트위스키와 그레인위스키를 모두 만드는 방식을 채택했다. 우선, 몰트위스키는 시바스 브라더스가 소유한 '스트라스아일라STRATHISLA' 증류소를 표방했다. 하일랜드에서 가장 오래된 증류소 중 한 곳인 스트라스아일라는 블렌디드 위스키 시바스리갈의 키몰트를 생산한다. 스트라스아일라 증류소와 같은 형태의 증류기(라인암은 위를 향하고 환류를 촉진하는 볼이 있다)를 도입해 깨끗하면서도 화려한 스피릿을 만들어냈다.

몰트위스키용 증류기는 초류기 1대와 재류기 1대가 있었지만, 2021년 리뉴얼하면서 기존 증류기와 크기도 모양도 다른 증류기 4대를 도입해 현재 6대가 가동중이다. 닛카나 산토리처럼 증류소가 여러 곳이 아니기 때문에, 증류기 다양성을 통해 위스키 스피릿의 다양성을 추구했다. 또 기존 스테인리스 발효조와는 다른 스타일의 발효를 위해 나무 발효조도 도입했다. 숙성고도 리뉴얼해 오크통 보관 능력을 20% 정도 키웠다. 이 모든 것이 2019년 위스키 수요 증가를 예측하고 80억 엔을 투자해 이룬 것이다.

옥수수와 호밀, 보리를 원료로 만드는 그레인위스키는 후지고텐바 증류소가 주력으로 만드는 위스키다. 단순히 몰트위스키를 보조하는 역할이 아니라, 그 자체로 뛰어난 풍미를 만들어내기 위해 3가지 타입 그레인위스키를 고안해냈다. 첫번째 타입은 '멀티 칼럼 증류기'로 만드는 위스키다. 가장 일반적인 연속식 증류기로 5개 탑에서 연속 증류해 라이트 타입 위스키를 만든다. 다음은 캐나다 스타일 '케틀kettle 증류기'로 라인암이 없는 주전자 형태 단식 증류기다. 단식 증류기와 증류탑 조합으로 향긋한 향과 풍부한 맛

후지고텐바 증류소 전경

단식 증류기. 오른쪽이 구형 증류기고, 왼쪽이 새 증류기다

새롭게 도입한 나무 발효조. 후지고텐바 증류소의 싱글몰트에 대한 의지가 담겨 있다

을 지닌 미디엄 타입 위스키를 만든다. 마지막 '더블러 증류기'는 시그램사가 개발한 증류기로 버번위스키 제조의 스탠다드 증류기다. 버번위스키를 만들 때 두번째 증류에 사용한다. 3가지 증류기 중 향미 성분이 가장 강하게 남는 게 특징이다. 중후하고 깊은 맛의 헤비 타입 그레인위스키가 만들어진다.

후지고텐바 증류소 그레인위스키 생산량은 엄청나다. 한 배치에 사용하는 옥수수만 10톤에 가깝다. 몰트위스키와 그레인위스키를 합친 연간 생산량은 2008년 기준 1200만 리터나 된다. 일본 최소 규모인 나가하마 증류소 연간 생산량 8만 리터와 비교하면 무려 150배나 된다.

최근 기린이 발매한 싱글 그레인위스키 '후지富士'에는 후지고텐바 증류소 3가지 그레인위스키의 특징이 잘 담겨 있다. 처음에는 캐나다 스타일의 부드럽고 은은한 청포도 같은 과일향이 느껴진다. 미디엄 타입 그레인위스키 특징이다. 여기에 물을 조금 넣으면 미국 버번 타입의 무거

멀티칼럼 증류기

케틀 증류기(6만 262리터)

더블러 증류기(1만 1230리터)

연속식 증류기 내부 버블캡. 수많은 버블캡을 통해 아래쪽 단에서 증기가 올라와 윗단 워시를 가열한다

옥수수와 보리, 호밀 등을 당화하는 데 사용하는 쿠커

운 오크통 뉘앙스와 붉은 과실류 향이 난다. 헤비 타입 그레인위스키 특징이다. 이 2가지가 두드러지도록 만들어주며, 블렌딩된 위스키를 보다 조화롭게 만들어주는 것이 스코틀랜드 스타일의 라이트 타입 그레인위스키다. '재패니즈 싱글몰트 위스키'에 지지 않는 '재패니즈 그레인위스키'가 있다는 것을 후지고텐바 증류소가 증명하고 있다.

후지고텐바 증류소의 또하나의 특징이라면 오크통에 위스키 스피릿을 담을 때의 알코올 도수다. 일반적으로 알코올 도수 70% 정도의 스피릿이 만들어지면, 63% 정도로 희석해 오크통에 담는다. 그러나 후지고텐바 증류소는 50.5%까지 희석해 오크통에 담는다. 알코올 도수가 낮은 스피릿이 오크통과의 상호작용이 느리기 때문에 장기숙성에 유리하다고 판단했다. 최근에는 숙성이 빠른 위스키 등 다양성을 확보하기 위해 50.5% 외에도 다양한 알코올 도수로 오크통에 담고 있다.

숙성고는 총 5개다. 오크통 3만 개

이상을 숙성할 수 있는 거대한 랙 방식 숙성고가 4개, 더니지 방식 숙성고가 1개다. 총 13만 개의 오크통을 수용할 수 있는 규모다. 랙 방식 숙성고는 180리터 크기 버번배럴만 보관할 수 있어서, 대부분의 위스키가 버번배럴에서 숙성된다. 버번배럴은 기린이 소유한 미국 포로지스Four Roses 증류소에서 가져온다. 품질 좋은 포로지스 증류소 버번배럴을 원활하게 수급할 수 있는 건 후지고텐바 증류소의 큰 이점이다.

싱글 그레인위스키, 후지

후지고텐바 증류소 숙성고. 대형 증류소로, 숙성 가능한 오크통도 규격이 정해져 있다

포로지스 로고

포로지스 증류소를 만든 폴 존스 주니어Paul Jones, Jr.는 어느 무도회에서 절세 미녀와 만났다. 첫눈에 반한 폴은 곧바로 프러포즈를 했다. 그러나 그녀는 폴에게 이렇게 말했다.

"다음 무도회까지 기다려주세요. 장미꽃 코사지를 달고 온다면, 프러포즈를 받아들이겠다는 의미예요."

그리고 약속의 무도회 날 밤. 그녀는 네 송이 진홍색 장미를 가슴에 달고 폴 앞에 나타났다. 사랑이 결실을 맺은 멋진 순간. 이 에피소드에서 'Four Roses'라는 이름이 생겨났고, 위스키 라벨에 두 사람을 하나로 만든 진홍색 장미 코사지가 그려지게 됐다.

기린을 대표하는 위스키, 후지산로쿠

후지고텐바 증류소를 대표하는 위스키는 뭐니뭐니 해도 후지산로쿠富士山麓다. 5000엔 중반대 가격(현재는 6000엔대)에 50도짜리 블렌디드 위스키로 가성비가 아주 훌륭하다. 숙성연수 표기가 없지만 꽤 부드러워서 그냥 마시기도 좋고, 하이볼 기주로 쓰기도 좋다.

마스터 블렌더 다나카 조타田中城太가 심혈을 기울여 만드는 이 위스키의 특징은 '매츄레이션 피크maturation peak'. 각각의 위스키 원

후지산로쿠 위스키

주가 본래 가진 장점과 개성을 가장 잘 드러낼 때를 일컫는 말이다. 마스터 블렌더는 숙성 전 스피릿 상태, 오크통 종류, 숙성고 환경 등을 계산해 절정기에 이른 위스키를 선별한 뒤, 숙성연수에 구애받지 않고 블렌딩에 사용한다. 따라서 후지산로쿠는 숙성연수가 표기되지 않은 NAS No Age Statement 위스키다.

후지, 본격적인 몰트위스키와 그레인위스키 양립

기린은 2020년부터 '후지'라는 일본을 대표하는 명산 브랜드로 싱글몰트와 싱글 그레인위스키를 출시했다. 또 몰트위스키와 그레인위스키를 블렌딩한 '블렌디드 위스키 후지'도 출시했다. 생산량이 많은 그레인위스키로 잘 알려진 후지고텐바 증류소지만, 새로운 브랜드로 몰트위스키와 그레인위스키를 나란히 한 것이다. 몰

후지 싱글몰트 위스키

트위스키도 그레인위스키 못지 않게 강화하겠다는 기린의 집념이 담긴 것으로 보인다.

후지고텐바 증류소가 50주년을 맞은 2023년에는 특별한 위스키를 출시했다. 바로 '싱글몰트 재패니즈 위스키 후지 50th 애니버서리 에디션'이다. 증류소 가동을 시작한 1973년 증류한 몰트 원주를 포함해 70년대, 80년대, 90년대, 2000년대, 그리고 2010년대 몰트 위스키 원주 중 엄선해 블렌딩했다. 연대별 원주 특성은 다음과 같다. 70년대는 장기숙성의 부드러움, 80년대는 풍부한 오크통향과 중후한 맛, 90년대는 화려함, 2000년대는 달콤하고 고소한 풍미, 2010년대는 풍부한 과일맛과 바디감이다. 후지고텐바의 전형적 스타일인 버번배럴 숙성 위스키뿐만 아니라, 올로로소 셰리 오크, 와인 오크 등 다양한 위스키 원주를 블렌딩했다. 알코올 도수는 52%. 이 위스키는 3000병 한정으로 발매됐는데, 추첨 판매를 통해 발매와 동시에 매진됐다.

후지고텐바 증류소 견학

후지고텐바 증류소는 연말연시와 월요일을 제외하고 견학할 수 있다(월요일이 휴일인 경우에는 영업하고, 그다음 평일에 휴관). 10시 10분, 11시 10분, 14시 10분 하루 세 번 견학이 가능한데 각각 80분

　　　　　　　　　4장 일본 고도 성장기와 함께한 위스키 증류소

후지고텐바 증류소는 병입까지 한곳에서 하는 세계에서도 흔치 않은 증류소다.
거대한 병입시설이 후지고텐바의 위스키 생산능력을 그대로 보여준다

코스(60분 견학, 20분 시음)로 정원 15명이고, 참가비는 500엔이다.
기린 싱글그레인 위스키 '후지'와 기린 위스키 '리쿠'를 제공한다.
시음장에서는 별도 유료시음도 제공하고 증류소 한정판 위스키도
판매한다. 증류소 견학 예약은 인터넷 홈페이지를 통해 가능하다.

일본 크래프트 위스키의 시작, 치치부

벤처위스키 – 치치부 제1증류소, 치치부 제2증류소

폐기물로 지정된 400여 개의 위스키 오크통. 그중에는 20년 가깝게 숙성된 위스키도 있었다. 또 숙성도 시작하지 못한 위스키 스피릿도 탱크에 가득 담겨 있었다. 세상에서 사라질 위기에 놓인 위스키를 가만히 두고 볼 수 없었던 한 남자. 이 위스키들을 보관해줄 회사를 찾아헤매기 시작했다. 그러나 일본 위스키 붐도 사그라든 지 오래. 위스키 제조 면허를 가지고 있으면서 숙성창고에 여유까지 있는 증류소를 찾기는 매우 어려웠다.

그러나 포기하지 않았다. 아버지 회사에서 만든 위스키가 사라지는 것은 결코 용납할 수 없었다. 끈질긴 노력 끝에 사사노카와주조 야마구치 대표를 만나 돌파구를 찾았다. 야마구치 대표는 "귀중한 위스키 원주를 폐기하는 것은 주류업계의 손해"라며 위스키를 가져오라고 했다. 숙성창고의 4단 선반도 3단으로 개조해가며 커다란 오크통도 숙성할 수 있게 도와줬다. 그리고 사사노카와주조

사사노카와 1숙성고. 폐기될 뻔한 위스키를 이곳에 보관할 수 있었고, 그것이 치치부 증류소의 디딤돌이 되었다

위스키 면허로 제품을 기획하고, 2004년 9월 치치부秩父시에 '벤처위스키'를 설립했다.

버려질 뻔한 위스키가 새로운 증류소의 발판으로

이렇게 탄생한 위스키가 '이치로즈 몰트 카드 시리즈'다. 2005년에 52종류를 출시하고, 2014년 조커 시리즈 2개를 더해 54개의 시리즈가 됐다. 처음에는 잘 팔리지 않아 리커숍 악성 재고 중 하나였다. 그러나 포기하지 않고 전국 바를 돌며 위스키를 팔았다. 이당시를 기억하는 한 바텐더는 "엄청난 열정으로 위스키에 대해 설명하는 모습에 감동했다"고 말했다. 이후 시리즈 중 하나인 '킹 오

이치로즈 몰트 카드 시리즈

브 다이아몬드'가 영국 위스키 매거진 재패니즈 몰트 특집에서 '골드 어워드'에 선정되는 등 판로가 열리기 시작했다. 여기에 명성이 높은 WWA(월드 위스키 어워드)에서 2007년 이후 5년 연속 높은 평가를 받으면서 분위기는 완전히 반전됐다. 이치로즈 몰트가 전 세계 위스키 애호가 사이에서 급부상한 것이다. 버려질 뻔한 위스키가 위스키 팬이라면 누구나 아는 전설적인 위스키로 바뀐 건, 한 남자의 위스키에 대한 열정 덕분이었다.

아쿠토 이치로, 일본 크래프트 위스키 증류소 선구자가 되다

이 남자의 이름은 아쿠토 이치로肥土伊知郎. 대학에서 양조학을 배운 뒤, 산토리에 입사해 주류영업을 하던 그가 아버지의 도아주조로 돌아온 건 경영난 때문이었다. 그러나 무너져가는 회사를 되살리는 건 역부족이었고, 결국 도아주조는 매각되고 만다. 도아주조의 '하뉴 위스키 증류소' 사업 철회가 결정되면서, 400여 개 오크통이 폐기될 위험에 빠졌다.

아쿠토는 카드 시리즈 성공을 발판으로 은행과 친척을 설득해 자금을 융통했다. 2006년 가루이자와 증류소에서 증류 기술을 배우고, 2008년부터 치치부시에 작은 증류소를 세워 위스키를 만들기 시작했다. 규모는 작았지만 스코틀랜드 포사이스 증류기를 도입하고, 지방 위스키 붐의 한 축이었던 가루이자와 증류소의 기술자와 함께 만들었다. '몰트 드림 캐스크Malt Dream Cask'라는 걸 만들어, 바텐더나 위스키 마니아들에게 오크통 하나를 통째로 팔았다. 숙성 기한은 최대 10년. 이를 통해 위스키 사업 초기에 필요한 현금을 확보하고, 오크통을 구입한 이들에게 오너십을 심어주어 자

아쿠토 이치로. 치치부 제2증류소 당화조 앞
에서

이치로즈 몰트 '몰트 드림 캐스크'.
치치부 증류소의 팬을 만드는 데 기여했다

전 세계 위스키 마니아로부터 사랑받는 이치로즈 몰트. 왼쪽부터 IPA캐스크 피니시,
피티드, 온더웨이

치치부 증류소 오크통 제조 공장. 사진 속 가운데 통에 불을 지피고, 오크통에 넣어 내부를 태운다

연스럽게 팬이 되도록 이끌었다. 아쿠토는 아무리 작은 증류소라도 그 증류소를 사랑하는 팬이 있다면 사업을 계속 이어갈 수 있다고 믿었다.

하뉴 증류소 유산과 몰트 드림 캐스크 운영으로 새로 만든 위스키가 빛날 날을 기다렸다. 그리고 2017년, 치치부 증류소에서 만든 위스키가 WWA '싱글캐스크·싱글몰트' 부문에서 최고상을 수상했다. 산토리, 닛카 등과 어깨를 나란히 하는 일본 위스키가 된 셈이다. 그후로도 각종 세계 주류 품평회에서 매년 수상하면서, 치치부 위스키는 일본을 대표하는 위스키 중 하나로 자리잡고 있다. 2020년에는 '이치로즈 몰트 치치부 10년 더 퍼스트'가 출시됐다. 위스키에 '10년'이라는 숫자를 넣는 것은 새롭게 위스키를 만드는 이들에겐 꿈만 같은 일이다. 그게 현실이 됐다.

위스키를 향한 아쿠토 이치로의 열정은 여기에서 그치지 않았다. 2019년에는 기존 증류소 인근에 '치치부 제2증류소'를 지어 다른 스타일의 몰트위스키 생산을 시작했다. 치치부 지역에서 생산하는 보리를 직접 플로어몰팅해서 위스키를 생산하는 등, 위스키 제조 전통을 지키는 노력도 계속하고 있다. 오크통 생산시설도 만들어 미즈나라 오크통 등 숙성에 쓰는 다양한 오크통을 직접 생산한다.

올해 초, 치치부 증류소는 일본 위스키 팬들이 깜짝 놀랄 뉴스를 발표했다. 홋카이도에 그레인위스키 증류소를 세운다는 것이다. 2025년 봄부터 홋카이도 삿포로 남쪽에 있는 도마코마이苫小牧 시 인근 공업지역 약 6.6헥타르 토지에 증류소를 짓는다. 이 지역은 항구와 가까워 재료 조달과 제품 수출에 유리하다. 또 홋카이도의 관문, 신치토세 공항에서 차로 15분밖에 걸리지 않아 접근성도 좋다. 연간 생산량은 약 240만 리터. 홋카이도에서 많이 나는 옥수수를 사용하는 것도 시야에 넣고 있다. 치치부 증류소가 그레인위스키 증류소까지 갖게 되면 산토리, 닛카, 기린 등에 이어 몰트 위스키와 그레인 위스키를 한 회사에서 동시에 생산하는 일본 위스키 제조회사가 탄생한다. 2023년 현재, 32명의 직원이 아쿠토 이치로의 꿈을 함께 만들어가고 있다.

김창수 대표와 세 번의 치치부 증류소 방문

치치부 증류소는 세 번 다녀왔는데, 모두 '김창수 위스키' 대표 김창수 씨와 함께였다. 처음 간 건 2015년이다. 당시 NHK 서울 지국 기자로 김창수 대표를 취재했는데, 치치부 증류소 견학을 동행했다. 그다음에는 김창수 대표와 나, 그리고 서로가 다니던 회사

치치부 증류소 테이스팅룸에서. 왼쪽부터 나, 김창수 위스키 대표, 미사와 슈 치치부
증류소 블렌더, 신상목 선배, 성중용 디아지오 월드클래스 아카데미 원장

제1증류소 입구

선배들과 넷이서 치치부를 찾았다. 세번째는 김창수 대표와 위스키 마니아 20여 명과 함께였다. 이렇게 세 번이나 갔지만, 치치부 증류소는 갈 때마다 새로운 발견이 있다. 위스키 제조과정을 아주 작은 것까지 자세히 알려주고, 어떤 질문에도 숨김없이 모두 답해주기 때문이다. 공식 투어가 없는 증류소지만, 주류업계 관계자나 위스키에 진심인 사람들에게는 정성을 다하는 곳이 치치부 증류소다.

치치부 증류소에 가는 방법은 도쿄 이케부쿠로역에서 1시간 남짓 열차를 타는 것이 가장 효율적이다. 세이부치치부西武秩父선을 타고 세이부치치부역에 내려 택시로 25분 남짓 달리면 치치부 증류소에 도착한다. 낮은 언덕 위의 한적한 곳에 증류소가 있는데, 입구에 있는 오크통과 증류기가 이정표다.

치치부 제1증류소는 사무동과 플로어몰팅 건물, 증류동, 그리고 숙성고 등으로 나뉘어 있다. 크래프트 증류소답게 모든 건물이 한눈에 들어온다. 증류소를 상징하는 '킬른Kiln' 너머로 산세가 보이는데, 주변에 높은 건물이 없어서 굉장히 시원한 느낌을 준다. 우선, 증류동부터 들어가보자.

주소	49 Midorigaoka, Chichibu, Saitama Japan 368-0067(〒368-0067 埼玉県秩父市みどりが丘49)
홈페이지	https://www.facebook.com/ChichibuDistillery/
위스키 생산 시작	2008년

I. 치치부 제1증류소

분쇄부터 증류까지, 사람 손이 많이 가는 증류소

치치부 증류소는 영국, 독일, 스코틀랜드에서 생산한 몰트를 사용한다. 일부 일본산 몰트도 사용하는데, 증류소 근처 농장에서 재배한 보리를 직접 몰팅한 것이다. 일본판 '로컬발리 위스키'가 만들어지는 셈이다. 1배치 당 사용하는 몰트 양은 400킬로그램이다. 논피트와 피티드 몰트 모두 쓰는데, 피티드 몰트는 50ppm 이상만 사용한다. 6~7월, 두 달 동안 피티드 몰트로 위스키를 만들고, 8월과 9월에는 증류기 정비 기간을 갖는다. 그리고 10월부터 이듬해 5월까지 8개월간 논피트 몰트로 위스키를 만든다. 참고로 치치부 제1증류소가 연간 생산하는 위스키는 야마자키 증류소가 2~3주면 만들 수 있는 양이다.

몰트는 분쇄기에서 30분간 허스크 2, 그리츠 7, 플라워 1 비율로 분쇄한다. 분쇄한 몰트 입자가 너무 크면 전분이 당분으로 잘 변하

치치부 증류소에서 사용하는 몰트

지 않아, 결과적으로 알코올이 적게 만들어진다. 반대로 몰트 입자가 너무 작으면 바닥에 가라앉아 맥즙을 탁하게 만들어버린다. 그래서 3가지 크기의 몰트를 적절히 조합하는 것이 매우 중요하다고 한다. 온도와 습도, 몰트 품종에 따라 약간 변형을 주는 경우도 있다.

몰트가 분쇄되면 2000리터 크기 당화조로 옮긴다. 이 당화조 특징은 몰트와 온수를 자동으로 휘젓는 갈퀴 형태 교반기가 달리지 않았다는 점이다. 사람이 직접 칼날 같은 게 달린 긴 봉으로 저어줘야 한다. 증류소 직원과 김창수 씨가 맥즙 젓는 모습이 여간 힘들어 보이는 게 아니었다. 뜨거운 물에서 뿜어져나오는 열기에 땀도 뻘뻘 흘렸다. 첫번째는 64도, 두번째는 70도, 그리고 마지막으로는 96도 온수로 당화한다.

기계에 맡기면 편한데 왜 사람의 노동력을 투입하느냐고 물었더니, 맥즙 상태를 자세히 체크해 빠르게 대응하기 위해서라고 한

5장 일본 크래프트 위스키의 시작, 치치부

당화조에 온수가 쏟아지고 있다

사진 왼쪽에 보이는 것이 미즈나라 발효조다

치치부 제1증류소 1번 발효조

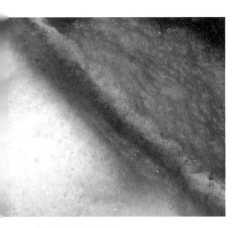

한창 발효중인 워시

다. 누군가는 비효율적이라고 할지 모르겠지만, 크래프트 증류소의 매력으로 느껴졌다. 대형 증류소의 거대한 당화조는 사람의 눈으로 체크할 수도 없고, 직접 젓는 것도 무리다. 하지만 크래프트 증류소의 작은 당화조라면 사람이 감당할 수 있다. 우리가 수제 버거에 더 높은 가치를 두듯이, 수제 당화에도 더 높은 가치를 둘 수 있지 않을까.

최종 당화된 맥즙 당도는 14브릭스다. 이제 발효조로 옮길 차례다. 치치부 증류소 개성을 만드는 결정적 요소 중 하나가 바로 발효다. 일본 '미즈나라' 나무 품종으로 만든 3000리터 용량 발효조 8개를 쓴다. 이 나무가 갖고 있는 유산균이 발효즙 풍미를 풍부하게 만들고, 일본 위스키만의 특징도 끌어낸다. 디스틸러리 효모 10킬로그램을 첨가한 발효 진행 시간은 총 4일로 100시간에 육박한다. 긴 시간 발효함으로써 과일향이 풍부한 발효즙을 만들어낸다. 발효가 끝난 발효즙 알코올 도수는 7~9%다.

사다리를 타고 발효조 위로 올라

가 발효즙 향을 맡아봤다. 발효가 시작된 지 24시간 정도 된 발효조에는 거품이 많이 올라와 있었는데, 코를 가까이 대자 이산화탄소가 강렬하게 쏘아댔다. 발효가 거의 끝난 발효조에서는 매우 풍성한 과일향이 났다. 꼭 호가든 맥주 같은 향이었다.

치치부 증류소 증류기

발효조 바로 옆에 아담한 크기의 증류기 2대가 있는데, 둘 다 2000리터로 용량이 같다. 스코틀랜드 포사이스에 주문제작한 것이다. 두 증류기 모두 스트레이트형이고, 라인암이 아래를 향한다. 바디감 있는 스피릿을 만들기 위한 것이다.

2차 증류 스피릿은 헤드, 하트, 테일 3가지로 분류된다. 증류 개시 후약 20분까지 헤드가 추출되고, 이후 1시간 30분 동안 하트가 추출된다.

시간별로 추출된 위스키 스피릿

그리고 마지막으로 테일이 나온다. 헤드가 나오기 시작할 때부터 시간별로 샘플을 채취해 테이스팅하며 사람의 감각으로 컷을 한다. 하트만 숙성에 사용하고 헤드와 테일은 재증류한다. 1차 증류로 만든 로우와인이 알코올 도수 20%, 2차 증류로 만든 최종 스피릿은 알코올 도수 70%고, 오크통에 담길 때는 알코올 도수 63.5%로 희석한다.

치치부 증류소 1번 숙성고. 더니지 방식으로 숙성중이다

다양한 오크통으로 크래프트 증류소의 매력을

치치부는 분지지역이라 온도차가 심하다. 여름에는 38도까지 더워지기도 하고, 겨울에는 영하 10도 가깝게 추워진다. 이 온도차가 숙성에 좋은 영향을 끼치지만, 앤젤스셰어는 연간 3~5%로 스코틀랜드보다 높다.

치치부 증류소에는 숙성고가 7개 있다. 6개는 더니지 방식이고 1개는 랙 방식이다. 더니지 방식 숙성고에는 1500개에서 3000개의 오크통을 수용할 수 있고, 랙 방식 숙성고에는 1만 8000개의 오크통을 수용할 수 있다. 총 3만 개의 오크통을 보관할 수 있는 규모다.

1번 숙성고에 들어갔더니 위스키와 오크통이 만들어내는 환상적인 향기가 진동했다. 치치부 숙성고의 가장 큰 특징이라면 역시 다양한 오크통을 쓴다는 점이다. 버번과 셰리 오크통 외에도 와인, 맥주, 브랜디, 럼, 테킬라 등 다양한 술이 담겼던 오크통을 쓴다. 최근에는 직접 만든 미즈나라 오크통 숙성에도 힘을 쏟고 있고, 일반 오크통 크기의 1/4에 불과한 '치비다루'라는 오크통도 있다.

Back to Tradition

아쿠토 이치로는 위스키를 마시면서 1960~1970년대 위스키를 동경하게 됐다. 이 당시에 만들어진 스카치위스키 맛이 특별히 좋았기 때문에, 어떻게 하면 그 맛을 재현해낼 수 있을지 고민했다. 그가 내린 결론은 전통적인 위스키 제조법을 지키는 것. 과거에 위스키 만들던 방법을 재현해낸다면, 동경하는 위스키 맛을 표현해낼 수 있을 거라 판단했다.

전통적인 플로어몰팅부터 시작했다. 벤처위스키 직원들을 플로어몰팅을 하는 영국 회사 '몰트 스타즈Malt Stars'로 3년 연속 보냈다. 앞으로 몰트를 구매할 테니 플로어몰팅을 배우게 해달라 요청했고, 몰트 스타즈가 이를 받아들인 것이다. 이후, 작은 규모지만 매년 치치부 지역에서 생산된 보리를 직접 몰팅해서 위스키를 만들고 있다. 2022년에는 4.5톤의 보리를 수확했고, 2023년은 9톤 수확이 목표다. 보리 품종은 1960~1970년대 스코틀랜드 위스키 제조에 사용했던 골든 프로미스와 일본 고유 품종 묘기니조みょうぎ二条 등이다.

위스키 숙성에 필요한 오크통도 직접 만들기 시작했다. 일본 최고령 오크통 장인이던 마루에스요다루 제작소マルエス洋樽製作所 사

플로어몰팅

이토 미쓰오齋藤光雄 사장이 후계자가 없어 폐업한다는 소식을 듣고, 생산설비를 전부 사들였다. 사이토는 닛카 위스키에 오크통을 대량으로 납품할 정도로 오크통 제조로 인정받은 인물이다. 아쿠토는 증류소 부지에 오크통 제조 공장을 짓고, 사이토로부터 직접 기술을 지도받았다.

치치부 증류소 오크통 제조 공장은 마루에스요다루 제작소를 그대로 재현했다. 나무 쪼개는 기계와 오크통 내부를 태우는 기계를 보면, 오랜 세월 장인과 함께해온 세월이 오롯이 느껴진다. 일본 크래프트 증류소 중 자체 공장에서 직접 오크통을 제작하는 곳은 극히 드물다.

오크통 제조 공장 근처에서 거대한 통나무를 건조한다. 이 나무

치치부 증류소 오크통 제조 공장

미즈나라를 건조중인 모습

는 홋카이도 지역에서 벌채한 '미즈나라'다. 일본 참나무 종류인데, 치치부 증류소 오크통 제조 공장에서 이 나무를 말리고, 쪼개고, 붙이고, 태워서 오크통을 만든다. 미즈나라는 오크통을 만들기엔 적합하지 않다. 구멍도 많고, 나무결이 뒤틀려 있기 때문이다. 같은 크기 목재라도 미국 오크 1개로 오크통 2개를 만들 수 있다면, 미즈나라는 오크통 1개를 만들 수 있을까 말까다. 그러나 일본에서 미즈나라 오크통을 만드는 이유는 특유의 '미즈나라향─시원한 우디함 속 감칠맛'을 위스키에 입힐 수 있기 때문이다. 현재 치치부 증류소에서는 미즈나라 오크통을 연간 300개 정도 만들어 숙성에 사용한다.

그리고 또 한 가지 아쿠토가 생각한 전통은 가스 직접가열방식 증류다. 처음 치치부 증류소를 세울 때부터 증류기는 가스 직접가열방식으로 만들고 싶었으나, 온도조절이 힘들고 공간도 많이 차지하는 데다 비용도 많이 들어 포기했다. 그러나 타협할 수밖에 없었던 첫번째 증류기 가동으로부터 11년 후, 아쿠토 이치로의 꿈은 치치부 제2증류소에서 실현됐다.

주소	79 Midorigaoka, Chichibu, Saitama Japan 368-0067(〒368-0067 埼玉県秩父市みどりが丘79)
홈페이지	https://www.facebook.com/ChichibuDistillery
위스키 생산 시작	2019년

Ⅱ. 치치부 제2증류소

치치부 제2증류소는 제1증류소에서 걸어서 10분 정도 떨어진 곳에 있다. 2016년 두번째 증류소를 설계할 때 목표는 두 가지였다. 첫번째는 제1증류소의 부족한 생산량을 메우는 것. 높아진 수요를 기존의 작은 증류소만으로는 감당할 수 없었다. 두번째는 장기숙성에 적합한 위스키를 생산하는 것이다. 이렇게 탄생한 제2증류소는 기존 증류소 5배로 생산 규

제2증류소 증류기. 아쿠토 이치로는 가스 직접가열방식의 꿈을 이뤘다

모를 늘렸다. 2019년부터 가동을 시작해 올해로 4년째. 아쿠토 이치로가 제1증류소에서 실현하지 못한 꿈을 제2증류소를 통해 이뤄나가고 있다.

자동화와 기계화, 크래프트 증류소의 진화

제2증류소 당화조 내부를 직원이 살펴보고 있다. 당화조도 제1증류소의 약 5배, 1만 리터 크기다

치치부 제2증류소는 규모가 커진 만큼 기존에 사람 손으로 하던 작업을 기계화했다. 기존에는 몰트에 있는 돌 등 불순물을 사람 손으로 일일이 제거했지만, 제2증류소에서는 불순물을 제거해주는 기계를 사용한다. 당화조 안의 맥즙도 사람이 젓는 대신 자동으로 젓는 설비를 도입했다. 제1증류소 당화조처럼 사람 손으로 젓기에는 1만 리터 당화조는 너무 크기 때문이다.

또 모든 제조공정을 고정된 배관으로 연결했다. 제1증류소는 호스를 이용해 당화조에서 발효조로 맥즙을 옮기고, 발효조에서 증류기로 워시를 옮겨야 했다. 이런 과정이 자동화된 것이다. 물론, 컴퓨터 판넬을 통해 모든 제조공정을 한 눈에 관리할 수 있다. 규모는 커졌지만 기계화와 자동화로 인력은 더 적게 들도록 효율화했다.

제1증류소와 어떻게 차별화할 것인가

단지 규모만 늘리는 것은 의미가 없다. 제1증류소와 다른 개성을 띤 위스키를 만들어야 한다. 아쿠토 이치로는 먼저 발효조에 차이를 뒀다. 기존의 미즈나라 발효조 대신, 프렌치 오크로 만든 나무 발효조(1만 5000리터) 5개를 도입했다. 미즈나라는 침엽수지만 프렌치 오크는 활엽수다. 목재에 차이를 둬서 제1증류소와 다른 스타일의 유산균 발효를 기대한다. 발효는 약 100시간 전후로 제1증류소보다 약간 길게 한다. 효모는 제1증류소와 같은 디스틸러리 효모를 쓴다.

증류기 형태는 제1증류소와 똑같지만, 초류기 1만 리터, 재류기 7000리터로 커졌다. 제1증류소는 초류기와 재류기 모두 2000리터 크기니까, 초류기만 보면 5배 커진 셈이다. 가장 큰 차이는 증류방식이다. 아쿠토 이치로가 염원하던 가스 직접가열방식을 초류기와 재류기에 모두 도입했다. 증류기가 커지면 스피릿이 가벼워지기 쉬운데, 직접가열방식으로 바디감 있는 스피릿을 만들어낸다.

제2증류소 발효조. 제1증류소 미즈나라 발효조 약 5배 크기다

제2증류소 증류기

2025년부터 가동될 홋카이도 그레인위스키 증류소

2025년부터 홋카이도 도마코마이시에서 벤처위스키사의 세번째 증류소가 가동을 시작한다. 이 증류소는 몰트위스키는 만들지 않고, 옥수수를 주원료로 한 그레인위스키를 만들 예정이다. 증류기는 코페이 방식 연속식 증류기를 도입한다. 그레인위스키지만, 곡물이 가진 고유의 풍미와 발효를 통해 얻은 풍미를 더 많이 가진 스피릿을 만들어낼 수 있다. 연속식 증류로 만든 그레인위스키여도 개성을 즐길 수 있는 위스키를 만들어내는 것이 목표다.

아쿠토 이치로 대표 인터뷰

하뉴 증류소 위스키를 지켜낸 이야기는 마치 드라마 같습니다. 좀 더 자세히 들려주시면 감사하겠습니다.

A＿＿＿ 아사카 증류소 야마구치 대표님은 사케 연수여행 때 만났습니다. 사이타마현에서 술을 만드는 사람들이 함께 간 여행이었는데, 당시에 야마구치 대표님에게 꽤 정열적으로 위스키 이야기를 한 기억이 있습니다.

그후 하뉴 증류소 위스키 폐기 통보가 내려왔습니다. 하지만 저는 이 위스키를 좋아했고, 가능성이 있다고 믿었습니다. 좋아하는 위스키가, 20년 이상 숙성된 위스키가 폐기되는 것은 견딜 수 없었습니다. 그래서 보관할 곳을 찾기 시작했습니다. 가능하면 관동 지역이 좋다고 생각했는데, 어디에 물어봐도 팔리지 않는 위스키를 보관해주는 곳은 없었습니다.

그러던 어느 날, 야마구치 대표님 생각이 나서 고리야마에 가서 만났습니다. 이대로 가면 폐기된다고, 힘을 빌려달라고 말했더니

2023년 WWA에서 월드 베스트 블렌디드 한정판 위스키 상을 수상한 아쿠토 이치로 대표(가운데)

"숙성된 위스키 원주 폐기는 주류업계의 손실이다. 창고가 비어 있으니 위스키를 가져오라"고 대답해줬습니다. 덕분에 위스키를 폐기할 뻔한 위기를 피했습니다.

일본에서 크래프트 증류소가 성공할 거라고 확신한 계기가 있나요?

A＿＿＿2004년, 모두가 "왜 위스키냐"고 말했습니다. 하이볼 붐도 시작되지 않았을 때니까요. 저는 당시에 위스키를 좋아해서 바에 자주 갔습니다. 카드 시리즈 홍보도 겸해서요. 여러 바를 돌다가, 일반적으로는 위스키를 마시지 않는다고 생각했던 여성이나 젊은 사람들이 두 눈을 빛내며 위스키 마시는 모습을 봤습니다. 또 증류소마다 위스키 맛이 다르다는 걸 알고, 아직 위스키의 즐거움

이 세상에 알려지지 않았을 뿐이라고 생각했습니다. 위스키를 즐기는 사람들을 타겟으로 한다면, 작게나마 성공하지 않을까 생각했습니다.

많은 사람들이 당시에 힘들지 않았느냐고 묻습니다. 2004년부터 2년간, 하루 3~5개 바를 다니며 한곳에서 위스키를 세 잔 정도 마셨습니다. 2년간 2000개 정도 바에서 6000잔 정도 위스키를 마신 셈이죠. 그런데 너무너무 즐거운 기억으로 남아 있습니다.

또하나의 계기는 스코틀랜드 에드라두어 증류소였습니다. 이 증류소 위스키는 3명이 만듭니다. 겨우 3명이 만든 위스키를 지구 반대편인 일본에서 마신다는 건 대단한 일이라고 생각했습니다. 그 반대의 일을 하면 되지 않을까 싶었습니다. 작은 증류소라도 좋은 위스키를 만들면, 바는 세계 어디든 있으니까 어딘가에서는 받아주리라고 생각했습니다.

증류소를 가동하기 전, 일본의 전설적인 가루이자와 증류소에서 연수를 받은 것으로 알고 있습니다. 연수에서 얻은 것은 무엇인가요?

A ____ 위스키 제조 기본에 충실하면서 포기하지 않는 것이 중요하다는 걸 배웠습니다. 가루이자와 증류소의 마지막 가동을 2000년이라고 알고 있는 사람이 많지만, 사실 2006년 여름에 1개월간 가동을 했습니다. 저의 연수를 위해 특별히 가동한 것입니다. 바에서 알게 된 바텐더 소개로 당시 가루이자와를 소유한 회사 임원과 위스키를 마실 기회가 있었습니다.

그 임원은 위스키를 굉장히 만들고 싶지만, 위스키가 잘 팔리지 않아서 2000년 이후 가동을 멈췄다고 했습니다. 갓 만든 스피릿을 누군가 사주기라도 한다면 가동해보고 싶다고 하기에, 그 이야기를 듣고 제가 스피릿을 사겠다고 했습니다. 대신 위스키 제조 연수를 해달라고 부탁했습니다. 연수를 통해 가장 크게 배운 것은 맛있는 위스키를 만들겠다는 사람들의 생각과 자세였습니다.

플로어몰팅 등 사람 손이 많이 가는 일을 일부러 하는 이유는 무엇인가요?

A_____ 제가 1950~1960년대 위스키를 굉장히 좋아해서 많이 마셨습니다. 이런 맛있는 위스키를 어떻게 하면 만들 수 있을까 고민하다가, 당시 제조법을 재현하는 것이 지름길이라 생각했습니다. 현대의 위스키는 효율적인 설비로 만들지만, 그것은 대기업에서 할 일이라고 생각했습니다. 우리처럼 작은 회사는 품질을 노리는 것이 좋겠다고 생각했죠. 바로 옛날 스카치위스키 맛을 부활시키는 것입니다. 그래서 전통적인 제조법을 부활시키려고 노력했습니다.

그런 이유로 플로어몰팅을 시작했습니다. 영국 몰트스타에 가서 플로어몰팅을 해보고, 몰트를 구입할 테니 연수를 시켜달라고 했습니다. 규모는 작지만, 치치부에서 생산한 보리로 위스키를 만들고 있습니다.

또 오크통은 마루에스요다루라는 제조사가 있었는데, 제가 직접 만든 오크통에 위스키를 숙성하고 싶어서 매년 여름에 연수를 갔습니다. 사이토 대표님이 86세가 되었을 때, 후계자가 없고 오크통 주문도 적어서 폐업한다고 하는 말을 듣고 아까웠어요. 제조설비가 사라져선 안 된다고 생각해 전부 구입해왔고, 직접 기술지도를 받았습니다. 그렇게 오크통 공장을 세운 겁니다. 우연한 만남 덕에 가능했던 일이라고 생각합니다.

처음에 미즈나라로 만든 발효조를 도입한 이유는 무엇인가요?

A_____ 당초에는 온도관리가 어려운 나무 발효조는 힘들다고

생각했습니다. 사람의 노력이 들어가는 발효조가 매력은 있지만, 역시 무리라고 생각했죠. 결국은 스테인리스로 마음을 먹었는데, 아는 선배가 나무 발효조 영업을 하러 찾아왔습니다. 마침 적당한 미즈나라 목재가 있어서 발효조 크기로 만들수 있다고요. 그 이야기를 듣고, 이 발효조가 치치부 증류소의 개성이 될 수도 있다고 느꼈습니다. 그래서 미즈나라 발효조를 도입했죠.

치치부 제2증류소 특징은 무엇인가요?

A ____ 우선, 나무 발효입니다. 여기에 애착을 가지고 있거든요. 그런데 미즈나라로는 제2증류소에서 쓸 큰 발효조를 만들 수가 없었습니다. 그래서 프렌치 오크를 사용해 발효조를 만들었습니다.

최대 포인트는 가스 직접가열증류 방식입니다. 치치부 증류소를 처음 만들 때부터 직접가열증류가 하고 싶었는데, 화력조절이 어렵고 비용도 많이 들어서 관리가 쉬운 간접가열방식을 채택했죠. 그로부터 10년이 지나 위스키 제조 경험도 쌓였기 때문에, 꿈꾸던 가스 직접가열증류를 자신 있게 하기로 했습니다. 위스키 제조의 전통으로 돌아가는 것의 일환이기도 합니다.

제2증류소 스피릿은 제1증류소 스피릿과 어떻게 다른가요?

A ____ 스피릿이 가진 향의 총량은 제1증류소가 많습니다. 그러나 제2증류소는 골격, 뼈가 있는 맛이라고 할까요. 들은 이야기로는 스피릿 단계보다 숙성된 뒤에 개성이 더 드러난다고 합니다. 그걸 기대하며 기다리고 있습니다.

홋카이도 증류소의 목적은 무엇인가요?

A ____ 위스키 제조회사로서 그레인위스키 증류소를 갖고 싶다는 꿈이 있었습니다. 실제로 만들겠다는 결단을 한 큰 이유는 코

로나와 우크라이나 전쟁입니다. 그 위기로 세계적인 공급체인이 무너지는 것을 봤습니다. 블렌디드 위스키가 회사 주력 제품인데, 일부 가와사키 그레인위스키 외에는 해외 그레인위스키에 의존하고 있습니다. 가장 잘 팔리는 블렌디드 위스키의 그레인위스키 원주를 100% 해외산에 의존한다면, 원주가 수입되지 않는 경우 일이 생길 수도 있습니다. 그래서 국내에 그레인위스키 공급처를 만들 필요가 있다고 생각했어요.

또 우리가 필요한 품질의 그레인위스키가 좀처럼 없는 것도 이유입니다. 원하는 위스키가 없다면 스스로 만들어봐야겠다고 생각했습니다. 고품질의 그레인위스키를 만드는 것을 목표로 하고 있고, 혹시 다른 증류소에서 요청한다면 외부 판매도 검토할 수 있습니다.

벤처위스키에서 위스키 제조법을 배운 사람들이 위스키 증류소를 만들고 있는 상황에 대하여 어떻게 생각하는지요?

A_____ 사실 크래프트 증류소는 우리밖에 없었습니다. 35년만에 단독으로 증류소가 생겼고 동료는 없었죠. 그래서 작지만 좋은 위스키를 만드는 사람들이 생기면 좋겠다고 생각해서 연수를 했습니다. 설마 이렇게 증류소가 많아질 거라고는 생각하지 않았습니다. 하지만 좋은 위스키를 만들겠다는 사람이 많아지는 것은 소비자를 흥미롭게 하는 일입니다. 업계에 플러스가 된다고 생각하고, 좋은 위스키를 기대하고 있습니다.

벤처위스키에서 연수를 할 때 가장 강조하는 내용은 무엇인가요?

A_____ 일본 위스키를 세계에 알린 것은 대기업 등 과거의 선배들입니다. 스카치위스키를 배운 일본 과거 증류소의 기본부터 배워서 좋은 위스키를 만들어달라고 말합니다. 물론, 새로운 도전

이 필요하지만 기본이 잘 되어 있어야 하죠. 처음부터 새로운 것을 하기보다 우선 기본에 충실하라고 강조합니다. 또 관능평가를 통해 좋은 위스키를 찾아낼 수 있는 미각을 갖춰야 한다고도요.

기대되는 일본 증류소가 있나요?

A ___ 위스키에 대한 애착을 가지고 시작한 크래프트 증류소 모두 처음에는 힘들겠지만, 그 마음을 계속 가지고 있으면 반드시 맛있는 위스키를 만들게 될 것이라고 생각합니다.

대표님이 생각하는 '재패니즈 위스키'는 무엇인가요?

A ___ 우선, 정의는 일본 국내에서 만든 것이겠죠. 일본의 물, 환경, 풍토가 담긴 술, 그것이야말로 일본 위스키라고 생각합니다. 해외 원주를 수입해서 블렌딩한 것을 일본 위스키라고 하는 것은 무리가 있다고 생각합니다.

한국에 위스키 붐이 일고 있습니다. 위스키를 갓 시작한 한국 사람들에게 해주고 싶은 말이 있는지요?

A ___ 위스키는 시간이 드는 음료입니다. 길게 오랫동안 사귀어주시면 좋겠습니다. 좋은 위스키를 만들려면 좋은 소비자가 있어야 합니다. 여러분이 오랫동안 위스키를 사랑해주는 것이 위스키를 계속 만드는 원동력이 됩니다. 앞으로도 위스키를 계속 사랑해주시면 좋겠습니다.

아직 생산량이 적어 한국에 수출할 예정은 없습니다만, 꼭 한국 분들도 마셔주셨으면 좋겠습니다. 일본에 올 때는 바에서 치치부 위스키를 마셔주세요.

기억에 남는 이치로즈 몰트

1. 이치로즈 몰트 치치부 더 피티드 2015

치치부 증류소 싱글몰트 위스키 9탄 '이치로즈 몰트 치치부 더 피티드 2015'는 치치부 증류소에서 피티드 몰트로 만든 싱글몰트 위스키다. 2015년 12월 6일 저녁, 치치부역 앞 이탈리아 음식점에서 맛을 봤다. 김창수 씨의 치치부 증류소 연수를 취재하는 중이었는데, 허기져 찾아간 식당에 이 위스키가 있어 주문했다.

보통 피트 위스키는 피트가 재빨리 느껴져 일정한 피트감을 계속 느끼게 했던 것 같은데, 이 위스키는 달랐다. 아주 미미한 피트가 서서히 코끝으로 올라오더니 끝이 어디인지 모를 정도로 계속 피트가 차오르는 느낌이었다. 숨이 차서 내뱉지 않았다면, 아마 머리 끝까지 피트가 차올랐으리라. 그리고 피트가 끝난 자리에는 달콤함이 남았다.

62.5도라는 강한 알코올을 피트가 지배해, 알코올향은 그리 세지 않았다. 2011년에 증류해서 4년 숙성만에 이런 맛의 위스키를 만들 수 있다니 대단하다고 느꼈다. 이 술을 10년, 20년 숙성시키면 과연 어떤 맛일지 정말 기대됐다. 고숙성의 무게감이 더해지면 최고의 피트 위스키가 만들어지지 않을까.

2. 이치로즈 몰트 카드 시리즈 '조커'

1985년부터 2000년까지 만들어진 하뉴 증류소 몰트위스키 원액을 배팅해 병입한 위스키다. 3690병 한정, 57.7도.

이 위스키의 가장 오래된 원주가 만들어진 1985년은 일본 위스키 업계 빙하기였다.

이치로즈 몰트 치치부 더 피티드 2015 CS(왼쪽)

이치로즈 몰트 카드 시리즈 '조커'

"당시에는 위스키 만드는 방식이 비교적 느슨했기 때문에 값싸고 질이 떨어지는 위스키가 늘어갔다. 그렇다면 소주가 더 맛있지 않을까 하는 생각이 퍼져 소주 붐이 찾아왔다. 그러나 위스키가 팔리지 않는 시대의 유일한 플러스 요소가 있었다. 풍부한 위스키 원주가 출하되지 않고 숙성고에서 잠들어, 좋은 질의 몰트 원주로 성장해나간 것이다." — 〈pen440호〉에서

일본 위스키 업계 고난의 행군을 떠올리며 음미할 수 있는 한 잔. 어린 위스키 원주와 나이든 위스키 원주를 배팅했을 때 느껴지는, 깊은 바다에 푹 빠진 후 서서히 수면 위로 떠오르는 질감. 그리고 건포도, 후추, 오크, 초콜릿, 커피 등의 맛이 서서히 얼굴을 드러내는 위스키다.

1차 일본
크래프트 위스키 붐

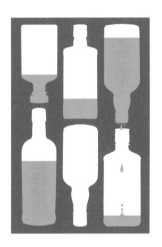

주소	4 Chome-109-2 Miyazono, Akkeshi, Akkeshi District, Hokkaido 088-1124(〒 088-1124 北海道厚岸郡厚岸町宮園4丁目109-2)
홈페이지	http://akkeshi-distillery.com/
위스키 생산 시작	2016년

1. 겐텐지쓰교-앗케시 증류소

"신선한 굴에 피트향 위스키 마시며 아일라섬 해안가 바라보기."

위스키를 좋아하는 사람, 특히 스코틀랜드 아일라섬 위스키를 좋아하는 사람이라면 누구나 꿈꾸는 순간이다. 스모키한 훈제향이 코를 간지럽히고 생굴맛이 바다를 끌어당긴다. 새파란 바다가 눈부시고, 바닷바람과 파도가 만들어내는 힘찬 소리가 귓가를 때린다. 동시에 일어나는 여러 감각의 소용돌이 속에 무방비해진 사람에게 행복이 밀려든다. 상상만으로도 기분 좋은 이 순간을 무라카미 하루키도 찬양했다.

"갯내음이 물씬 풍기는 굴맛과 아일라 위스키의 그 개성 있는, 바다 안개처럼 아련하고 톡톡한 맛이 입안에서 녹아날 듯 어우러진다. 두 가지 맛이 어느 쪽으로도 치우치지 않고, 본래의 제 맛을 지키면서도 절묘하게 화합한다. 마치 전설 속에 나오는 트리스탄과 이졸데처럼. 그런 다음 나는 껍질 속에 남은 굴즙과 위스키가 섞인 국물을 쭈욱 마셨다. 그것을 여섯 번 되풀이한다. 더할 나위 없이 행복한 순간이었다. 인생이란 이토록 단순한 것이며, 이다지도 아름답게 빛나는 것이다." (무라카미 하루키 지음, 이윤정 옮김, 『만약 우리의 언어가 위스키라고 한다면』, 문학사상사)

같은 자장가를 들으며
숙성되는 굴과 위스키

일본 홋카이도 동쪽, 구시로釧路 공항에서 차를 빌려 한 시간쯤 달려 도착한 앗케시厚岸. 예약해둔 민박에 짐을 풀고, 저녁식사를 하러 가니 굴과 티가 열렸다. 통통하게 살이 오른 굴로 만든 찜, 새콤한 폰즈소스에 절여 만든 생굴, 바삭하게 튀겨낸 굴튀김까지…… 굴이 유명한 지역인 건 알았지만, 도착하자마자 강렬한 굴 공격을 만나니 술 한잔 마시지 않을 수 없었다.

굴과 함께 할 위스키로는 당연히 피트 위스키를 떠올렸다. 음식과 함께라면 하이볼이 좋을 터. 주류 메뉴를 살펴보는데, 마침 내일 취재가 예

앗케시 위스키 하이볼과 다양한 굴요리. 앗케시의 완벽한 환영식이었다

앗케시 블렌디드 위스키 '굴의 자장가'

정처없이 떠돌던 앗케시의 밤. 저멀리 앗케시 영어 스펠링이 보였다. 이땐 몰랐는데
알고보니 앗케시 증류소 숙성고 중 하나였다

앗케시의 밤, 배들이 정박해 있는 모습

앗케시 위스키를 킵해놓고 마시는 곳. 이 마을 사람들이 부러워지기 시작했다

정된 앗케시 증류소 위스키를 판매중이었다. 앗케시 블렌디드 위스키, '굴의 자장가牡蠣の子守唄'. 앗케시 증류소가 지역주민들에게 감사의 마음을 전하려고 지역 음식점에서만 맛볼 수 있게 발매한 블렌디드 위스키다. "앗케시의 굴과 위스키는 같은 파도소리를 자장가로 들으며 숙성된다"는 콘셉트로 만들었는데, 라벨에 앗케시 바다를 배경으로 위스키와 굴이 사이좋게 그려져 있다.

은은한 피트향이 느껴지는 하이볼 한 잔을 금세 해치우고, 다시 한 잔을 주문했다. 기다렸다는 듯 "생굴 얼마나 더 드실 수 있나요?"라고 물어오는 셰프. 다섯 점만 더 달라고 해서 두 잔째를 비운 뒤, 적당한 취기로 바닷가를 걷기 시작했다. 겨울이 채 끝나지 않은 4월 초의 홋카이도, 바닷가에서 불어오는 신선한 바람이 굴과 위스키를 위한 자장가라 생각하며 계속 걸었다. 하늘에서 금방이라도 쏟아질 것 같은 수많은 별들이 인적 없는 황량함을 채워주는 느낌이 들었다.

바닷가를 쭉 따라 걸어서 찾아간 곳은 앗케시 굴 생산자가 직접 운영하는 오이스터 바oyster bar, '가키킨カキキン'. 1층은 굴을 판매하고, 2층은 각종 굴요리와 함께 술을 마실 수 있는 곳이다. 바에 앉아 가게 안을 둘러보는데, 벽 한편에 '굴의 자장가' 수십 병이 나열되어 있었다. 병마다 이름표를 달고 있었는데, 단골손님들이 킵해둔 것이라고 한다. 민박에서 걸어오면서 적당히 배가 꺼져서, 굴이 들어간 피자를 주문한 뒤 앗케시 위스키를 마시기 시작했다.

앗케시 위스키 24절기 시리즈 '계칩(게이치쓰)'

24절기를 담은 앗케시 위스키

앗케시 증류소는 2016년 생산을 시작한 뒤, 3년 이하 숙성된 'NEW BORN' 시리즈를 내면서 '일본 피트 위스키'라는 정체성을 내세우기 시작했다. 그리고 2020년부터 '24절기 시리즈'를 발매하고 있다. 24절기 시리즈는 입춘부터 대한까지 각 절기에 맞춰 제품화한 위스키다. 첫 절기부터 순서대로 발매하는 것은 아니

6장 1차 일본 크래프트 위스키 붐

굴피자에 앗케시 위스키를 뿌려 먹었더니, 하루키의 아일라 여행이 부럽지 않았다

라서, 찬이슬이 맺힌다는 17번째 절기 '한로(寒露, 간로)'가 첫번째 위스키였다. 싱글몰트와 해외 원주를 혼합한 블렌디드 위스키를 번갈아 출시하는 게 특징이다.

2021년 발매된 블렌디드 위스키 '우수(雨水, 우스이)'를 먼저 맛봤다. 그레인위스키는 수입산인데, 스피릿 상태로 수입한 뒤 앗케시에서 3년 이상 숙성해 블렌딩한다. 달콤한 앗케시 피트를 그레인위스키가 감싸주는 느낌이 들었다. 이어서 싱글몰트 '청명(清明, 세이메이)'과 '계칩(啓蟄, 게이치쓰)'을 마셨는데, 특히 계칩이 인상적이었다. 봄이 되어 겨울잠 자던 동물이 깨어나 움직이는 절기답게 피트가 활발하게 향을 내뿜는다는 느낌이 들었다. 전체적으로 피트향이 강하게 느껴지기보다, 레몬과 오렌지 등 상큼한 과일향이 동반되는 느낌이었다.

앗케시 위스키에 흠뻑 빠져 있느라 주문해둔 굴피자의 존재를 잊고 있었다. 한 조각 맛있게 먹고 다음 조각을 먹으려는데, 바 사장이 작은 오일병 같은 걸 주며 피자에 뿌려 먹으라고 했다. 별생각 없이 피자에 뿌리자 피트향이 올라오기 시작했다. 놀랍게도 앗케시 위스키를 소스처럼 피자에 뿌려먹는 것이었다. 한입 베어물자 굴의 신선한 바다향을 감싼 치즈, 그 위에 피트향이 어우러져 그야말로 환상적인 하모니를 만들어냈다. 이 순간, 아일라섬을 향한 동경은 앗케시를 향한 동경으로 바뀌고 말았다.

"따뜻한 굴피자 한조각에 피트 위스키 뿌려 먹으며 앗케시 해안가 바라보기."

숙성 테스트부터 시작한 '일본 아일라 위스키'의 꿈

도쿄에 본사를 둔 식품원재료 수출입회사 겐텐지쓰교堅展実業가 위스키 제조에 뛰어든 건 2013년이다. 아일라 위스키를 동경하던 도이타 게이치樋田恵一 대표가 아일라와 환경이 비슷한 앗케시를 선택했다. 그리고 일본 국내 위스키 제조사 두 곳(가명의 ARASIDE 증류소와 에이가시마 증류소)으로부터 위스키를 공급받아 앗케시에서 숙성을 시작했다. 앗케시에서 숙성한 위스키가 어떤 맛을 내는지 확인이 필요했기 때문이다.

2년이 지난 2015년, 앗케시 숙성에서 확신을 얻은 후 증류소 건설을 시작했다. 라가불린 증류소를 닮은 흰색 증류소 건물은 2016년 완공되어, 그해 10월부터 증류를 시작했다. 앗케시 증류소는 제조설비를 포사이스사에 의뢰했다. 포사이스 기술자들이 증류소 직원

이 건물이 앗케시 위스키의 시작이다. 이곳에서
숙성 테스트를 진행한 후, 숙성에 대한 확신을
얻어 앗케시 증류소를 세웠다

앗케시 앞바다. 이곳에서 굴양식을 한다

앗케시 증류소

들에게 설비 운용법을 일일이 지도했다. 설비를 위해 앗케시에 머물던 포사이스 직원들은 입을 모아 "날씨가 변화무쌍한 게 아일라 섬과 정말 닮았다"고 말했다고 한다.

철저한 5S로 HACCP까지

식품을 제조하는 현장에서 위생적인 환경을 만들기 위한 기본으로 '5S'가 있다. 정리(整理, seiri), 정돈(整頓, seidon), 청소(淸掃, seiso), 청결(淸潔, seiketsu), 생활화(躾, sitsuke)의 앞머리 S를 따와 만든 개념이다. 앗케시 증류소는 위스키도 식품 제조의 한 분야라는 생각으로 5S를 철저히 지킨다. 그리고 이를 바탕으로 일본 위스키 증류소 최초로 HACCP 인증을 취득했다. 위스키 병입시설에서 취득한 인증이지만, 앗케시 증류소는 증류시설 전체에서 HACCP 에 준하는 위생관리를 실천하고 있다.

앗케시 증류소 증류기 앞에서. 철저한 위생관리를 위해 방진복을 입고 증류소를 돌아봤다

　　　　　　　　　　　　6장 1차 일본 크래프트 위스키 붐

취재를 신청할 때도 발열과 마스크 착용 여부, 손톱 길이 등을 체크해야 했다. 개인 소지 카메라에도 균이나 먼지가 붙어 있을지도 몰라서, 증류소에서 제공한 카메라로 사진을 찍었다. 또 손을 깨끗하게 씻은 뒤, 옷 위에 방진복을 입고 마치 반도체 공장 작업자 같은 차림이 된 뒤에야 에어샤워 후 증류소 안으로 들어갈 수 있었다.

앗케시 위스키 제조공정

앗케시 위스키는 증류소 옆을 흐르는 오보로강尾幌川 상류 호마카이강ホマカイ川 물로 만든다. 이 강물은 차갑고 맑아 연어도 거슬러올라간다. 주변에는 람사르 조약에도 등록된 '베칸베우시別寒辺牛' 습지가 있는데, 여기에는 피트층이 풍부하다. 즉, 아일라섬처럼 피트층을 통과하는 물로 위스키를 만들 수 있는 조건이 갖춰진 셈이다.

앗케시 증류소는 10명 정도가 일하는 작은 증류소다. 한 번 생산에 사용하는 몰트는 1톤. 3월부터 7월까지 논피트 몰트를 사용하고, 8월부터 12월까지 피티드 몰트(50ppm)를 사용한다. 1월부터 2월까지 두 달은 증류소 가동을 멈추는데, 영하 15도로 내려가는 추운 지역이라 외부 배관이 동파될 가능성이 높기 때문이다. 영국 크리스프사 몰트를 주로 사용하고, 홋카이도산 몰트도 사용한다. 몰트 분쇄기는 앨런 러덕Alan Ruddock사 제품이다.

분쇄실을 빠져나와 당화, 발효, 증류가 이뤄지는 곳으로 들어가려는데 바닥에 신발을 달라붙게 하는 하얀 매트가 깔려 있었다. 혹시라도 분쇄실에서 밟은 몰트 입자가 제조설비에 혼합되는 걸 방

분쇄실과 증류실 사이에 깔려 있는 매트. 작은 먼지 하나라도 용납하지 않겠다는 앗케시 증류소의 의지

당화가 끝난 맥즙. 굉장히 달콤하고 맛있었다

지하기 위한 것이었다. 아주 작은 위생까지 신경쓰는 앗케시 증류소의 특징이 여실히 드러나는 부분이었다.

스테인리스로 만든 당화조 용량은 1톤. 윗부분은 구리로 만들었다. 맥즙을 맛봤는데 꼭 식혜 같았다. 굉장히 달콤하고 잡미가 거의 느껴지지 않았다. 앗케시 증류소에서는 테이스팅글라스에 넣었을 때 손가락이 비치는 탁도 300 이하의 깨끗한 맥즙을 목표로 한다. 또하나의 목표는 보리 유산균이 발효과정에서도 잘 활동할 수 있게 하는 것이다. 앗케시는 스테인리스 발효조를 쓰는데, 나무 발효조와 달리 자생하는 유산균이 없어서 보리 유산균을 살리는 것이 중요하다.

당화가 끝난 5000리터의 맥즙은 스테인리스 발효조 6개로 옮겨진다. 발효에는 주로 디스틸러리 효모를 사용하고, 5일간 발효한다. 2일간 효모 발효가 끝난 뒤에도 3일이나 유산균 발효를 함으로써, 보리 유산균 활동을 극대화한다. 발효가 끝나면 알코올 도수 8%, ph 4.0 이하, 오렌지색, 산미와 트로피컬 플레이버가 어우러진 워시가 된다.

증류기는 초류기와 재류기 1쌍으로, 둘 다 스트레이트형이다. 증류소 관계자는 아일라섬 라가불린 증류소 증류기를 작게 만든

6장 1차 일본 크래프트 위스키 붐

형태라고 했다. 붉은 맨홀이 초류기
고 푸른 맨홀이 재류기다. 용량은 각
각 5000리터와 3600리터. 라인암은
두 증류기 모두 약간 아래를 향하고,
냉각기는 셸앤튜브 방식이다. 초류
6시간, 재류 7시간 증류한 뒤 스피릿
알코올 도수를 63.5%로 낮춰 오크통
에서 숙성한다. 증류기 사이에는 술
의 신을 모시는 작은 제단이 모셔져
있다.

당화조

일주일에 한 번, 만들어진 스피릿
을 오크통에 채워넣는 작업을 한다.
현재 숙성고는 총 5개가 있는데, 1번
과 2번 숙성고는 증류소 근처에서 더
니지 방식으로 숙성한다.

3, 4, 5번 숙성고는 랙 방식으로 증
류소에서 떨어진 해안가 언덕에 위
치해 있다. 이곳에 숙성고를 지은 이

발효조

유는 해무 영향을 극대화하기 위해
서다. 습지인 앗케시의 따뜻하고 습
한 공기가 바다를 향하고, 바다에서
다시 냉각되어 정기적으로 해무를
만들어낸다. 이 해무에 의해 숙성고
가 숙성에 적합한 온도와 습도로 유
지된다고 한다. 바닷가에서 숙성하는

증류기

증류기 뒤의 제단. 술의 신을 모시고 있다

더니지 방식으로 숙성하는 2번 숙성고

해안가 언덕에 위치한 숙성고. 밤에는 벽면에 조명을 비춰 앗케시의 밤을 밝힌다

아일라 위스키와 비슷한 환경을 만들기 위한 앗케시 증류소의 비책이다.

몰트와 피트, 오크통까지……
앗케시 'ALL STAR'의 꿈

앗케시 증류소는 보리부터 숙성에 사용하는 오크통까지, 설비를 제외한 위스키 생산 전과정을 모두 앗케시 산으로 하려는 꿈을 가지고 있다. 이를 '앗케시 올스타 프로젝트'라 한다.

우선, 보리다. 홋카이도 후라노富良野와 앗케시에서 재배된 보리를 사용해서 위스키를 만든다. 특히 앗케시산 두 줄 보리 '료후りょうふう'를 쓰면서 '앗케시 올스타'가 가능해졌다. 이 보리는 성숙기가 3일 정도 늦고 잘 쓰러지지 않는 품종으로 알려져 있다. 또 조단백질 함량이 적고 양조 품질이 우수해 맥주 제조용으로도 사용된다.

앗케시 증류소 인근 보리밭

증류소 인근에서 채취되는 피트

증류소 인근에서 피트도 직접 채취한다. 2018년 시험 채취를 시작해, 지역 내 9곳에서 샘플을 채취했고, 지면에서 20~40센티미터 아래 1~2미터의 피트층이 있다는 사실을 확인했다. 그중에서도 해

앗케시에서 벌목한 미즈나라

안가 몬시즈[門静] 지역 피트가 자원량과 품질면에서 적합하다고 판단했다. 매년 5톤 정도를 채취해 다음해 보리 건조에 사용한다. 이렇게 채취한 피트는 3종류로, 가열시 서로 다른 향을 피운다. 어떤 피트를 쓰느냐에 따라 서로 다른 위스키를 만들 수 있다.

마지막으로, 앗케시에서 벌목된 미즈나라 나무로 오크통을 만든다. 앗케시에는 150~200년 된 미즈나라가 풍부한데, 직경 48~70센티미터 높이 20~25미터여서 오크통을 만들기 적합하다. 앗케시 증류소는 2017년부터 앗케시산 미즈나라로 오크통을 만들어 사용했다. 2023년에는 미즈나라 세 그루를 벌목해 2년간 건조와 가공을 거쳐 오크통 3개를 만들 예정이다.

앗케시 미각터미널 콘키리에
conchiglie, コンキリエ

http://www.conchiglie.net/
2 Chome-2 Suminoe, Akkeshi, Akkeshi District, Hokkaido 088-1119
(〒088-1119 北海道厚岸郡厚岸町住の江2丁目2番地)

앗케시 증류소, 민박, 굴판매장, 주유소, 편의점 등 여기저기서 앗케시 굴을 제대로 즐기려면 어딜 가야 하느냐고 물었다. 입을 모아 말해준 곳이 '미각터미널 콘키리에'. 콘키리에는 앗케시 특산인 굴을 중심으로 레스토랑이나 숯불구이 집에서 바다의 진미를 맛볼 수 있는 미식美食 휴게소다.

미각터미널 콘키리에. 앗케시에 간다면 꼭 들러야 할 장소다

앗케시는 일본에서 유일하게 365일 굴을 먹을 수 있다. 굴을 좋아하는 사람에겐 천국이다. 왼쪽부터 가키에몬, 벤텐카키, 마루에몬

우선, 굴부터 먹어봤다. 앗케시에서 판매하는 굴은 3가지가 있다. 앗케시 토종으로 둥글고 조금 작지만 풍미가 응축된 '가키에몬'. 마찬가지로 앗케시 토종으로 진하고 살이 차 있는 '벤텐카키'. 그리고 산리쿠 굴종을 앗케시에서 기른 살이 꽉 찬 '마루에몬'이다. 이 3가지 굴 비교 테이스팅 코스가 있어서 먹어봤는데, 각각 특징이 달라 비교하는 재미가 있었다. 무엇보다 풍미가 진하고 신선해서 먹는 내내 입안이 즐거웠다.

하이라이트는 앗케시 위스키를 떨어트려 먹는 생우유 소프트아이스크림. 앗케시는 목장이 많아서 신선한 우유를 많이 생산한다. 그 우유로 만든 소프트아이스크림 위에 앗케시 피트 위스키를 떨어트려 먹는 것. 아이스크림에 위스키가 담긴 일회용 스포이드가

6장 1차 일본 크래프트 위스키 붐

꽂혀 있다. 먼저 차가운 아이스크림 식감으로 시작해 피트향이 난
다. 아이스크림과 닿아 차가워서인지, 피트향은 오래 남지 않고 금
세 사라진다. 그리고 깊은 생우유 아이스크림맛이 입안을 지배해
서 피트향을 씻어낸다. 앗케시에 간다면, 콘키리에에서 이 아이스
크림을 꼭 먹어보길 바란다. 앗케시 바닷가 풍경은 덤이다.

이걸 먹은 뒤로 우유 아이스크림을 먹을 때는 꼭 피트 위스키를 떨어트
려 먹게 됐다

주소   845-3 Hiyoshicho Kaminokawa, Hioki, Kagoshima 899-2421(〒899-2421 鹿児
島県日置市日吉町神之川845-3)

홈페이지   https://kanosuke.com/

위스키 생산 시작   2017년

2. 고마사주조-가노스케 증류소

위스키에 빠져서 한창 사들이던 2018년. 하루가 멀다 하고 집에 위스키를 가지고 들어올 때면, 어머니는 한숨을 푹 쉬곤 했다. 몸에 좋지도 않은 술에 돈을 쓴다며 다 내다버리겠다는 으름장도 놓았다. 위스키로 어머니 마음을 돌려보려 했지만, 독하다며 다른 술만 찾으셨다. 어떻게 하면 어머니가 위스키를 좋아할까 생각하다가 떠올린 것이 함께 증류소를 가는 것이었다.

마침 어머니와 작은어머니를 모시고 일본 가고시마 여행을 가게 됐고, 슬쩍 증류소 일정을 넣었다. 일본 술공장 찾아다니냐며 못마땅해하는 어머니에게 다른 건 다 포기해도 증류소만은 꼭 가야 한다고 밀어붙였다. 당시에는 앞으로 위스키 라이프 명운이 달린 중요한 일이었다.

가고시마 가노스케 증류소로

일본 규슈 남단 가고시마鹿児島. 가고시마 중앙역에서 열차를 타고 서쪽으로 40여 분 달리면 이주인伊集院이라는 작은 역이 나온다. 인적 없는 역 앞에는 열차 도착시간에 맞춰 대기하는 택시만 서너 대. 이 택시에 올라타 좀더 서쪽으로 15분 정도 달리면, 푸른색으로 도화지를 꽉 채운 듯한 바다가 펼쳐진다. 바다를 따라 고운 모래가 끝없이 펼쳐지는데, 일본 3대 사구砂丘 중 하나인 '후키아게하마吹上浜'다. 이 아름다운 해안가 한편에 고즈넉한 느낌의 2층 건물, 가노스케嘉之助 증류소가 있다.

가노스케는 고마사주조小正酒造가 세운 위스키 증류소다. 고마사주조는 1883년 창업 이래 쌀로 소주를 만들어왔다. 1957년, 당시 사장이던 2대 고마사 가노스케小正嘉之助가 위스키를 오크통에서 숙성하는 데서 착안해, 오크통 숙성 쌀소주 '멜로우 고즈루MELLOWED KOZURU'를 발매한다. 위스키에서 영감을 받은 이 소주는 일본뿐만 아니라 전 세계에서 품질을 인정받았다. 현재 일본 소주회사들이 만들고 있는 '오크통 숙성 소주'라는 카테고리를 개척한 술이다. 그러나 소주는 세계시장에서 위스키나 브랜디와 같은 수준의 증류주로 취급받지 못했다. 소주는 낯선 동양의 술이라는 인식이 강했다.

'증류와 숙성 기술은 뛰어난데 술을 만드는 재료가 문제라고? 그렇다면 위스키를 만들어보자.'

고마사주조 4대 고마사 요시쓰구小正芳嗣 대표는 세계시장에 도전해보기로 했다. 소주 생산으로 갈고 닦은 증류기술과 오크통 숙

가노스케 증류소 전경

고마사주조 2대, 고마사 가노스케

멜로우 고즈루

가노스케 증류소

성 노하우라면, 세계에서 통하는 위스키를 만들 수 있으리라는 자신이 있었다. 2017년, 소주 공장 인근에 위스키 증류소를 짓기 시작했다. 위스키 제조 면허를 획득함과 동시에 증류를 시작했고, 오크통 소주를 개발한 할아버지 이름을 따서 '가노스케 증류소'라 명했다.

이듬해 4월부터 일반 견학도 시작하면서 본격적으로 증류소를 알려나갔다. 위스키 스피릿과 3년 이내로 숙성한 'NEW BORN' 제품 등을 발매했다. 2021년 6월에 드디어 3년 이상 숙성한 첫 싱글몰트 제품을 발매하면서 호평을 받았다. 그리고 같은 해 9월, 세계적인 주류 대기업 디아지오DIAGEO와 파트너십 계약을 하면서 주목받았다. 일본을 뛰어넘어 세계에서 통하는 위스키를 만들겠다는 꿈의 발판이 생긴 것이다.

고마사주조는 디아지오의 지원을 바탕으로 판매망 확충과 마케팅 강화, 적극적인 신제품 개발이 가능해졌다. '디아지오가 선택한 일본 위스키 증류소'라는 타이틀은 아주 좋은 선전 도구다. 디아지오는 2023년 스페셜 릴리즈 제품에 가노스케에서 사용하던 위스키 오크통으로 피니싱한 제품도 출시했다. 앞으로 가노스케 증류소가 디아지오와 해나갈 협력이 기대된다.

가노스케 증류소에서 사용하는 3개의 증류기

증류기를 옆에서 본 모습. 라인암 각도를 다르게 해서 다양한 스피릿을 만들어낸다

3개의 증류기를 쓰는 이유

일본 크래프트 증류소는 증류기를 2대 쓰는 곳이 대부분이다. 싱글몰트 위스키는 두 번의 증류가 필요해서 최소한 증류기 2대가 필요하다(1900년대 초, 일본 위스키 초창기에는 증류기 1대로 두 번 증류하기도 했다). 게다가 증류기는 값이 비싸고 공간도 많이 차지해서 작은 증류소는 운용하기 힘들다.

하지만 가노스케 증류소는 처음부터 미야케제작소에서 만든 3대의 증류기로 시작했다. 초류기가 1대(6000리터), 재류기가 2대(3000리터와 1600리터. 각각 1번과 2번)이다. 때에 따라 2대의 재류기 중 1번은 초류기로 사용하는 경우도 있다. 왜 가노스케 증류소는 3대의 증류기로 시작한 걸까.

그 이유는 위스키 스피릿 다양성 때문이다. 어떤 개성을 가진 스피릿을 만들지에 따라, 재류기가 달라진다. 1번 재류기는 위로 갈수록 점점 좁아지는 스트레이트 형태에 라인암이 아래로 80도 꺾여 있다. 반면에 2번 재류기는 가운데가 홀쭉한 랜턴형에 라인암이 위로 100도 꺾어진다.

1번 재류기는 무게감 있는 주질의 스피릿을 만들고, 2번 재류기는 가벼운 주질의 스피릿을 만든다. 개성이 서로 다른 위스키 스피릿을 만들면, 숙성을 통해 위스키가 완성됐을 때에도 다양한 맛과 향을 기대할 수 있다. 개성 있는 스피릿을 얻고자 하는 2개의 증류기야말로 고마사주조의 오랜 증류 역사가 가져온 지혜의 산물이다.

스테인리스 당화조

증류기를 웜텁 방식으로 냉각하는 것도 소주 제조용 증류기가 웜텁 방식이기 때문에 그대로 가져왔다. 웜텁 방식은 셀앤튜브 방식에 비해 공간을 많이 차지하지만, 천천히 냉각시킴으로써 스피릿이 구리와 접촉하는 면적을 늘려 보다 깨끗한 스피릿을 얻는 장점이 있다.

가노스케 증류소는 한 배치에 1톤의 몰트로 위스키를 만든다. 주로 영

스테인리스 발효조

가노스케 증류소 숙성고

국산 몰트를 사용하지만 일부 일본산 몰트도 사용한다. 6000리터 스테인리스 당화조 1개와 7000리터 스테인리스 발효조 10개로 워시를 만들어내는데, 모두 미야케제작소 제품이다.

증류기 앞에 있는 발효조는 마룻바닥 아래로 들어가서 윗부분만 보이게 설치했다. 소주를 저장하는 항아리가 이렇게 설치되어 있는데, 모회사 소주 DNA로부터 온 것으로 보인다. 디스틸러리 효모와 일부 에일 효모 등을 사용해 3~4일간 발효해서 알코올 도수 7~8%의 워시를 만들어낸다.

증류한 스피릿은 알코올 도수 63%로 희석해 오크통에 담아 숙성고로 보낸다. 숙성고는 랙 방식 숙성고가 5개 있고, 전체 저장용량은 3800개다. 가노스케 증류소 개성을 보여주는 소주 숙성 오크통은 물론이고 버번, 셰리, 리차 혹스헤드 등 다양한 오크통에 위스키를 숙성한다. 연 최고기온 35.1도, 최저기온 영하 4도로 온도

6장 1차 일본 크래프트 위스키 붐

차가 큰 편이다. 해안가에 있기 때문에 습도가 잘 유지되어 오크통이 메말라 갈라지는 현상을 막아준다.

압권, 바다와 테이블 높이가 같은 The Mellow Bar

가노스케 증류소 견학의 마지막은 시음이다. 1층 증류시설을 뒤로 하고 시음 공간, 'The Mellow Bar'에 들어서면, 여기가 증류소라는 생각이 완전히 사라진다. 끝없이 펼쳐진 하늘, 바다, 사구는 분명 증류소 밖에서 봤던 풍경인데, 여기에서 훨씬 아름답게 느껴진다.

긴 사구를 그대로 옮겨놓은 듯한 11미터 테이블에 앉으면 수평선 위에 앉아 있는 느낌이 든다. 세상만사를 내려놓고, 오직 위스키를 마시는 데만 집중할 수 있는 공간이다. 가노스케 증류소는 위스키 제조뿐만 아니라, 위스키와 함께 어떻게 시간을 보내야 하는지까지 알려주는 듯했다.

위스키 스피릿과 그것을 수개월 숙성한 것, 그리고 오크통 숙성 소주와 진을 맛봤다. 위스키 스피릿은 높은 도수에도 불구하고 굉장히 부드러웠다. 그리고 수개월 숙성에 불과한 위스키 스피릿은 스피릿의 거친 느낌이 더 부드러워진 느낌이었다. 고마사주조가 자랑하는 오크통 숙성 소주는 위스키와 풍미는 다르지만, '부드러움'이라는 측면에서는 가장 뛰어났다. 앞으로 위스키에 이 숙성기술이 접목되면 얼마나 부드러운 술이 만들어질까. The Mellow Bar의 아름다운 풍경 덕에 술보다 공간에 취하는 시간이었다.

The Mellow Bar 입구

The Mellow Bar

해질녘, The Mellow Bar에서 바라본 가노스케 증류소 앞바다

중년 여성 마음 사로잡은 증류소

확신하고 있었다. 어머니가 증류소에서 감탄해 마지않을 것을. 중년 여성의 마음은 처음 증류소가 있는 해안가에 도착했을 때 조금 열렸고, 증류기 앞에서 조금 더 열렸다. 그리고 The Mellow Bar에서 활짝 열렸다. 무엇이든 빨리빨리 움직이는 어머니가 여기에서만큼은 도통 움직일 생각을 하지 않았다. 그만큼 편안함을

The Mellow Bar에서
위스키를 음미하는 어머니

주는 공간이었나보다. 계획한 대로 어머니 마음을 빼앗은 것이 너무 기뻤다. 물론, 그렇다고 위스키 사고 어머니에게 등짝 맞는 횟수가 줄어들진 않았지만.

가노스케 첫 싱글몰트 위스키,
가노스케 2021

2021년에 가노스케 증류소가 처음 출시한 싱글몰트 위스키다. 논칠필터링, 캐스크스트렝스 58%. 2017년과 2018년 가노스케 증류소에서 만든 위스키 원액을 배팅해 만들었다. 논피트 맥아를 사용했고, 숙성 쌀소주 '멜로우 고즈루'에 사용된 아메리칸 화이트 오크통과 리차드 오크통에서 숙

KANOSUKE SINGLE MALT JAPANESE
WHISKY 2021 FIRST EDITION 58%

성한 원주를 키몰트로 몇몇 오크통에 담긴 위스키를 배팅했다.

아주 달콤한 매실향 같은 게 많이 난다. 봄에 피는 벚꽃향 같기도 하고, 바닐라향도 느껴진다. 맛에서는 달콤함이 극대화된 느낌. 새 오크통의 달콤한 바닐라향이 지배적이다. 아직 스피릿 향미가 남아 있긴 하지만, 스피릿의 거친 맛을 달콤함으로 균형을 맞춘 느낌이다. 시간이 더 필요하겠지만, 앞으로가 기대되는 맛이었다.

고마사 요시쓰구 대표 인터뷰

가노스케 증류소의 가장 큰 특징은 라인암이 서로 다른 3개의 증류기라고 생각합니다. 처음 고안할 때, 어떤 생각으로 만들게 된 것인가요?

A _____ 1883년 창업 이후, 가고시마에서 본격적으로 소주를 제조해왔습니다. 증류방식은 단식 증류 1회로 향미를 최대한 살려내는 것입니다. 위스키 사업을 시작하면서, 전통적인 위스키 제조법과 함께 지금까지 익혀온 소주 제조기술을 활용해야겠다고 생각했습니다. 위스키는 기본적으로 두 번 증류하는데, 여기에서 얻어지는 스피릿이 개성을 갖기를 바랐고, 다양성도 확보하고 싶었습니다. 증류기를 3개 도입함으로써, 실현할 수 있다고 생각했습니다.

2018년 증류소를 방문했을 때, 소주 오크통을 본 적이 있습니다. 그 원주는 현재 어떤 특징을 갖고 있나요?

A _____ 소주 숙성에 사용한 오크통 내부를 다시 태워re-char 위스키 스피릿을 넣고, 가고시마 해안가 환경에서 숙성시켰습니다. 3년 정도의 어린 원주에서도 달콤하고 부드러운 주질을 만들어내고 있습니다. 5년 이상 숙성된 오크통에서는 열대과일과 같은 뉘

고마사 요시쓰구 가노스케 증류소 대표

앙스도 느껴져서, 이 위스키의 성장이 기대됩니다. 가노스케만의
독창성이 발휘되고 있다고 생각합니다.

**그레인위스키도 만든다는 이야기를 들었습니다. 다른 그레인위스
키와 비교했을 때, 어떤 특징이 있을까요?**

A _____ 그레인위스키 제조는 가노스케 증류소가 아니라, 히오
키 증류장日置蒸溜蔵이라고, 소주 제조가 메인인 증류소에서 제조하
고 있습니다. 가노스케 증류소에서 차로 5분 정도 거리에 있습니
다. 맥아와 두 줄 보리를 사용하고, 단식 증류기로 두 번 증류해서
연속식 증류기로는 표현할 수 없는 주질을 만들어냅니다. 일본식
아이리시 위스키라는 이미지로 만들고 있습니다.

**세계적인 주류 대기업, 디아지오에서 투자가 있었습니다. 그로부
터 어떤 영향을 받고 있나요?**

A _____ 자금적인 지원은 있습니다만, 제조에 관해서는 지금까

지 우리가 하던 방식으로 하고 있습니다. 우리를 신뢰해주고 있습니다. 앞으로는 증류소 간 교류 등 여러 가지가 가능해질 거라고 생각합니다.

The Mellow Bar에 처음 들어간 순간을 잊을 수가 없습니다. 어떻게 이런 공간을 만들게 되었나요?

A ____ 디자인은 일본 랜드스케이프 프로덕츠Landscape Products의 나카하라 신이치로中原慎一郎 대표가 했습니다. 가노스케 증류소를 세우기 전에 함께 스코틀랜드에 가서 이미지를 구상했습니다. 증류소 견학이 끝난 뒤, 느긋한 공간에서 느긋한 음악을 들으면서, 부드러운 위스키를 마시는 테이스팅룸이라는 의미로 The Mellow Bar란 이름을 붙였습니다. 약 11미터 테이블(아프리카 티크)을 사용해서, 눈앞의 바다와 후키아게하마 사구, 그리고 아름다운 석양을 볼 수 있도록 만들었습니다.

치치부 증류소의 뒤를 잇는 성공한 크래프트 증류소라고 생각합니다. 성공 비결은 무엇이라고 생각하시나요?

A ____ 감사합니다. 아직 성공이라고 말할 수 없지만, 사원 모두 하나가 되어 제조, 마케팅, 판매를 해온 것이 비결이라고 생각합니다. 계속해서 가노스케의 브랜드를 향상시키고, 고마사주조와도 융합해나갈 생각입니다.

한국 위스키 팬들에게 한마디 부탁드립니다.

A ____ 언제나 가노스케 증류소를 응원해주셔서 감사합니다. 일본에서의 이벤트나 가노스케 증류소에서 한국 여러분과 만나서 이야기 나누는 것이 매우 기대됩니다. 아직 한국에는 저희 위스키를 판매하지 않고 있지만, 앞으로 한국에 판매해서 위스키 팬 여러분과 만나게 될 날을 기대하고 있습니다.

어머니와의 잊지 못할 추억이 된 증류소

2021년 초, 상상도 못했던 일이 벌어졌다. 허리와 명치가 아프고 소화가 잘 안 된다던 어머니가 정밀검사로 췌장암에 걸린 사실을 발견한 것이다. 믿을 수가 없었다. 늙어서 하나뿐인 아들에게 폐 끼치기 싫다며 아침저녁으로 헬스장을 다니던 어머니다. 그렇게 몸관리를 열심히 하던 어머니가 암에 걸렸다는 사실을 도무지 받아들일 수가 없었다.

그러나 암은 자신의 존재를 확실하게 드러냈다. 항암을 시작하면서 부작용이 찾아와 못살게 굴고, 머리카락이 빠지면서 어머니의 민머리를 처음 보게 됐다. 누구에게나 당당하던 어머니가 외모 때문에 밖에 나가길 꺼려하는 모습을 보며 마음이 갈기갈기 찢어졌다. 어릴 적 힘차게 때를 밀어주던 어머니의 팔이 어느샌가 쥐면 부러질 것처럼 메마른 모습에 내 마음도 메말라갔다.

하나뿐인 아들이 어떻게 사나 더 오래 지켜보고 싶었던 어머니의 소망은 끝내 이뤄지지 못했다. 발병한 지 2년이 채 되기도 전인 작년 11월에 돌아가셨다. 제대로 효도 한번 해보지 못하고 어머니를 보낸 못난 자식에겐 후회만 남았다. 지금도 어머니로부터 카톡이 와 있을 것만 같은데, 아무 말이 없다. 괜히 어머니와의 대화창에 "사랑해요" 네 글자를 썼다 지우기만 하고 차마 보내지 못하고 있다.

어머니가 돌아가시기 얼마 전, 어머니와 병실에서 대화를 나누다 가노스케 증류소 이야기가 나왔다. 어머니는 "그때 참 좋았지. 그렇게 예쁜 바다 보면서 술도 마시고……"라며 눈물을 흘렸다. 나는 꼭 나아서 다시 가자고 말했다. 진심으로 그렇게 하고 싶었다. 이제는 지킬 수 없는 약속이 됐지만, 언젠가 혼자서라도 The

Mellow Bar에 다시 가서 어머니를 회상하고 싶다. 아들 보러 잠시라도 찾아와주시길, 이 글을 통해 빌어본다.

주소	555 Ochiai, Aoi Ward, Shizuoka, 421-2223(〒421-2223 静岡県静岡市葵区落合555番地)
홈페이지	http://www.gaiaflow.co.jp/
위스키 생산 시작	2016년

3. 가이아플로우 디스틸링
– 가이아플로우 시즈오카 증류소

한국 녹차 생산지로 보성이 가장 먼저 떠오르듯, 일본 녹차 생산지 하면 가장 먼저 떠오르는 곳이 시즈오카현이다. 전체 면적의 80%를 차지하는 산간 지역의 맑고 풍부한 물에 온난한 지역적 특성이 더해져 세계적인 녹차를 만들어낸다. 이 시즈오카현의 자연환경을 활용해 2016년부터 위스키 생산을 시작한 곳이 가이아 플로우(ガイアフロー, Gaiaflow) 시즈오카 증류소다.

위스키를 좋아하던 나카무라 다이코中村大航는 2012년 스코틀랜드 아일라섬을 방문한다. 당시 소규모 위스키 증류소를 견학한 뒤에 위스키 증류소를 세우겠다고 결심했으나, 주류업계는 그가 전혀 모르는 세계였다. 그래서 일단 위스키를 팔아보기로 마음먹고 위스키 판매 면허를 취득했다. 처음 수입한 것이 오크통 잔해물까지 병입하는 '로우 캐스크raw cask' 시리즈로 유명한 블랙애더Blackadder사 위스키였다.

시즈오카 증류소 전경

시즈오카 증류소와 그 앞 작은 연못

증류소에서 사용한 온수는 호스를 통해
연못으로 보낸다

위스키 판매로 자신감을 얻은 나카무라는 2016년 꿈에 그리던 위스키 증류소를 세웠다. 증류소는 시즈오카현 시내에서 차로 1시간 정도 들어간 산간지대에 있다. 작은 강줄기를 따라 신록의 나무가 반겨주는 2차선 도로를 기분 좋게 달리다보면, 넓은 대지에 시즈오카 증류소가 보인다.

마치 자연 일부처럼 보이는 증류소 건물 앞에 작은 연못이 있는데, 이 연못이 증류소 건물을 더 돋보이게 한다. 하지만 단순히 증류소를 돋보이게 하기 위한 연못은 아니다. 위스키 제조과정에 온수를 사용하는데, 그 물이 그대로 자연에 흘러들면 생태계에 영향을 줄 수 있다. 그래서 시즈오카 증류소에서 만들어진 모든 뜨거운 액체류는 이 연못에서 식힌 뒤에 자연으로 흘려보낸다. 강 상류지역에 위치한 위스키 증류소의 생태계 지킴이인 셈이다.

장작으로 가열하는 증류기, W

증류소 뒤편에는 장작으로 쓰기 좋은 크기의 목재가 철제 바구니에 산더미처럼 쌓여 있었다. 증류소 근방이 유명한 벌목지인데, 부업으로 캠핑용 장작을 만드나 싶었다. 알고보니 증류기 가열에 사용하는 장작이었다. 시즈오카 증류소는 초류기 2대 중 1대를 장작으로 가열한다. 전 세계 위스키 증류소 중 유일하지 않을까 싶다.

장작으로 증류기를 가열하는 이유는 '증류의 기원'을 좇기 위해서다. 증류기를 가스로 가열하기 이전에 석탄 가열이 있었다. '그렇다면 석탄이 발명되기 전에는 장작으로 가열하지 않았을까?'라는 생각으로 장작 직접가열방식을 채택한 것이다. 오직 시즈오카산 목재로 삼나무, 상수리나무, 히노키 등 품종을 쓴다. 삼림자원

증류소 뒤편에 가득 쌓여 있는 장작

이 풍부한 시즈오카 지역의 장점을 십분 살리겠다는 의도도 담겨 있다.

6000리터 용량의 포사이스제 장작 직접가열증류기는 'Wood-fired still'에서 따와 'W'라 명명했다. 벌지형이고 라인암은 수평이다. 장작 화력이 일정 온도에 다다르기 전까지는 가스 간접가열을 보조로 활용하다가 일정 온도가 되면 가스는 끄는 방식이다. 간접가열방식이 130~150도인 데 반해 장작 직접가열방식은 800도 정도에 달한다. 증류소에서는 높은 열로 증류기를 가열함으로써 바디감 있고 피니시가 긴 스피릿을 기대할 수 있다고 한다.

증류기 아래 장작을 넣어 증류기를 가열하는 가마

장작으로 가열하는 증류기 W. 아랫부분이 검
게 그을렸다

장작을 넣어 증류기를 가열하는 모습

옛 가루이자와 증류소 유물, K

시즈오카 증류소에는 초류기가 1대 더 있다. 폐쇄된 가루이자와 증류소에서 1975년부터 사용하던 증류기다. 가루이자와 증류소는 2000년에 생산이 중단되고 2015년 설비를 매각했는데, 이때 시즈오카 증류소가 매입했다. '가루이자와KARUIZAWA'의 앞글자를 따와 'K'라 명명했다.

K는 3500리터 용량의 랜턴형 증류기다. 스팀 간접가열방식, 수평 라인암, 셸앤튜브 콘덴서를 채용했다. 16년 동안 거의 가동되지 않은 증류기라 미야케제작소에 수리를 맡겼다. 가루이자와 증류기 4대 중 유일하게 현역으로 활동하는데, 크기가 작아

가루이자와에서 사용하던 증류기 K

워시를 두 번에 나눠서 증류한다. K 는 화려하면서도 프루티한, 가벼운 주질의 스피릿을 만들어낸다.

가루이자와 증류소에 대하여

2017년 4월, 위스키 전문 경매 사이트에 가루이자와 위스키 296 병이 출품됐다. 세계 각국으로부터 5000건 이상 입찰되었고, 89명의 바이어에게 낙찰된 합계 금액은 77만 파운드(한화 약 13억). 가장 높은 금액을 기록한 제품은 52년 숙성된 '가루이자와 1960년'

가루이자와 증류소에서 사용하던 몰트 분쇄기. 현재 시즈오카 증류소에서 쓰고 있다

으로 약 1억 6000만 원이었다.

가루이자와 증류소는 일본 와인 회사가 1950년대 나가노현 가루이자와 지역에 설립한 위스키 증류소다. 생산된 몰트위스키 대부분이 2급 위스키 제조에 사용됐지만, 1970년대 후반부터 고급 위스키 수요가 늘자 위스키 고급화를 꾀했다. 그러나 1980년대부터 위스키 침체로 경영난을 겪기 시작했고, 결국 2000년 12월 31일로 생산을 중단했다(2006년 여름, 치치부 증류소 아쿠토 이치로의 연수를 위해 1개월만 가동했다). 2007년 기린홀딩스에 매각됐으나 2011년 완전 폐쇄가 결정됐다.

위스키 증류소 폐쇄는 생산자에게 가혹한 일이지만, 판매자에게는 축복일 수 있다. 2011년, 조용히 잠들어 있던 가루이자와 오크통 364개를 영국 '넘버원 드링크스Number One Drinks'가 전부 사들였다. 그리고 싱글캐스크를 출시하기 시작했는데, 때를 기다렸다는 듯 장기숙성 위스키의 저력을 보여줬다. 더는 공급되지 않는 '폐쇄증류소'의 상징성이 더해져 수요가 급등했고, 고액의 낙찰가로 이어진 것이다.

가루이자와 증류소는 1960년대 스코틀랜드에서 쓰던 '골든 프로미스Golden Promise'라는 보리 품종을 고집했다. 1980~90년대에는 스코틀랜드에서도 보기 힘든 품종이었지만, 이 보리 품종으로 만든 몰트만 100% 사용했다. 발효는 나무 발효조에서 했는데 맥주 효모와 위스키 효모를 사용해 3일에서 5일까지 발효했다.

작은 증류기 4개로 증류한 뒤, 숙성은 담쟁이덩굴에 둘러싸인 숙성고에서 했다. 이 담쟁이덩굴이 숙성고 온도와 습도를 일정하게 유지해주는 결정적 역할을 했다고 한다. 위스키 장기숙성에 최적화된 환경을 만들어낸 것이다. 숙성에는 셰리 오크통을 많이 썼다. 특히 양질의 퍼스트필 셰리 오크통이 많이 사용된 것으로 알려져 있다.

가루이자와 싱글몰트 위스키는 4가지 정도 맛을 봤다. '가루이자와 12년, 40%', '가루이자와 1995, 16년, 일본 와인 캐스크 69.3%', '가루이자와 1981, 31년, 버번배럴, 60%', '가루이자와 2000, 17년, 퍼스트필 셰리벗, 62.3%' 등이다. 모두 다른 위스키라 한마디로 맛을 표현하긴 어렵지만, 1990년대로

가루이자와 12년

6장 1차 일본 크래프트 위스키 붐

갈수록 맛이 좀 떨어진다는 느낌을 받았다. 1980년대 초반까지 위스키 사업이 잘돼서 질 좋은 오크통을 수입했지만, 1990년대부터 생산이 중단되는 2000년대까지는 오크통 수급도 원활하지 않았다고 한다. 시기별 가루이자와 위스키 맛이 일본 위스키 역사를 그대로 보여주고 있었다.

W + K = S

W와 K, 2개의 초류기에서 각각 증류한 로우와인은 포사이스제 3500리터 벌지형 증류기로 2차 증류한다. 시즈오카 증류소는 초류기 2대와 재류기 1대로 가동되는 셈이다. W로 만든 스피릿과 K로 만든 스피릿은 각각의 특징을 살리기 위해 분류한 뒤, 알코올 도수 63.8%로 오크통에 담는다. 그리고 W와 K, 두 스피릿을 합쳐

왼쪽이 장작 직접가열방식 증류기 W, 오른쪽이 재류기다

서 오크통에 넣은 것을 'S'라 한다. '시즈오카', '스피릿' 등의 영단어 첫 글자에서 따온 이름으로, 2가지 증류기 스타일을 모두 담은 시즈오카 증류소 메인 위스키 스피릿을 의미한다.

당화조에 달려 있는 유리창. 이 창을 통해 맥즙의 투명도를 확인한다

시즈오카 증류소 발효조

분쇄부터 발효까지

시즈오카 증류소에서는 논피트 몰트와 40ppm 헤비피트 몰트를 사용한다. 스코틀랜드와 독일 몰트는 물론, 일본산 몰트도 사용한다. 오렌지색 저장창고에서 불순물을 제거한 후, 1989년부터 사용한 붉은색 분쇄기로 옮긴다. 분쇄기는 증류기 'K'와 함께 가루이자와 증류소에서 매입한 영국 포르테우스PORTEUS사 제품이다. 1배치에 사용하는 몰트 양은 1톤.

당화는 미야케제작소에서 만든 9000리터 용량 스테인리스 당화조를 사용한다. 당화조 옆에는 맥즙의 투명도를 확인하기 위한 유리창이 붙어 있는데, 빛을 비춰 잘 당화되는지 확인한다. 당화된 맥즙 당도는 12브릭스 전후.

발효조는 8000리터 나무 발효조 10개를 쓴다. 더글라스퍼 4기, 시즈오카산 삼나무 6기다. 삼나무로 만든 발효조로 시즈오카 증류소만의 유산균 발효를 기대하고 있다. 효모는 디스틸러리 효모와 시즈오카 크래프트 맥주 양조장 등에서 사용하는 오리지널 효모를 쓴다. 맥즙 5200리터에 효모 5킬로그램을 넣어 48시간 알코올 발효를 한다. 그리고 짧게는 24시간, 길게는 72시간 유산균 발효를 진행해 알코올 도수 7%의 워시를 만든다.

프라이빗 캐스크가 함께 익어가는 숙성고

2017년부터 시즈오카 증류소는 '시즈오카 프라이빗 캐스크' 프로그램을 운영하고 있다. 개인이나 단체가 오크통을 구매해 증류소에서 숙성하고, 일정 기간 후에 병입하는 것이다. 시작한 지 6년

시즈오카 증류소 프라이빗 캐스크

이 지난 만큼, 이미 병입된 위스키도 많다. 매년 특정 시기에 모집하는데, 옥타브 캐스크(50리터) 등 작은 캐스크도 판매하고 있어서 큰 부담 없이 오크통 주인이 될 수도 있다.

숙성고는 더니지 방식 숙성고 1동, 랙 방식 숙성고(6단) 1동으로 각각 1000개와 2800개 오크통을 저장할 수 있다. 세번째 숙성고도 건설중이다. 더니지 방식 숙성고는 벽에 단열재를 사용하지 않고, 창문도 햇빛을 그대로 받게 해서 온도차가 크도록 한 것이 특징이다. 빠른 숙성을 기대할 수 있다.

시즈오카 증류소가 만든 위스키(K, W, S, 그리고 M)

2020년 첫 싱글몰트 위스키 '시즈오카 프롤로그 K'를 발표했

시즈오카 증류소 첫 싱글몰트 위스키, '시즈오카 프롤로그 K'

다. K로 증류한 위스키 원주로 만든 것이다. 2021년에는 '시즈오카 프롤로그 W'를 발표하고, K와 W를 블렌딩한 '시즈오카 콘택트 S'도 발표했다. 이후, 2022년 5월에 '팟스틸 K 순일본보리 초판', 8월에 '팟스틸 W 순외국보리 초판' 등을 발표했다.

이런 위스키를 통해 W와 K, 증류기 특성에 따른 위스키 맛의 차이를 느껴볼 수 있다. 증류소에 있는 시음 공간에서 맛을 봤는데, 확실히 W가 K에 비해 바디감이 느껴졌다. 숙성된 위스키보다 스피릿 자체에서 그 차이는 더 분

명했는데, 이렇게 다른 스피릿이 숙성을 통해 어떤 위스키로 거듭날지 궁금하다. 앞으로 출시될 시즈오카 증류소 싱글몰트 위스키를 차분히 기다려야겠다.

K, W, S 한정판 싱글몰트 시리즈 외에 2022년 2월에는 시즈오카산 몰트위스키 원주와 해외 그레인위스키 원주를 블렌딩한 '블렌디드 M'이라는 제품을 출시했다. 여기에서 스펠링 'M'은 '만남 meet'을 의미한다.

디스틸러리 투어

시즈오카 증류소 투어는 평일은 물론 주말에도 열린다. 평일에는 하루 두 번, 주말과 휴일에는 하루 세 번까지 투어를 진행한다. 홈페이지를 통해 예약이 필요하다(유료, 1100엔. 테이스팅비 별도).

시즈오카 증류소 투어에 참여하면, 현재까지 발매된 모든 시즈오카 증류소 위스키를 맛볼 수 있다. 바이알도 판매해서 테이크아웃도 가능하다

분쇄부터 숙성까지 모든 제조공정을 둘러보는 견학이 60분간 이뤄지고, 마지막으로 시음실에서 자유롭게 테이스팅을 할 수 있다. 시즈오카 증류소 싱글몰트는 물론, K, W, S 스피릿도 각각 맛볼 수 있어서 증류방식과 증류기 형태에 따라 스피릿이 어떻게 변하는지 체험할 수 있다. 또 시즈오카 증류소에서 수입하는 여러 위스키도 구매할 수 있다.

시즈오카 위스키 스쿨

2023년부터 시작된 시즈오카 증류소 위스키 제조 체험 프로그램이다. 이틀 동안 맥아 분쇄부터 숙성까지 위스키 만들기를 체험함으로써, 위스키에 대한 이해를 깊게 하는 것이 프로그램 목적이다. 특히 장작 직접가열증류기에 장작을 태우는 작업, 나무 발효

위스키 스쿨에 참여하면 직접 장작을 뗄 수도 있다

6장 1차 일본 크래프트 위스키 붐

조를 세척하는 작업 등은 시즈오카 증류소에서 할 수 있는 독특한 경험이다. 체험을 마치면 수료증도 받을 수 있다.

위스키 스쿨 개최 시기는 시즈오카 증류소 홈페이지에서 확인할 수 있다. 앞으로 정기적으로 스쿨을 개최한다고 한다. 참가비는 2023년 현재 1인당 3만 4960엔, 정원 6명. 숙박비와 증류소까지의 교통비 등은 자기부담이다.

주소   14-1 Asahicho, Nagahama, Shiga 526-0056(〒526-0056 滋賀県長浜市朝日町14-1)
홈페이지   https://www.romanbeer.com/
위스키 생산 시작   2016년

4. 나가하마 로만 맥주 – 나가하마 증류소

일본 시가滋賀현 나가하마長浜시. 이곳에 위스키를 만드는 증류소가 있다. 지난 1996년부터 크래프트 맥주를 생산하던 나가하마 로만 맥주浪漫ビール 주식회사가 세운 증류소다. 2016년 11월, 첫 증류를 시작해 7년째. 주목할 부분은 위스키 생산을 위해 증류소 건물을 새로 짓지 않았다는 점이다. 기존 맥주 양조장 설비를 그대로 이용하면서 증류기를 들여 위스키 생산을 시작했다. 같은 건물 한편에는 레스토랑도 운영중이다.

맥주 제조공정은 몰트 '분쇄', '당화', '발효' 순서로 이뤄진다. 위스키는 여기에 '증류'와 '숙성' 과정만 추가하면 된다. 몰트가 맥주와 위스키의 공통 원재료이기 때문이다. 나가하마 증류소는 이 점에 착안해 맥즙을 위스키 증류에 적합하게 발효한 뒤, 워시를 증류해 위스키 스피릿을 만든다.

위스키 생산은 맥주 소비가 줄어드는 겨울에 주로 이뤄진다. 겨

나가하마 맥주 양조장 겸 위스키 증류소

나가하마 로만 맥주와 피시앤칩스

울에는 맥주 30%, 위스키 70%로 생산한다. 반면에 맥주 소비가 많은 여름에는 맥주 70%, 위스키 30%로 생산한다. 맥주만 만들 때는 소비가 줄어드는 겨울에 설비를 놀려야 했지만, 위스키를 만들면서 1년 내내 설비를 효율적으로 가동하게 됐다. 맥주로 단기 수익을 내고, 위스키로 장기 투자를 하면서 자연스럽게 회사 장단기 전략이 됐다.

나가하마 증류소 '일양일준–醸–樽'

나가하마 증류소는 한 번에 몰트 425킬로그램으로 위스키를 만드는 매우 작은 규모다. 증류소로 들어서면 당화조, 발효조, 그리고 증류기가 한 눈에 들어올 정도다. 몰트는 독일산과 스코틀랜드산 등을 사용하는데, 논피트와 라이트피트, 헤비피트(45ppm) 등 다양하다. 최근에는 시가현산 몰트도 사용중이다. 사용하는 물은 시가현에 있는 일본 최대 호수 '비와호琵琶湖' 수원지인 산에서 흘러내려온 경도 40의 복류수다.

나가하마 증류소는 2층에 분쇄기가 있다. 일반적으로는 허스크 2, 그리츠 7, 플라워 1 비율로 몰트를 분쇄하는데, 나가하마 증류소는 독특하게도 그리츠만 100% 만들어 당화한다. 보통 허스크를 만드는 이유는 무겁고 큰 입자가 아래로 가라앉아 여과를 원활하게 하기 위해서다. 그러나 나가하마 증류소는 작은 당화조를 사용해서 허스크도 금세 당화되어버린다고 한다. 그래서 오직 그리츠로만 당화를 한다.

미국 보헤미안 브루어리사에서 만든 2000리터 용량의 작은 당화조를 사용하는데, 맥주 제조와 겸용이다. 당화 간에 영향이 없도

맥주 제조에도 사용하는 당화조
(왼쪽)

케틀. 맥즙을 끓여 무균상태로 만들
기 위해 사용하는 가마. 맥주 제조
에만 사용된다

스테인리스 발효조. 발효조마다 번
호가 매겨져 있다

록 청결하게 씻어내는 것이 매우 중요하다. 언뜻 커 보이는데, 아랫부분은 온수보관탱크이고, 당화조는 사람이 웅크려서 들어갈 정도 높이밖에 안 된다. 분쇄된 몰트는 당화조에서 각각 63.5도와 70도 온수로 두 차례 당화한다. 1번 맥즙이 1000리터, 2번 맥즙이 900리터 생산되어 최종적으로 맥즙 1900리터가 만들어진다. 발효과정에서 효모를 사멸시키지 않기 위해 여름에는 22도, 겨울에는 25도로 냉각해서 발효조로 옮긴다.

나가하마 증류소에는 당화조와 발효조 사이에 '케틀kettle'이 존재한다. 맥주를 만들 때 맥즙을 끓여서 무균상태로 만들기 위해 사용하는 가마다. 위스키용 맥즙은 끓일 필요가 없기 때문에 목표량이 모이면 자동으로 발효조로 향하게 설계되어 있다.

발효조도 맥주와 겸용이다. 2000리터 용량 스테인리스 발효조 6개를 사용한다. 맥주는 2주에 걸쳐 천천히 섬세하게 발효되지만, 위스키는 부글부글 거품을 내며 탄산가스를 활발히 발생시켜 3일이면 발효가 끝난다. 맥주는 발효시 온도를 관리하기 때문에 모든 발효조에 온도관리 기능이 있다. 발효에 사용하는 효모는 미국산 위스키용 드라이 효모다. 최종적으로 만들어지는 워시의 알코올 도수는 7~8%. 발효조 바로 아래가 증류실로, 배관을 통해 워시를 증류기로 흘려보낸다.

증류기는 포르투갈 호가Hoga사에서 제작한 알렘빅alembic 스타일 증류기 3대를 사용한다. 알렘빅은 과거 연금술사들이 사용하던 초기 형태 증류기다. 표주박처럼 생겼는데, 현재 사용되는 증류기의 조상격이다. 코냑과 칼바도스 등 브랜디를 오랫동안 만들어온 곳에서 사용하는 경우가 많다. 비교적 부드럽고 깨끗한 주질의 스피릿을 만들기 좋다.

알렘빅 스타일 증류기. 초류기 2개와 재류기 1개로 운용하고 있다

위스키 스피릿이 만들어지는 장면

위스키 스피릿을 담기 위해
기다리는 오크통들

증류기 용량은 3개 모두 1000리터로 동일하다. 세계에서 가장 큰 증류기였던 아일랜드 미들턴 증류소 증류기(14만 3740리터)의 0.7%에 불과한 작은 크기다. 사진 오른쪽부터 초류기 1, 2, 그리고 맨 왼쪽이 재류기다. 워시 1900리터를 둘로 나눠 950리터씩 초류기로 증류한 뒤, 재류기가 2차 증류를 한다. 가열은 간접방식인데, 증류기 안에 있는 스팀코일로 열을 전달한다. 초류와 재류 모두 셸 앤튜브 콘덴서로 냉각한다.

425킬로그램 몰트로 만든 알코올 도수 68~70%의 스피릿을 희석시켜 63.5%로 만들면 200리터, 딱 오크통 1개 분량이 된다. '일양일준一釀一樽', 한 번 양조로 하나의 오크통을 만든다는 나가하마 증류소 슬로건은 여기에서 나왔다.

독특한 터널 숙성고와 폐교 숙성고

2015년경 폐쇄된 국도 터널을 2018년부터 임대해 숙성고로 쓰고 있다. 길이 300미터 정도 터널인데, 습도가 높고 온도 변화가 거의 없어서 장기숙성에 유리하다.

2021년부터는 폐교된 나나오七尾초등학교도 숙성고로 활용중이다. 학교 건물은 날씨 영향을 받기 쉬워서 온도차가 크다. 터널 숙성고와 반대로 숙성이 촉진된다. 서로 다른 스타일의 숙성고를 통해 다양한 위스키 원주를 만들 수 있게 됐다. 야히사 유스케屋久佑輔 블렌더에 따르면, 교실 크기에 따라 저장하는 오크통 크기도 다르다고 한다. 또 건물 북쪽에는 습기가 차기 쉬워서 호흡이 활발한 미즈나라 오크통은 두지 않고, 기밀성이 높은 와인 오크통을 주로 둔다고 한다. 터널과 학교, 두 곳 모두 더니지 방식으로 숙성한다.

나가하마 증류소 터널 숙성고. 터널인 만큼 굉장히 어둡다

나가하마 증류소 폐교 숙성고. 교장실에는 교실보다 더 좋은 오크통을 보관중이라고 한다

나가하마 증류소 대표 제품, 아마하간 위스키　　일본 유명 애니메이션과 컬래버레이션한 나
가하마 증류소 위스키 제품

　　현재 나가하마 증류소 대표 제품은 '아마하간AMAHAGAN' 시리
즈다. 'NAGAHAMA'를 거꾸로 읽은 것으로, 해외 위스키 원주를
중심으로 나가하마 위스키를 블렌딩한 블렌디드 몰트위스키다. 기
본 제품부터 와인 피니시, 미즈나라 피니시, 그리고 산벚꽃 피니시
등이 있다. 나가하마 싱글몰트 위스키도 배치별로 소량 생산되는
데, 아직 생산량이 적어 시중에서 구하기 어렵다.

　　작은 증류소의 장점을 살려 위스키 원주를 T&T 도야마에 제공
하기도 하고, 사부로마루 증류소와 함께 블렌디드 몰트위스키도
발매했다. 또 일본 애니메이션 캐릭터를 라벨에 넣은 시리즈도 발
매하고 있다. 대형 증류소가 하기 힘든, 크래프트 증류소만의 매력
을 십분 살리고 있는 셈이다. 이토 아키라伊藤啓 대표는 "'일양일준'
이라는 정신으로 위스키를 잘 만드는 것과 함께, 여러 컬래버레이
션을 해서 위스키를 마신 적 없는 사람들도 즐길 수 있도록 하겠

다"고 말했다.

증류소 견학의 꽃, 만족도 높은 레스토랑

증류소 견학은 활발하게 이뤄지고 있다. 일일 가이드 투어는 물론, '1박 2일 증류체험 투어'도 만들었다. 투어 만족도가 높아 정기적으로 모집중이다. 나가하마 증류소 견학의 가장 큰 매력은 레스토랑이라고 생각한다. 나가하마 증류소 위스키는 물론, 그보다 긴 역사를 가진 크래프트 맥주까지 맛볼 수 있다. 특히 피시앤칩스가 정말 맛있었다. 맥주와 함께 먹어보기를 강력 추천한다.

만족도 높은 나가하마 증류소 내부 레스토랑. 단체 손님도 많았다

야히사 유스케 나가하마 증류소 치프 블렌더

한국 크래프트 맥주 양조장에서도 위스키를 만들 수 있을까

지난 2014년 한국 주세법 개정으로 크래프트 맥주의 외부 유통이 가능해졌고, 곳곳에 크래프트 맥주 양조장이 생겼다. 이제는 전국 어딜 가도 그 지역의 특색 있는 맥주를 만날 수 있다. 이들 중엔 언젠가 위스키를 만들겠다는 꿈을 가진 이도 있을 것이다. 이런 꿈이 있다면, 한국에서 가까운 일본 나가하마 증류소를 찾아가 벤치마킹해보면 좋을 것 같다.

야히사 유스케 치프 블렌더는 "나가하마 증류소에서 사용하는 증류기는 모양도 매우 특이해서, 다른 곳에서는 맛볼 수 없는 유일무이한 원주를 만들어내고 있다"며 "일본의 가장 작은 증류소가 세계에서 통하는 날을 위해 계속 위스키를 만들어나가겠다"고 말했다.

2차 일본
크래프트 위스키 붐

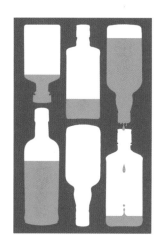

주소	1 Chome-3-5 Kamedakogyodanchi, Konan Ward, Niigata, 950-0141(〒950-0141 新潟県新潟市江南区亀田工業団地 1 丁目 3 ―5)
홈페이지	https://kameda-distillery.com/
위스키 생산 시작	2021년

1. 니가타 소규모 증류소
―니가타 가메다 증류소

2023년 WWA 위스키 스피릿 부문 세계최고상을 수상한 니가타 가메다 뉴포트 피티드

매년 영국 런던에서 열리는 국제 위스키 품평회 '월드 위스키 어워드 WWA'. 2023년 품평회에서 생소한 이름의 일본 증류소가 수상을 했다. 위스키 스피릿 부문에서 니가타 가메다 新潟亀田 증류소 제품이 세계최고상을 받은 것이다. '니가타 가메다 뉴포트 피티드'가 그 주인공인데, 피티드 몰트로 만든 위스키 스피릿이다. 도다 히로유키堂田浩之 사장은 "솔직히 기쁘면서도 이제 겨우 스타트라인에 섰다는 느낌이 들었다"고 말했다.

니가타 가메다 증류소는 2021년에

증류를 시작했다. 모회사는 전국에 120개 점포를 가진 일본 최대
도장 회사 '오타니大谷'다. 저출산과 디지털 문서 확대로 도장 수요
가 줄자 새로 도전할 업종이 필요해졌다. 마침 대학시절부터 위스
키 증류소를 꿈꾸던 도다 히로유키는 오타니 대표인 아내의 힘을
빌려 위스키에 도전해보기로 했다. 오타니 창고로 사용중이던 건
물을 비워서 증류소 설비를 들이고 위스키 생산을 시작했다.

증류소 안내판도 없이 컨테이너와 오크통만 보이는 입구

구글맵 안내를 따라 니가타역에
서 니가타 가메다 증류소가 있는 가
메다 공업단지행 버스를 탔다. 우회
전도 좌회전도 없이 큰길 따라 남쪽
으로 25분. 근처 버스 정류장에 내려
서 증류소쪽으로 걸어갔는데, 거의
다 도착했는데도 안내판 하나 보이
지 않았다. 그리고 눈앞에 나타난 화
물 컨테이너와 그 컨테이너를 둘러
싼 오크통들. 컨테이너 뒷건물 창문
에 "여기는 증류소가 아니니 안쪽으
로 들어가주세요"라고 적힌 종이가
붙어 있었다. 이 작은 종이가 증류소
를 알리는 유일한 안내문인 셈이다.

니가타 가메다 증류소는 아직 증류소 간판이
없다. 작은 안내 종이만이 이곳이 증류소임을
알린다

증류소 앞 컨테이너에 오크통이 가득 쌓여 있다

분쇄부터 숙성까지, 서로 다른 건물에서 만드는 위스키

하나의 증류동에 분쇄부터 증류까지 모든 제조공정을 갖춘 여타 증류소와 달리 니가타 가메다 증류소는 증류설비가 분산되어 있다. 맥아를 분쇄하는 분쇄동, 맥아를 당화하는 당화동, 당화한 맥즙을 발효하는 발효동, 그리고 증류동과 숙성동까지 총 5개의 건물이 있다. 왜 이렇게 증류설비가 나뉘어 있느냐고 물어보니, 원래 모회사 창고로 쓰던 건물을 활용하느라 어쩔 수 없었다고 한다. 각 창고 크기도 별로 크지 않아서 모든 설비가 아슬아슬하게 들어간 느낌이었다.

분쇄동은 분쇄기와 몰팅기로 꽉 차 있었다. 니가타 가메다 증류소에서 한 번에 사용하는 몰트는 400킬로그램. 분쇄한 몰트를 모아둔 탱크에서 400킬로그램이 계량되면 자동으로 당화조로 옮겨진다. 피티드와 논피트 몰트 모두 사용하고, 일본산 몰트도 사용한다.

중국에서 들여온 거대한 몰팅 설비도 있었다. 보리를 넣으면 일주일 만에 발아부터 건조까지 해내는 기계다. 한 번에 1톤까지 몰트를 만들어낼 수 있다. 올해부터 니가타현에서 재배한 보리를 매입해 몰팅을 시작했다. 직접 몰팅을 하기 위한 기계를 가진 크래프트 증류소는 처음이었다. 지역에서 재배한 보리를 사용해서 지역과 함께 커나가는 증류소가 되겠다는 포부가 엿보였다.

당화조는 독일 회사 제품이다. 당화는 30분 동안 진행되고, 온수 준비부터 냉각, 찌꺼기 청소까지 총 6시간 걸린다. 현재는 1번 맥즙과 2번 맥즙까지 만들어서 발효탱크로 보낸다. 앞으로는 3번 맥즙을 다음날 당화에 써볼 계획이다. 당화조 배관에는 맥즙 상태를 확인할 수 있는 작은 창이 있다. 이 창을 통해 건더기 없이 깨끗

니가타 가메다 증류소 건물들. 다른 증류소와 달리 증류설비가 여러 건물에 나뉘어
설치되어 있다. 가운데 보이는 것은 당화조가 설치된 건물

몰트 분쇄실. 작은 건물 안에 아슬아슬하게
설비가 꽉 들어차 있다

중국제 몰팅 기계. 일주일에 걸쳐 보리를
몰트로 만들어낸다

당화조

하게 흐르는 맥즙을 확인한 후, 냉각시켜 발효조로 옮긴다. 당도는 14브릭스 전후. 당도가 낮을 때는 12브릭스가 되기도 한다. 당화가 끝난 맥즙은 1배치당 2000리터.

발효조는 나무 발효조만 사용한다. 이탈리아산 아카시아 나무 발효조 3개와 이탈리아산 화이트오크 나무 발효조 3개로 총 6개다. 나무 발효조를 쓰기 전에는 법랑과 스테인리스 발효조를 함께 사용했다. 발효는 보통 5일이지만, 여름에는 온도가 높기 때문에 4일만 발효한다. 효모는 디스틸러리 효모가 메인이고 에일 효모도 사용한다. 여러 효모의 작용을 확인하기 위해 실험적인 효모도 첨가해서 위스키를 만든다. 또 시간차를 이용해 효모를 넣거나 다른 탱크에서 발효한 효모를 나중에 첨가하는 등, 효모를 통한 위스키 풍미 변화를 탐구해나가고 있다. 위스키를 만든 지 2년밖에 안 된 증류소라서, 실험을 통해 가메다 증류소만의 스타일을 정립해나가고 있다.

발효조 온도는 조절하지 않는다. 단, 당화조에서 발효조로 맥즙을 보낼 때, 여름에는 온도를 더 낮추고 겨울에는 약간 높게 해서 발효가 끝날 때까지 효모가 온전히 활동할 수 있도록 적당한 온도를 유지한다. 발효조를 열어 코를 가까이 대봤는데, 한창 발효중인 워시에서 탄산이 엄청난 기세로 뿜어져나왔다. 워시의 알코올 도수는 7% 정도다.

증류동은 증류기만으로 거의 꽉 찬 상태였다. 포사이스에서 만든 2000리터 랜턴형 초류기와 1400리터 벌지형 재류기다. 불순한 향미 성분을 최대한 제거하기 위해 스트레이트형에 비해 환류가 많이 되는 증류기를 선택했다. 그리고 두 증류기 모두 라인암은 꽤 아래를 향해서 무거운 질감의 스피릿을 만들어낸다. 콘덴서는 셸

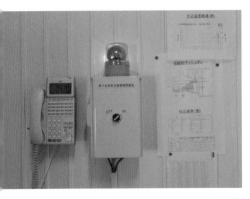

당화가 끝나고 맥즙이 발효조로 옮겨질 때 울리는 벨

나무 발효조. 왼쪽 3개가 아카시아 나무, 오른쪽 3개가 화이트오크다

발효중인 워시. 사워에일 같은 향이 진하게 났다

발효조 내부 온도를 재는 온도계. 그 아래에는 발효조 상태를 점검한 날짜와 용량(3159리터)이 적혀 있다

포사이스사 증류기. 오른쪽이 초류기, 왼쪽이 재류기다

세이프박스에서 오크통에 담길 '하트'가 나오고 있다

니가타 가메다 증류소만의 개성(?), 컨테이너 숙성고

컨테이너 안에서 숙성되는 오크통들

니가타 가메다 증류소 제2숙성고

로고는 니가타 가메다 증류소의 증류기 2개를 위아래로 그려넣은 모양이다. 모회사의 DNA도 계승해 마치 도장처럼도 생겼다. 그리고 증류소가 위치한 가메다 亀田 지역에 거북이를 의미하는 한자가 들어가서, 거북이를 도장으로 찍어낸 그림도 담겼다

앤튜브 방식이다.

컷 타이밍은 매일 증류되는 위스키 스피릿 상태를 보고 결정한다. 발효조에서 다양한 실험을 하기 때문에, 시간이나 알코올 도수를 정해놓고 컷을 할 수 없는 까닭이다. 증류를 통해 얻는 위스키 스피릿은 보통 알코올 도수 66% 정도고, 오크통에는 63% 정도로 희석해 담는다. 400킬로그램 몰트가 최종적으로 200리터 정도의 위스키가 된다. 버번배럴 사이즈 오크통 1개 분량이다.

숙성고는 2개가 있다. 니가타 야히코弥彦라는 지역에 숙성고가 하나 있고, 두번째 숙성고는 2023년 3월에 증류소 부지 안에 지었다. 새 숙성고는 온도관리도 가능하다. 사실, 니가타 가메다 증류소에는 세번째 숙성고가 있는데 바로 화물 컨테이너다. 증류소에 들어설 때 처음 봤던 바로 그 컨테이너로, 여기에 오크통을 더니지 방식으로 쌓아 숙성했다. 얼마나 빨리 숙성되는지 확인하기 위해 컨테이너 숙성을 생각해냈다. 밀폐된 컨테이너를 오랜만에 열면, 오크통이 내뿜는 향으로 꽉 차서 들어갈 수도 없을 정도라고 한다. 도다 사장은 "숙성이 빠른 만큼 앤젤스셰어도 많다는 걸 알았다"고 말했다. 현재도 컨테이너에서 숙성중인 오크통이 있는데, 언젠가 '니가타 가메다 싱글몰트 위스키, 컨테이너 숙성 에디션'이 발매될지도 모르겠다.

제2숙성고는 오크통 1000개 정도를 저장할 수 있다. 에어컨으로 온도관리를 해서 몰트도 보관할 수 있게 했다. 작은 증류소 부지에서 공간을 효율적으로 활용하려고 애쓴 흔적이 보였다. 위스키 숙성에 사용하는 오크통은 버번배럴이 메인이고, 셰리 오크, 뉴 오크 등 다양하게 사용한다.

증류소 취재를 마치고 오타니 본사에 들어갔는데, 어디선가 향

오타니에서 만드는 도장

긋한 냄새가 나서 따라가봤더니 '바움쿠헨'이란 케이크를 만들고 있었다. 일본산 밀가루로 만든 '위스키 바움쿠헨'이다. 전국에서 열리는 각종 위스키 이벤트에서 판매했는데, 사람들 반응이 꽤 좋았다고 한다. 한입 먹어보니 달콤하면서 폭신한 케이크 맛이 꽤 맘에 들었다. 위스키 풍미는 별로 느껴지지 않는 게 아쉽긴 했지만, 위스키 팬이라면 그냥 지나칠 수 없는 간식이라 아이디어가 참 좋다고 생각했다. 앞으로 니가타 시내 등에서 상시판매도 계획하고 있다고 한다. 도다 사장은 "스스로에게 흥미로운 일과 고객들이 기뻐하는 일을 동시에 해나가겠다"고 말했다.

현재 니가타 가메다 증류소에서 일하는 사람은 6명인데, 이들이 하루도 빠짐없이 위스키를 만든다. 하루에 두 번 증류할 때는 아침과 저녁, 2교대로 일한다. 모회사인 도장 회사에서 일하다가 위스키를 만들기 시작한 사람도 있고, 사케를 만들다 온 사람도 있다.

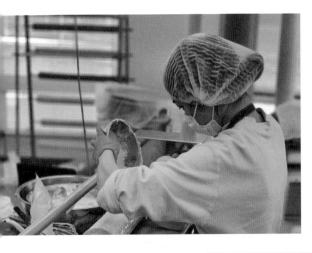

위스키 바움쿠헨을 만드는 모습

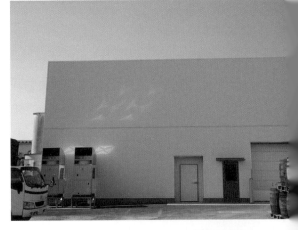

니가타 가메다 증류소 제2숙성고 외관. 흰 벽면에 증류소 이름과 로고 등을 쓸 예정이다

위스키 스피릿의 향을 맡고 있는 도다 히로유키 사장

위스키 제조부 고지마 씨는 오타니에서 일하다가 증류소로 인사 발령이 난 케이스다. 인사에 불만은 없었느냐고 묻자, 위스키를 좋아해서 오히려 기뻤다고 했다.

증류소에 제대로 만든 간판이 없다는 점을 지적하자, 제2숙성고 한 면에 이름과 로고 등을 새길 예정이라고 한다. 그 위치에 간판을 달면, 멀리서도 증류소가 어디인지 한 눈에 알 수 있어 좋을 것 같았다.

도다 사장은 지역 크래프트 증류소로서 지역과 함께 성장하는 것을 굉장히 중요하게 생각하고 있었다. "2024년부터 2025년까지 위스키 생산의 50% 이상을 니가타산 보리로 바꿔나가겠다"며 "로컬발리를 통해 지역 농가에 공헌을 해, 윈윈 관계를 만드는 것이 사업의 지속가능성을 가져올 것"이라고 포부를 밝혔다.

위스키 테이스팅
−NIIGATA KAMEDA NEW BORN PEATED, 55%

사케의 고장답게 니가타 시내에는 사케 바가 많은 반면, 싱글몰트 바는 찾기 어렵다. 구글링으로 겨우 한 군데를 찾아냈는데, 'Bar Fa-an'이라는 곳이었다. 백바를 살펴봤는데, 구비된 위스키들이 심상치 않았다. 알고 보니 일본에서도 꽤 알려진 위스키 전문 바였다. 마침 니가타 가메다 증류소에서 만든 위스키가 있어서 주문했다.

니가타 가메다 뉴 본 피티드는 영국산 피티드 몰트로 만들었다. 11개월간 숙성한 위스키인데, 스패니시 오크통을 중심으로 여러 오크통에서 숙성한 원주를 배팅해 만들었다. 저숙성의 날카로운 알코올감은 존재하지만, 피트향과 셰리 오크통에서 유래한 향들이 절묘하게 어우러져 균형감 있는 맛을 냈다. 1년도 채 숙성하지 않았는데도 이 정도 맛이 난다는 건, 꽤 좋은 스피릿을 만들고 있다는 걸 짐작케 한다. 숙성을 통해 어떻게 변해나갈지 충분히 기대되는 맛이었다. 2023년 WWA 수상은 우연이 아닌 듯했다.

NIIGATA KAMEDA NEW BORN PEATED, 55%

주소	478-15 Niseko, Abuta District, Hokkaido 048-1511(〒048-1511 北海道虻田郡ニセ コ町ニセコ478-15)
홈페이지	https://niseko-distillery.com/en/
위스키 생산 시작	2021년

2. 핫카이주조 – 니세코 증류소

3월의 마지막 날, 홋카이도 요이치에서 니세코ニセコ행 버스에 올라탔다. 산에 둘러싸인 2차선 도로를 따라 1시간 반 만에 버스가 도착한 곳은 니세코 안누푸리산 국제스키장. 설질이 좋아 일본인은 물론 외국인도 많이 찾는 국제적인 스키장이다. 4월을 하루 앞두고도 녹은 기색 하나 없는 눈은 태양빛을 받아 하얗게 반짝거렸다. 날씨에 따라 5월 초까지 스키장을 운영한다니 아직 시즌이 한창인 셈이다. 평일인데도 많은 사람이 스키를 타며 일본의 막바지 겨울을 즐기고 있었다.

스키를 타고 싶은 마음은 굴뚝 같았지만, 증류소 견학을 위해 걸음을 옮겼다. 스키장에서 증류소까지는 걸어서 약 10분. 걷기 딱 좋은 거리다. 증류소 방문 전날 눈이 내렸지만 도로는 말끔히 정리되어 있었다. 도로 양옆으로 1미터 정도 쌓인 눈을 바라보며 그 사이를 걷는 기분도 썩 괜찮았다. 인적이 뜸한 곳에서 영화 〈러브레

니세코 안누푸리산 국제스키장. 4월이 다가왔음에도 스키를 즐기는 사람이 많았다

스키장에서 증류소로 가는 길. 니세코 증류소를 알리는 입간판이 보인다

터〉의 한 장면처럼 "오겡끼데스까!"를 외치고 싶은 마음이 몇 번이고 들었다. 그렇게 홋카이도의 눈이 주는 낭만을 만끽하며 2021년 3월부터 위스키를 만들기 시작한 니세코 증류소에 도착했다.

니가타현 사케 회사가 홋카이도에 위스키 증류소를 세운 까닭

한국 이자카야나 스시집에서 쉽게 볼 수 있는 사케 브랜드는 쿠보타, 핫카이산, 오토코야마 등이다. 니세코 증류소는 이중에서 '핫카이산八海山'을 만드는 핫카이주조八海醸造에서 만들었다. 핫카이주조가 홋카이도에 있는 회사라면, 홋카이도 니세코에 위스키 증류소를 지은 게 쉽게 이해된다. 그러나 핫카이주조는 니가타현 핫카이산 근처에 있다. 그렇다면 왜 니가타가 아닌 홋카이도, 그중에서도 스키장 인근 니세코에 증류소를 만들었을까.

우선, 환경이다. 니세코 증류소에서 가장 강조하는 것은 물이다. 니세코산에 내린 눈이 맑고 풍부한 물을 만들어낸다. 오랜 사케 양조 경험으로 물에 대한 연구를 철저히 해온 만큼, 위스키 제조에 최적의 물이 있는 곳을 찾아냈다. 그리고 니세코 지역은 눈 덕분에 홋카이도 다른 지역보다 기온이 많이 떨어지지 않고 여름에도 너무 덥지 않다. 1년 내내 서늘한 기후에서 위스키를 장기숙성하기 좋은 조건이다.

유명 스키장과 가까운 것도 강점이다. 증류소 관계자는 관광지가 가까운 것은 염두하지 않았다고 하지만, 겨울이면 몰려드는 사람들이 자연스레 증류소로 발길을 옮길 수 있다. 일본인뿐 아니라 세계 여러 나라 사람이 찾는 국제 스키장이라, 전 세계인들에게 홍보하기에도 좋다. 실제로 증류소를 찾았을 때, 외국인 방문객이 꽤

니세코 증류소 전경

있었다.

니세코 증류소 입구의 여백이 주는 맛

니세코 증류소 부지에 들어서면 가장 먼저 커다란 지붕이 덮인 증류동이 눈에 들어온다. 눈이 많이 내리는 조용한 산속에서 아름다운 주변환경을 해치지 않으려는 노력이 돋보였다. 어디에도 증류소를 알리는 표식은 없고, 증류소임을 알리는 글자는 증류소 입구에 아주 작게 써 있을 뿐이다. 애써 드러내지 않는 여백의 미가 돋보이는 모습이었다.

이런 증류소 디자인이 좋은 평가를 받아, 2022년 일본 사인 디자인 협회Japan Sign Design Association로부터 '사인 디자인상' 은상을 수

여백의 미가 돋보이는 니세코 증류소 사인
(sign)

니세코 증류소는 마치 자연과 하나가 된 듯한
건물의 조화가 아름다웠다

상했다. 사인 디자인이란 문자, 기호, 도형, 색 등 시각에 작용하는 다양한 요소를 활용해, 정보를 알기 쉽게 제시한 것을 말한다. 예를 들면, 남녀 화장실을 가리키는 그림이나 조형물 등이다. 일본 사인 디자인 협회는 니세코 증류소에 대해 다음과 같은 심사평을 남겼다.

"니세코의 아름다운 사계절을 그대로 옮겨놓은 듯한 작품이다. 필요한 최소한의 표시를 하면서도 그것이 만들어내는 여백의 확장이 볼거리다. 입구의 건물 이름 사인은 작지만 부착된 벽면 자체가 비스듬히 배치되어, 방문객을 유도하는 사인으로 기능한다. 그리고 증류기와 같은 구리로 제작된 이름판은 장인이 정성스럽게 구리를 두드려 만든 것인데, 그 망치 소리가 증류기에서 떨어지는 물방울 소리를 연상케 한다."

모든 제조과정이 한 눈에 들어오는 증류소

눈 녹은 물이 똑똑 떨어지는 증류소 입구를 지나 증류동 안으로 들어가면, 바로 앞에 커다란 증류기 2개가 눈에 들어온다. 시음

　　　　　　　　　　　　7장 2차 일본 크래프트 위스키 붐

과 쇼핑을 하는 곳과 증류설비가 바로 붙어 있어서, 위스키를 마시면서 위스키 만드는 모습을 한 눈에 볼 수 있다. 증류가 한창일 때는 증류열을 가까이서 느낄 수 있는 등, 증류소를 찾은 사람들에게 매우 친화적인 증류소다.

증류소 상점에서 작은 문을 통과하면 바로 증류시설이 펼쳐진다. 가장 먼저 눈에 띄는 것은 진을 만드는 하이브리드 증류기. 13종류의 식물을 이용해 일주일에 한 번 '오호로 ohoro'라는 진을 만든다. 가장 기본이 되는 주니퍼베리 등에 니세코에서 나는 야치야나기(습지대 버드나무를 닮은 식물), 박하 등을 섞어 일본스러운 풍미를 더했다. 증류한 진이 액화되기 전에 증기 상태에서 레몬필, 라임필, 오렌지필, 자몽필, 그리고 유자필 등을 첨가해 향을 더하는 것이 특징. 알코올 도수 47%로 희석해 제품화한다.

맥아 분쇄실은 분진이 날리지 않게 하는 데 가장 신경을 썼다. 몰트를 분쇄기로 옮기는 것부터 분쇄된

시음 공간과 증류기.
증류동 어디서든 증류하는 모습을 볼 수 있다

진 제조용 하이브리드 증류기

몰트 분쇄실에 크리스프사 몰트가 보인다

스테인리스 당화조

나무 발효조

몰트를 당화조에 옮길 때까지 밀폐된 환경 속에서 작업이 이뤄진다. 몰트는 스코틀랜드 크리스프사 제품을 쓴다. 논피트 몰트만 사용하는데, 언젠가는 피티드 몰트도 사용할 예정이다. 분쇄기는 스위스 빌러Bühler사 제품으로 허스크 2, 그리츠 7, 플라워 1의 표준 분쇄를 한다. 1배치 사용 몰트는 1톤.

스테인리스 당화조는 슬로베니아 SK Škrlj사 제품이다. 와인탱크, 맥주 당화조와 발효조 등을 전문으로 만드는 회사다. 내부를 살펴볼 수 있는 작은 유리창이 달려 있다. 최대 용량 6000리터. 65도의 온수로 몰트를 당화해서 맥즙 5000리터를 만들어낸다. 맥즙 당도는 13브릭스 이상이며, 당화하는 데 12시간 정도 걸린다.

발효조 3개는 모두 더글라스퍼 나무로 만든 7500리터 용량 나무 발효조다. 온도조절은 하지 않는다. 다만, 뜨겁게 가열되는 증류기 바로 앞에 있어서 증류가 있는 날에는 좀더 저온으로 맥즙을 발효조에 옮긴다. 또 매번 증기살균을 해서 발효조에서 잡균이 활동하지 못하게 한다.

발효에는 이탈리아 마우리MAURI
사의 '피나클 디스틸러 효모Pinnacle
Distiller Yeast - Malt(Blue Label)'를 단독으
로 사용한다. 증류소에서 사용하는
정통적인 건조효모로 편향적인 향미
를 주지 않기 때문이라고 한다. 시험
적으로 가끔 다른 효모도 사용하지
만, 기본적으로 이 효모만 단독으로
쓴다. 발효는 96시간 동안 하고, 발효
가 끝난 워시는 알코올 도수 7.5% 정
도이다. 지금까지 7% 이하로 떨어진
적은 없다고 한다.

니세코 증류소에서 사용하는 디스틸러리 효모

증류기는 스코틀랜드 포사이스에
서 만들었다. 초류기는 스트레이트
형이고 용량은 5000리터다. 가능한
한 워시 풍미 그대로를 재류기로 옮
기는 역할을 한다. 재류기는 벌지형

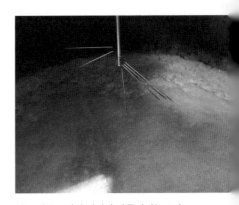

나무 발효조에서 워시가 만들어지는 모습

으로 3500리터. 볼에서 환류를 촉진해 깨끗한 스피릿을 만들어낸
다. 이렇게 서로 다른 증류기 형태를 사용함으로써 다채로운 향미
를 가지면서도 섬세하고 깨끗한 스피릿을 얻으려고 했다. 초류기
와 재류기 모두 라인암은 평행.

증류는 스팀 간접가열방식으로 한다. 초류와 재류 모두 6시간
정도 걸린다. 통입에 사용하는 하트는 알코올 도수 71~72%이고,
60.5%로 희석해서 오크통에 채워넣는다. 보통 63.5%로 숙성하는

니세코 증류소 증류기. 왼쪽이 초류기, 오른쪽이 재류기다

니세코 증류소 숙성고의 오크통들

여타 증류소들과 달리 낮은 도수로 숙성을 시작하는 이유는 평균기온이 낮아서 증발량이 적기 때문일 것이다.

콘덴서는 셸앤튜브 방식이다. 콘덴서에서 사용한 물은 증기를 냉각한 뒤, 증류소 바깥 냉각탑으로 보내 다시 차갑게 만든다. 여름에는 큰 문제가 없는데, 한겨울에는 냉각탑에서 물이 얼어버리는 일이 발생했다고 한다. 추운 지역에서 위스키를 만드는 어려움이 이런 데 있구나 싶었다.

니세코 증류소는 더니지 방식 숙성고를 1개 가지고 있다. 2021년부터 3년간 만드는 오크통 약 500개를 저장하는 규모다. 2022년 5월부터 증류를 시작해 2023년 4월 말 시점에 오크통 300개가 숙성중이다. 아메리칸 화이트 오크, 셰리, 와인, 버번, 그리고 혹스헤드 등 다양한 오크통을 사용중이다. 증류소로부터 조금 떨어진 곳에 제2숙성고를 짓는 계획도 세우고 있다.

더니지 방식 숙성고를 고안하면서, 오크통을 떠받치고 고정하는 목재에 신경썼다. 일본산 소나무 목재로 무게에 강해서 잘 휘지 않고, 잘 썩지 않는다고 한다. 눈이 많이 쌓이는 지역이라 겨울에도 온도가 일정하고, 숙성고 내부는 영하로 내려가지 않아 장기숙성에 유리하다. 3년 숙성이 되기 전에 위스키 제품을 출시할 계획은 없다고 한다.

사케부터 위스키까지 모두 즐길 수 있는 상점

니세코 증류소 상점에서는 이곳에서 만든 오호로 진부터 모회사가 만든 핫카이산 사케 등, 다양한 술을 구입할 수 있다. 특히 니세코에서 재배한 쌀로 만든 사케도 팔고 있어서 기념품으로 좋다. 아쉽게도 니세코 증류소 위스키 스피릿은 판매하지 않았다.

그러나 위스키 스피릿의 맛은 볼 수 있다. 게다가 무료다. 핫카이주조의 여러 사케와 오호로 진, 그리고 니가타에서 쌀로 만든 위스키도 맛볼 수 있다. 쌀 위스키는 니가타에서 소주용 증류기로 시험적으로 만든 것인데, 적당한 오크향이 나는 부드러운 맛이었다. 니세코 위스키 스피릿은 라벨에 스펙을 자세하게 적어놓았다. 내가 마신 건 2022년 6월에 증류해서 같은 해 7월에 병입한 60.5%의 위스키 스피릿이었다. 보리는 laureate라는 품종이다. 증류소에서 설명을 들은 대로 깔끔하면서도 약간의 산미와 함께 여러 과일향이 느껴지는 스피릿이었다. 이 스피릿이 니세코의 자연환경 속에서 어떻게 변해갈지 매우 기대된다.

니세코 증류소 상점에서는 위스키를 비롯해 사케 등 다양한 주류를 구입할 수 있다

니세코 증류소에서 테이스팅한 술들. 맨 오른쪽이 니세코 증류소 스피릿이고, 그 왼쪽이 쌀과 맥아로 만든 숙성 위스키다. 나머지는 사케와 진

니세코에서 만난
환상의 데미그라스 카레

Japan Hokkaido Abuta-District, Niseko-Cho, Chuodori, Niseko Station 048-1512

(〒048-1512 北海道虻田郡ニセコ町中央通 ニセコ 駅 構内)

니세코에서 그냥 돌아가기 아쉬워 한끼를 해결하려고 니세코역으로 갔다. 역 안에 'Nupuri Tea House'라는 찻집이 있었는데, 들어서는 순간 '이곳이다' 싶었다. 재봉틀 다리로 만든 테이블과 벽에 나란히 걸린 옛날 괘종시계가 1990년대 고풍스러운 일본의 아름다움을 고스란히 전해줬다. 메뉴를 살펴보니 대대로 이어져 온 오리지널 특제 카레가 눈에 들어왔다. 데미그라스 소스를 베이스로 한 검은 카레 소스로 만든 특제 카레는 허기진 여행객에겐 그만이었다.

니세코역. 레트로 느낌이 물씬 풍기는 건축물이다

증류소 취재 후에 마시는 따끈한 커피 한 잔의 맛이란…… 잔도 무척 예뻤다

1991년 오픈한 이 가게의 카레는 독자개발한 매운맛에 꿀과 생크림을 더해 밸런스를 맞춘 맛으로 남녀노소 모두에게 사랑받았다. 니세코에서 중고등학생 시절을 보낸 부부가 2022년에 가게의 명맥을 잇기로 했다. 니세코 주민은 물론, 니세코를 찾았던 관광객들에게 '당연히 있어야 할 곳'이란 생각으로 카레와 커피를 전수받았다.

싱싱한 채소와 감자, 그리고 고기가 토핑된 데미그라스 카레. 한 숟갈 떠서 입에 넣는 순간, 멈출 수가 없었다. 진한 데미그라스의 감칠맛이 계속 다음 한입을 재촉했다. 게 눈 감추듯 카레를 먹자, 기다렸다는 듯 내주는 커피 한 잔. 삿포로 시내로 돌아갈 기차 시간이 다가오는 게 너무나 아쉬울 정도로 행복한 순간이었다. 니세코 증류소를 방문한다면, 꼭 이 카페를 찾아가보길 바란다.

니세코역에서 만난 특제 카레. 요즘도 가끔 생각나는 정말 맛있었던 카레다

Nupuri Tea House 내부

7장 2차 일본 크래프트 위스키 붐

주소	626-1 Hiramatsu, Asakura, Fukuoka 838-1303(〒838-1303 福岡県朝倉市比良松 626-1)
홈페이지	https://shindo-lab.jp/
위스키 생산 시작	2021년

3. 시노자키주조 - 신도 증류소

2016년 10월, 후쿠오카에서 규슈 지역 소주 축제가 열려 참석한 적이 있다. 일본 소주를 대표하는 규슈 지역 축제답게 쌀, 보리, 고구마 등으로 만든 다양한 소주가 소개됐다. 여러 소주 중에서도 가장 눈에 띄었던 건 보리로 만든 오크통 숙성 소주, 아사쿠라朝倉. 보리의 곡물향과 함께 오크통이 만들어낸 부드러운 바닐라향이 매우 좋았다. 마치 부드러운 버번위스키를 마시는 느낌이 들었다. 후쿠오카 시내에서 버스로 1시간 정도 떨어진 시노자키주조篠崎酒造에서 만드는 술이다. 그리고 2021년, 시노자키주조는 오크통 숙성 보리소주에서 한 걸음 나아가 위스키를 만들기 시작했다. 바로 신도新道 증류소다.

신도 증류소 외관

뉴욕에서 확인한 일본 위스키 붐, 그러나 정도를 걷고 싶다

시노자키주조 8대, 시노자키 미치아키篠崎倫明는 10년 전에 가업을 이어받으려고 후쿠오카로 돌아왔다. 회사 내 시설을 둘러보던 중 가장 눈에 띈 것은 보리소주를 오랫동안 숙성한 2300여 개의 오크통. 그러나 일본 법률상 '소주'라는 분류로 출시할 수 없었다. 일본에서 소주는 색 농도 제한이 있어서 여과를 해야 하기 때문이다. 그러나 여과는 오랜 숙성으로 얻은 아름다운 호박색과 고유의 풍미도 앗아간다. 그래서 리큐어로 분류해 판매했다.

이후 시노자키가 뉴욕으로 출장을 갔을 때, 한창 일본 위스키 붐이 일어나고 있었다. 리커숍을 가면 일본 위스키 매대만 품절이었다. 그러나 자세히 살펴보니 일본에서 판매되는 오크통 숙성 보리소주가 대부분이었다. 판매처에 물어보니 미국에서는 보리소주를 위스키라는 이름으로 판매할 수 있다고 했다. 회사 숙성고에 있

7장 2차 일본 크래프트 위스키 붐

신도 증류소 마스터 디스틸러, 시노자키 미치아키. 오크통을 둘러보고 있다

는 2300여 개의 오크통으로 큰 수익을 얻을 수 있는 절호의 기회일 수 있다. 그러나 시노자키는 속이는 것은 바람직하지 않다고 생각했다. 처음엔 작았던 눈속임이 나중에는 커져서 반드시 돌아온다고 생각했기 때문이다.

시노자키의 아버지는 늘 새로운 것에 도전하는 사람이었다. 아마자케(감주)와 럼도 만들기 시작했다. 중소기업답게 대기업과 달리 새로운 걸 계속해야 한다고 생각했기 때문이다. 초등학생 시절 사케 만드는 걸 도우려 아버지와 함께 밤을 새우곤 했던 시노자키는 아버지가 특히 오크통 숙성 보리소주에 애착을 가졌다고 회상했다. 아버지는 다카미네 조키치高嶺讓吉라는 인물을 동경하여 이 인물을 반드시 기억해야 한다고 늘 말했다. 세뇌라고 해도 좋을 정도로 다카미네 박사는 시노자키의 뇌리에 남았다. 보통 일본 초등학생에게 영웅은 야구선수이지만, 시노자키에게 영웅은 다카미네 박사였다.

다카미네 조키치(1854~1922)는 일본 화학자다. 1901년 아드레날린을 세계 최초로 분리한 것과 미일동맹을 상징하는 워싱턴의 오래된 벚꽃을 기증한 인물로 유명하다. 영국 글래스고대학에서 3년간 유학생활을 보내고 일본으로 귀국해 농상무성(현재의 경제산업성)에서 근무했다. 당시 일본 누룩균을 이용한 위스키 제조법을 고안했는데, 누룩균이 맥아 효모보다 전분 분해력이 더 강하다고 생각했다. 마침 미국 주조회사 '위스키 트러스

다카미네 조키치 박사. 누룩균을 활용해 위스키를 만들려고 했다 (사진 제공: 가나자와 후루사토 위인관金沢ふるさと偉人館)

트Whisky Trust'로부터 이 제조법을 사용하고 싶다는 연락이 와서 미국으로 건너갔다. 그러나 맥아 공장에 거액을 투자한 이들이 다카미네의 새로운 양조법을 막기 위해 암살을 시도했다. 다행히 숨어서 목숨은 건졌지만, 다카미네의 미국 연구소는 전소되어 누룩균을 활용한 위스키 제조는 물거품이 되었다.

시노자키는 다카미네의 누룩 위스키 도전이 거짓 없이 존중받아야 한다고 생각했다. 그래서 기존의 오크통 숙성 보리소주를 '다카미네 누룩 위스키'라는 이름으로 미국 시장에 출시했다. '누룩'이라는 단어를 제품명에 붙임으로써, 소주를 위스키로 속여 판다는 오해를 불식시켰다. 미국 언론에도 누룩 이야기를 대대적으로 선전해서 명확하게 선을 그었다. 그리고 이번에는 진짜 위스키를 만들어보겠다는 생각으로 새롭게 증류소를 지었다. 다카미네가 동

경했던 위스키를 제대로 만들어보고 싶었고, 위스키가 성장성 있는 분야라고 생각했기 때문이다.

(참고로 '보리소주'와 '몰트(맥아)위스키'는 같은 보리로 만들지만 알코올을 만들어내는 방법이 다르다. 보리소주는 보리에 누룩을 섞어 발효시켜 알코올을 만든다. 반면, 몰트위스키는 보리의 싹을 틔워 건조한 몰트의 전분을 당화시킨 뒤, 효모를 섞어 발효시켜 알코올을 만든다.)

미국 시장에서 판매하는 시노자키주조의 '다카미네 8년' 위스키

효모의 중요성,
도전이 허용되는 사회로

시노자키가 위스키를 만들기로 결정했을 때, 일본의 긴 위스키 역사가 큰 도움이 됐다. 산토리와 닛카 등 대기업 출신 선배들이 궁금한 점을 친절하게 알려줬다. 여러 경험이 많은 선배들로부터 의견을 듣는 것은 큰 공부가 되었다. 그리고 자주 찾던 바에서 위스키 업계에 종사했던 인물을 소개받았다.

일본 대형 증류소에서 위스키를 만들던 인물로, 그는 위스키 향 중에서도 락톤향 성분에 집중했다. 락톤향은 복숭아나 코코넛 같은 달콤한 향이다. 그는 스카치위스키를 연구하다 특정 연대의 나무 발효조가 아주 까만 것을 발견했고, 여기에서 '효모 X'(효모명은 기업 비밀로 비공개)를 특정해냈다.

시노자키는 다카미네 박사의 누룩 위스키를 지지했던 이들처럼, '효모 X'로 만든 위스키에 대한 도전을 지지하기로 마음먹었다. 원래 반항하는 걸 좋아하고, 정해놓은 것을 의심하는 성격이라, 위스키를 만든다면 이렇게 하는 편이 좋았다. 이유가 있는 도전이라면, 도전하는 것이 허용되는 사회가 되는 것. 그것이 일본 위스키 발전으로도 이어질 것이라 굳게 믿었다.

후쿠오카현 최초의 위스키 증류소, 신도 증류소로

신도 증류소 방문은 후쿠오카 바 라이카도의 오너 바텐더 스미요시 요이치로住吉祐一郎와 함께했다. 위스키 저널리스트로도 활동 중인 스미요시는 일본의 위스키통이다. 일본은 물론이고 스코틀랜드와 미국의 수많은 위스키 증류소를 오가며 직접 눈으로 위스키 제조 현장을 살핀다. 신도 증류소에는 몇 번이고 다니면서 위스키 스피릿 맛이 정착되는 과정을 살피고 있었다. 스미요시와 신도 증류소의 친분 덕분에 보다 깊이 있는 취재가 가능했다.

후쿠오카 시내 텐진 버스터미널에서 버스를 타고 1시간 정도면 신도 증류소가 있는 아사쿠라시에 도착한다. 위스키 증류소 중 도심 접근성이 굉장히 좋은 편이다. 마중 나온 증류소 직원 차를 타고 3분 정도 달리자 논밭 한가운데에 증류소가 나타났다. 마침 증류소 맞은편에 공사가 한창이었는데, 420평 정도의 숙성고 2개를 지을 예정이라고 한다. 숙성고 1개에 2300개에서 2500개의 오크통을 숙성할 수 있는 규모다. 한편에 상점도 꾸며 방문객들이 즐길 수 있도록 할 예정이다.

신도 증류소 숙성고에서 오크통을 확인하고 있는 스미요시 요이치로.
영어에 능통해서 그의 바에는 늘 일본 위스키가 궁금한 외국인들로 가득하다

한창 공사중인 신도 증류소 숙성고 부지. 오크
통 뒤편에 방문자센터 겸 숙성고를 새로 만들
고 있다

신도 증류소 슬로건,
'THE QUEST FOR THE ORIGINAL'

신도 증류소 숙성고에 설치될 랙.
오리지널 제작이다

증류소 이름을 '신도新道'로 지은 이유는 사케와 소주를 만들던 회사에서 새로운 도전을 한다는 의미다. 그리고 독창적인 것에 도전함으로써 새로운 길을 만들어나가겠다는 의미도 담았다. 증류소 로고에는 길과 별이 들어가는데, 새로운 길을 나아가 별과 같은 존재가 되겠다는 의지를 피력한 것이다. 별은 물방울 같기도 해서 위스키를 만드는 데 아주 중요한 물도 상징한다. 증류소 슬로건을 'THE QUEST FOR THE ORIGINAL'로 지은 건 신도 증류소만의 오리지널리티를 세상에 보여주겠다는 각오를 담은 것이다.

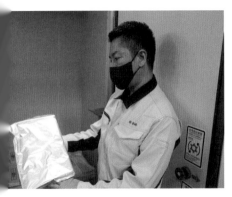

효모 보관 창고 앞에서 '효모 X'를 들고 있는 시노자키 미치아키

증류소 건물 앞에는 숙성고에 들어갈 랙이 늘어서 있었다. 이전에 본 적 없는 랙이었는데, 인근 공장에서 만드는 것이다. 보리소주를 숙성할 때부터 이용한 수십 년 거래처 제품인데, 무거운 오크통 무게도 잘 견디는 매우 튼튼한 제품이라고 한다.

맥아 분쇄부터 증류까지 모든 제조공정에는 미야케제작소 제품을 쓴다. 몰트는 논피트 몰트를 메인으로 헤비피트 몰트도 일부 사용한다. 한 번 위스키를 만드는 데 사용하는 몰트는 1톤. 물은 경도 85mg/l의 지하수를 사용한다. 몰트 분쇄실 한편에 신도 증류소

7장 2차 일본 크래프트 위스키 붐

의 '효모 X'를 보관하는 냉장고가 있다. 효모의 수분이 높아 영국에서부터 냉장으로 운송하고, 가능한 한 운송 시간도 짧게 한다. 냉장고 온도는 5도가 넘지 않도록 조절한다. 효모의 향을 맡아보니 오래 묵은 간장 같은 향이 났다.

당화조는 스테인리스 재질로, 냉각수를 흘려보내 온도를 낮추는 워터자켓을 입힌 형태다. 몰트 1톤에서 총 5800리터의 맥즙이 만들어진다. 이때 가장 중요한 것은 위생이라고 한다. 증류소 환경이 더러우면 잡균이 번식해서 발효액에 산성이 생기는데, 산성에 약한 위스키 효모의 활동을 방해한다. 이렇게 되면 발효과정에서 충분한 알코올을 얻을 수 없고, 증류 스피릿에까지 영향을 미친다. 그래서인지 증류소 내부는 먼지 하나 안 보일 정도로 아주 깨끗하게 관리되고 있었다. 당화가 끝난 맥즙은 당도가 17~20브릭스 정도이다.

효모 배양 탱크

신도 증류소에서 가장 신경쓰는 공정은 발효다. 우선, 2개의 효모 배양 탱크에서 사계절 내내 같은 온도로 영국에서 공수한 '효모 X'를 배양한다. 27~28도가 적당하고, 25도 이하나 30도 이상이면 효모가 활성화되지 않는다. 48시간 배양해서 발효 중인 맥즙에 첨가한다.

스테인리스 발효조

발효조는 7000리터짜리 5개가 있다. 5개 발효조 중 3번과 5번 발효조에 배양한 '효모 X'를 첨가해 원하는 락톤향을 발생시킨다. 이렇게 만든 발효액의 특징은 달콤하고 크리미한 아몬드, 코코넛, 버터 등의 향이 난다. 1번, 2번 발효조는 4일간 발효하고, 3번, 4번, 5번 발효조는 6일간 발효한다.

각각의 발효액은 라인암이 약간 아래를 향하고 있는 증류기에서 증류된다. 초류기는 스트레이트형 5800리터, 재류기는 랜턴형 3300리터, 냉각장치는 셸앤튜브 방식이다. 6시간에서 6시간 반 정도 증류하는데, 재류기의 증류 시간에 따라 락톤향이 얼마나 생기는지 좌우된다. 일주일 동안 증류한 여러 스피릿을 하나로 합쳐서 복합적인 밸런스를 만든 뒤 알코올 도수 65%로 오크통에 담는다. '효모 X'를 사용한 스피릿이 40%, 사용하지 않은 스피릿이 60%다. 연간 생산량은 13만 리터 정도로 180리터 버번배럴 기준으로 약 730개를 만들 수 있는 양이다.

신도 증류소 증류기. 오른쪽이 초류기, 왼쪽이 재류기. 미야케제작소에서 만든 증류기다

숙성은 버번배럴을 기본으로 셰리 오크 숙성도 하고 있다. 또 아리아케 산업에서 만든 미즈나라 오크통도 사용중이다. 캐스크 오너십으로 1년에 50개 정도의 오크통을 판매한다. 숙성의 다양성을 위해 후쿠오카뿐만

신도 증류소 첫번째 오크통

7장 2차 일본 크래프트 위스키 붐

아니라 홋카이도 등 추운 지역 숙성도 고려하고 있다.

신규 위스키 생산자의 고민

시노자키에 따르면, 위스키 증류소가 많이 생기면서 오크통 수급이 어려워졌다고 한다. 얼마 전에 럼 배럴을 공급받았는데 모두 반납했다. 오크통 안의 산성이 너무 강하고, 어디에서 만든 건지 투명성도 부족했기 때문이다. 오크통 업자들이 "이거밖에 없다"면서 억지로 좋지 않은 오크통을 판매하는 경우도 있다. 신규 위스키 생산자는 울며 겨자 먹기로 받을 수밖에 없는데, 숙성이 엉망이 될 수도 있다. 위스키 생산자와 오크통 업자 모두 성장하기 위해서라도 좋은 품질의 오크통이 공급되길 바란다.

신도 증류소 숙성고. 품질 좋은 오크통 수급을 위해 애쓰고 있다

효모 X로 만든 위스키 스피릿의 확실한 특징

증류소 시설을 다 둘러본 뒤, '효모 X'를 사용한 스피릿과 그렇지 않은 스피릿의 맛을 비교해봤다. 확실히 '효모 X'를 사용한 스피릿에서 복숭아와 코코넛 등의 향이 물씬 풍겼다. 그리고 좀더 바디감이 있었다. '효모 X'를 사용하지 않은 스피릿은 가벼우면서 고소한 맥아향이 좋았고 감칠맛도 있었다.

증류소 방문에 앞서 22년 9월 출시한 '신도 NEW MAKE WHISKY'를 라이카도 바에서 맛봤는데, 확실히 두 가지 스피릿을 섞어 좋은 밸런스를 보여줬다. 신도 증류소는 3년 숙성이 안 된 위스키를 출시할 계획이 없다. 3년을 채웠다고 부랴부랴 위스키를 출시할 계획도 없다. 시노자키는 '그럭저럭 마실 만한 위스키'는 세상에 내놓을 생각이 없다고 단언했다. 당장 돈은 되겠지만, 결국 맛이 없으면 의미가 없다고 생각하기 때문이다. 새로운 시도를 하면서도 위스키의 정도를 걸어가는 것, 그것이 신도 위스키의 길이라는 생각이 들었다.

뉴스피릿. 왼쪽이 효모 X를 첨가한 스피릿이다

신도 증류소 로고

7장 2차 일본 크래프트 위스키 붐

주소	344-1 Yazuta, Murakami, Niigata 959-3435(〒959-3435 新潟県村上市宿田344-1)
홈페이지	https://yoshidadenzai-distillery.com/
위스키 생산 시작	2022년

4. 요시다덴자이공업
–요시다덴자이 증류소

아침 7시, 일본 니가타현 중심지에서 열차를 타고 북동쪽으로 1시간 20여 분 달려 히라바야시平林역에 도착했다. 가는 내내 니가타 중심쪽으로 가는 열차는 인산인해였지만, 시외 방향 열차에는 사람이 거의 없었다. 히라바야시역에 내리는 사람도 나밖에 없었고, 역무원도 없이 쓸쓸한 플랫폼만 반겨줬다. 표 없이도 드나들 수 있는 개찰구를 빠져나오자 길게 뻗은 2차선 도로가 나났고, 건너편에 눈에 띄는 남색 건물이 보였다. 바로 요시다덴자이吉田電材 증류소다.

정밀기계 전문 제작업체의 위스키 시장 도전

산업·의료기기 전문 정밀기계 제작업체 '요시다덴자이공업 주식회사(이하 요시덴)'. 1940년 설립된 요시덴은 사원 약 270명,

요시다덴자이 증류소 외관. 남색 건물에 흰색 글씨가 멀리서도 굉장히 눈에 띈다

증류소 내부. 반도체 소재 공장에서 사용하던 크레인이 천장에 설치되어 있다

2022년 기준 매출 약 80억 엔을 기록하고 있는 회사다. 코로나 직전에 생산량을 늘리기 위해 히라바야시역 근처에 있는 반도체 소재 공장을 매입했다. 그러나 코로나19가 유행하면서 납품 수요가 줄었고, 언제까지 수요 회복을 기다릴 수만은 없어 대안을 생각하기 시작했다. 마침 마쓰모토 고지松本匡史 대표가 위스키를 좋아해 '위스키 프로페셔널' 자격증을 갖고 있었고, 사업성도 있다고 판단해 위스키 증류소를 만들기로 했다.

아무도 가지 않던 그레인위스키의 길

처음에는 몰트위스키를 만들려고 했다. 그러나 몰트위스키를 만드는 증류소가 너무 많아져서 차별화가 걱정됐다. 그러던 어느 날, 마쓰모토 대표와 친한 바텐더가 "모두가 몰트를 만드니까 버번을 만드는 건 어때?"라고 말했다. 이 말을 들은 마쓰모토는 버번을 좋아하기도 하고, 일본 어디에서도 만들지 않으니까 만들어볼 만하다고 생각했다.

그러나 미국 켄터키주에서 만들지 않으면 '버번'이라는 이름을 쓸 수 없다는 한계가 있다. 그렇다고 '버번'이라는 이름 없이 그레인위스키를 만들면, 값싼 위스키라는 이미지만 갖게 된다. 연속식 증류기로 대량생산하는 그레인위스키는 맛도 향도 거세된 특징 없는 위스키란 인식이 크기 때문이다. 애써서 부가가치 떨어지는 위스키를 만드는 일이 되어버린다.

마쓰모토는 이런 편견을 뒤집어보기로 했다. 일본 위스키 대기업은 자체 그레인위스키 증류소를 통해 그레인위스키 원주를 공급한다. 그러나 최근 생겨난 크래프트 증류소는 그레인위스키를

요시다덴자이 증류소 마쓰모토 고지 대표. 위스키를 좋아해서 전문 지식을 쌓다가 아예 증류소를 세웠다

스코틀랜드 등에서 수입한다. 일본 대기업 증류소가 그레인위스키를 팔지 않기 때문이다. 크래프트 증류소의 블렌디드 위스키는 외국 위스키를 섞을 수밖에 없는 형편이다. 이런 상황에서 그레인위스키를 공급하는 일본 증류소가 생긴다면 문제를 해결할 수 있다. '일본 위스키를 더욱 일본 위스키답게'라는 생각으로 몰트 이외의 곡물을 주재료로 한 그레인위스키 증류소를 만들기로 결심했다.

요시다덴자이 증류소의 미션은 3개다. 우선, 일본 위스키의 다양성을 늘리는 것. 모두가 몰트위스키를 만들지만, 그레인위스키를 만들어 다양성을 늘린다. 둘째는 다른 증류소에 원주를 공급하는 것. 일본산 그레인위스키를 몰트위스키 증류소에 공급함으로써, '100% 일본산 위스키' 생산에 공헌한다. 마지막은 원재료부터 100% 일본산 위스키를 만드는 일이다. 몰트와 다른 길을 선택했기 때문에 어떤 곡식을 써도 된다. 일본의 풍부한 곡식, 쌀이나 옥수수 등을 사용해 스코틀랜드산 몰트를 사용하는 증류소와 차별화하는 것이다.

2021년 8월, 위스키 시험제조 면허를 취득하고 본격적인 위스키 가동을 위해 움직였다. 2022년 4월, 구매한 독일산 증류기를 들일 계획이었는데, 우크라이나 전쟁으로 컨테이너 운반이 어려워졌다. 8월로 연기됐는데, 이번에는 증류기가 들어오기 하루 전에 큰비로 수해가 일어나 재차 연기됐다. 결국 반년 정도 설비 반입이 늦춰졌고, 우여곡절 끝에 2022년 10월 첫 증류를 시작했다.

요시다덴자이 증류소 위스키 제조과정

증류시설 안으로 들어가면 가장 먼저 오크통이 보인다. 아직 생산을 시작한 지 얼마 안 돼서 증류시설에 보관중인데, 조만간 숙성고를 지어 옮길 예정이다. 버번 오크와 뉴 오크를 쓴다. 그리고 곡식을 담은 포대가 3종류로 나뉘어 있다. 옥수수, 몰트, 라이몰트다. 옥수수는 100% 홋카이도산을 사용한다. 대기업에서 사용하는 미국산 옥수수에 비해 20~30% 비싸지만, 곰팡이 등이 없어 품질이 좋다고 한다. 또 해상운송으로 2~3개월 열화되어 옥수수 향미가 떨어지는 걸 방지할 수 있다. 대형 증류소에서 그레인위스키를 만들던 관계자가 요시다덴자이 그레인위스키를 맛보고 옥수수 맛이 많이 남아 놀랐을 정도라고 한다.

현재 요시다덴자이 증류소의 그레인위스키 기본 레시피는 옥수수 70, 몰트 15, 라이 15다. 수수, 쌀 등 일본의 다양한 곡물도 테스트중이다. 몰트와 라이는 수입산을 쓰는데, '몰팅머신'을 개발해 100% 국산화를 시도할 예정이다. 본사의 정밀기계 설계자가

요시다덴자이 증류소에서 사용하는
옥수수. 모두 홋카이도산이다

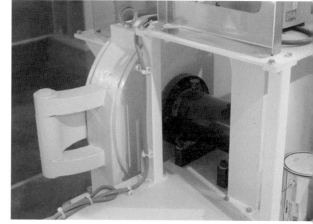

해머밀. 그레인위스키 증류소의 특
징적인 설비다

그레인위스키 증류소의 특징적인
설비들. 곡물별로 오른쪽 3개의 호
퍼에서 그 왼쪽의 해머밀로 옮겨 분
쇄하면, 맨 왼쪽 2개의 그리스트 빈
에 나뉘어 담긴다

2023년 1월부터 몰팅머신 개발을 시작했고, 100킬로그램 용량의 시제품을 만든 후 1톤까지 용량을 늘린다는 계획이다. 향후에는 5톤까지 용량을 늘려 몰팅머신 판매도 생각하고 있다. 이런 식으로 회사 본업과의 시너지를 만들어, 위스키 업계에 공헌하겠다는 계획이다.

쿠커. 그레인 증류소만의 특징적인 설비

증류소의 가장 큰 특징은 역시 분쇄기다. 몰트는 부드러워서 분쇄가 쉬운 반면, 옥수수 등은 매우 딱딱하다. 그리고 곡물마다 분쇄 강도를 달리 해야 한다. 그래서 3개의 호퍼hopper, 보관통에 서로 다른 곡물을 넣어놓고, 몰트를 분쇄하는 '롤러밀roller mill'보다 강한 '해머밀hammer mill'로 분쇄한다. 해머가 회전하면 곡물이 바깥으로 부딪히면서 으깨지는 방식이다.

쿠커 내부. 프로펠러같이 생긴 내부 장치가 돌아가면서 당화액을 균일하게 만든다

각각 곡식 배합량을 컴퓨터로 제어하면 알아서 분쇄된 후, 2개의 그리스트 빈grist bin으로 옮겨진다. 분쇄된 곡물을 나눠 담는 이유는 곡물마다 당화 최적 온도와 시간이 다르기 때문이다. 몰트 단일 재료로 위스키를 만들 때는 필요 없는 과정이다.

몰트는 당화조에서 당화할 때, 온도를 일정하게 유지하고 여과를 해서 깨끗하게 만든다. 반면, 그레인위스키는 여과를 하지 않고 온도를 높이거나 낮추며 당화한다. 이를 담당하는 것이 '쿠커'다.

요시다덴자이 증류소 발효조. 긴 원통형이다

곡물별로 투입 시간을 달리 하고, 그 때그때 물 온도를 조절한다. 처음에는 저온의 물을 곡식과 섞었다가 온도를 올렸다 내렸다 하는데, 이 온도가 중요한 제조 노하우다. 당화에만 꼬박 하루가 걸린다. 당화가 끝나면 당도 19.4브릭스 정도의 액체가 만들어진다. 14~16브릭스인 맥즙보다 당도가 높다.

당화가 끝나면 스테인리스 발효조로 옮겨진다. 발효조는 5800리터 용량 6개인데, 물이 흐르는 워터자켓을 입혀서 여름엔 온도를 낮춰 과발효를 막는다. GMDW라는 그레인위스키용 효모를 사용해 3일간 발효한다. 발효를 통해 얻는 발효즙의 알코올 도수는 10.5%이다. 7~8%의 몰트 발효즙에 비해 확실히 높은 편이다.

증류기는 독일 코테KOTHE사의 하이브리드 제품을 사용한다. 5000리터 용량의 단식 증류기에서 1차 증류를 하고, 8단 칼럼 연속식 증류기에서 2차 증류를 한다. 칼럼 증류기를 몇 단으로 쓰는지에 따라 위스키 풍미를 변형할 수 있다. 1단만 사용하면 65% 정도의 알코올로 풍미가 풍부한 스피릿이 된다. 3단이 80%, 8단은 90% 정도의 알코올을 만드는 대신, 위스키 자체의 풍미는 거의 사라진다. 이렇게 만든 스피릿은 62%로 희석해 오크통에 담는다. 연

하이브리드 증류기. 최근 크래프트 증류소에서 이 하이브리드 증류기를 도입하는 곳이 많아지고 있다. 단식과 연속식 증류 모두의 장점을 취할 수 있다

간 100킬로리터 생산을 목표로 한다.

요시다덴자이 증류소는 모회사가 일본 '모노즈쿠리(일본 제조업의 장인정신)'를 지탱해온 만큼, 위스키 업계에서도 그레인위스키로 그 역할을 할 수 있다고 믿고 있다. 그리고 그레인위스키의 편견을 깨고, '다양한 위스키 원주 중 하나'로 인정받을 만큼 맛있는 위스키를 만들겠다는 포부도 갖고 있다. 이미 몇몇 증류소로부터 함께 블렌디드 위스키를 만들자는 제안을 받았고, 앞으로도 뜻있는 회사와 협력을 강화해나갈 예정이다. 스카치위스키에 의존하지 않는 크래프트 재패니즈 위스키라는 길을 요시다덴자이 증류소가 만들어나가고 있다.

향도 맛도 달콤한 요시다덴자이 그레인위스키

증류소 취재를 마치고 마쓰모토 대표와 요시다덴자이 증류소에서 만든 그레인위스키 스피릿을 맛봤다. 2가지를 비교 시음했는데, 원료 배합은 홋카이도산 옥수수 70%, 영국산 몰트 15%, 영국산 라이몰트 15%로 동일했다. 그러나 연속식 증류기 칼럼 수가 달랐다. 하나는 칼럼을 1단만 쓴 것, 다른 하나는 3단까지 쓴 것이다.

두 스피릿 모두 알코올 도수가 높지만, 옥수수 본연의 달콤한 향기 덕에 굉장히 마시기 편했다. 달콤한 맛이 기분 좋게 느껴지면서, 풀잎을 연상시키는 향이 좋았다. 확실히 비교되는 건 풍미의 농도였다. 1단 칼럼으로 만든 쪽이 옥수수 등의 풍미가 훨씬 진했다. 숙성으로 맛이 더해질 요시다덴자이 증류소의 그레인위스키가 기다려진다.

요시다덴자이 증류소 그레인위스키 스피릿

7장 2차 일본 크래프트 위스키 붐

히라바야시역에서 열차를 기다리며 먹은 최고의 소시지

https://www.kamihayashi-ham.co.jp/

202-1 Yazuta, Murakami, Niigata 959-3435

(〒959-3435 新潟県村上市宿田202-1)

요시다덴자이 증류소 취재를 마치고, 니가타 시내로 돌아가려고 히라바야시역에 갔는데, 열차 시간이 많이 남아 주변을 둘러봤다. 역에서 증류소 반대편으로 조금 걷자 뜬금없이 햄을 파는 가게가 나왔다. '가미하야시 햄かみはやしハム'이라는 곳이었는데, 간단히 요기할 거리가 있나 들어가봤다.

가미하야시 햄

정말 맛있었던 프랑크 소시지. 아무도 없는 역에서 열차를 기다리며, 뜨끈한 프랑크 소시지를 먹는 맛이란……

그런데 이게 웬걸, 햄과 소시지, 그리고 훈제 베이컨 등을 30년 이상 만들어온 가게였다. 국제 콘테스트에서도 다수 수상한 실력자의 가게. "아무리 좋은 브랜드 고기를 사용해도, 재료의 맛을 가리는 맛을 내서는 안 된다고 생각합니다. 재료의 맛을 살리고 감미료와 조미료를 사용하지 않는 맛을 추구하고 있습니다"라는 문구가 와닿았다.

바로 먹을 수 있는 걸 물었더니 프랑크 소시지를 추천해줬다. 전자레인지에 데워서 종이컵에 담아줬는데, 한입 베어물자 신선한 육즙이 엄청 흘러나왔다. 간이 잘 되어 있어서 케첩이 필요 없는 맛이었다. 근처 자판기에서 캔콜라를 사서 함께 먹었더니 금세 사라졌다. 이것만 먹고 가기엔 아쉬워서 훈제 닭가슴살도 사 먹었는데, 은은한 훈제향과 먹기 좋게 훈연된 닭가슴살의 조화가 아주 좋았다. 혹시 히라바야시역 근처에 간다면, 가미하야시 햄 가게를 꼭 찾아가보길 바란다. 소시지와 햄은 위스키 안주로도 제격이니까.

7장 2차 일본 크래프트 위스키 붐

주소	Kamui-128-2 Kutsugata, Rishiri, Rishiri District, Hokkaido 097-0401(〒097-0401 北海道利尻郡利尻町沓形神居128-2)
홈페이지	https://www.kamuiwhisky.com/jp
위스키 생산 시작	2022년

5. 가무이 위스키-가무이 증류소

리시리섬으로 가는 길

일본 위스키 증류소 취재를 계획하면서 갈지 말지 가장 고민한 곳이 가무이 증류소다. 인천국제공항에서 비행기를 타고 2시간 20분 걸려 홋카이도 신치토세 공항에 도착한 뒤, 삿포로 시내에 있는 오카다마 공항까지 가야 한다. 거기서 국내선으로 갈아타고 북쪽으로 약 1시간 정도 비행해야 가무이 증류소가 있는 리시리섬에 도착한다. 작은 비행기라 날씨가 조금만 안 좋으면 결항이다. 섬에 도착한다고 끝이 아니다. 공항에서 증류소 근처 마을까지 버스가 거의 없어 택시를 타야 한다. '일본 최북단 위스키 증류소'라는 상징성에도 불구하고 결심이 서지 않았다.

도대체 왜 이런 외딴섬에 위스키 증류소를 세웠는지 궁금해서 섬에 대해 검색해봤다. 그런데 뜬금없이 조선시대 한 인물이 나왔다. 1600년대 말, 이지항이라는 조선 무관이 부산에서 배를 탔다

비행중에 다른 세계로 진입하는 기분이 들었다

보기만 해도 마음이 정화되는 듯하다

가 동해에서 표류됐다. 갈증을 이겨내기 위해 소주 만들 듯 바닷물을 증류해 마시며 보름 넘게 버텼다. 그리고 이들이 표류한 섬이 바로 리시리섬이었고, 원주민인 아이누족을 만났다. 이지항은 리시리섬에서 돌아와 『표주록』이라는 글을 남겼는데, 당시 리시리섬 풍습을 알 수 있는 귀중한 자료가 됐다.

'표류된 배에서 바닷물 끓여 마시며 간 사람도 있는데, 비행기 타고 편히 가는 게 대수냐.'

만약 결항되면 운명이라 생각하고 단념하기로 마음먹었다. 다행히 날씨는 맑았고, 오카다마 공항에서 리시리섬으로 향하는 비행기에 올라탔다. 한숨 자는데 기장이 창밖으로 리시리섬이 보인다고 말해줬다. 부랴부랴 창밖을 살피는데 아름다운 풍광에 눈이 번쩍 떠졌다. 구름에 둘러싸인 리시리산은 마치 〈천공의 성 라퓨타〉에 나오는 하늘에 떠 있는 성 같았다. 왜 눈으로 뒤덮인 리시리산이 '홋카이도의 후지산'이라고 불리는지 바로 이해됐다. 이 아름다운 섬에 먼저 반한 미국인이 있었으니, 바로 가무이 증류소 설립자 케이시 월Casey Wahl이다.

색색의 집들이 예쁜 작은 섬마을이다

섬이라 그런지 바람도 많이 불고 파도도 거칠었다

아일라섬에 대한 동경, 리시리섬에 대한 동경으로

스페인 마드리드에 있는 유럽 명문 MBA, IE 비즈니스 스쿨을 졸업하고 도쿄에서 사업을 하는 케이시는 2016년 처음 리시리섬에 왔다. 일로 지쳐 있던 그는 일본인 아내와 휴식을 얻기 위해 리시리섬을 찾았고, 아름다운 자연에 한 눈에 반하고 말았다. 특히 그는 어린 시절, 친구를 따라 몇 번이나 아일라섬에 간 적이 있는데, 리시리섬이 아일라섬과 닮았다고 느꼈다. 냉랭한 기후와 산에서 흘러내려오는 미네랄이 풍부한 물, 그리고 바닷바람 때문이다.

그후로 몇 번이고 리시리섬을 찾은 그는 아내가 "만일 당신이 리시리섬에 산다면 뭘 하고 싶어?"라고 질문했을 때 위스키를 만들고 싶다고 답했다. 증류소 설립을 위한 투자를 유치해 2022년 7월 증류소를 완공했고, 직원 3명과 함께 위스키 생산을 시작했다.

리시리섬의 아름다운 자연

증류소 방문 전날, 인근에 있는 구쓰가타鴟形의 오래된 여관에서 하룻밤을 묵었다. 1965년부터 영업을 한 전통여관 '쇼부카와正部川'는 굉장히 깨끗하고 정돈된 느낌을 주는 곳이었다. 여관 사장에 따르면, 케이시가 자녀들과 리시리섬에 올 때면 이곳에 묵는다고 한다. 특히 1호실을 선호하는데, 일본풍 넓은 다다미방이 아이들과 지내기 편하기 때문이라고.

여관 사장에게 어딜 가면 좋으냐고 묻자, 구쓰가타곶 공원을 가보라고 했다. 여관을 나와 10분 정도 걸어가자 공원이 나왔다. 마침 해질녘이라 붉게 물들어 넘실거리는 바다가 너무 아름다웠다. 거센 바람과 파도는 사진과 영상으로 접한 아일라섬을 연상시키기 충분했다. 해안을 따라 현무암이 즐비했고, 그 위로 갈매기들이 떼를 지어 날아다녔다. 수많은 갈매기가 평화롭게 노니는 모습을 보면서 이곳이 갈매기들의 고향이 아닌가 하는 생각이 들었다.

1965년에 문을 연 전통여관 쇼부카와. 케이시가 자녀들과 묵는 1호실

여관에서 푹 자고 아침 일찍 일어나 증류소까지 걸어갔다. 구쓰가타에서 조금 벗어나 리시리산으로 들어가자, 마치 제주도의 오름에 오른 듯 아름다운 자연이 펼쳐졌다. 리시리산 아래로 펼쳐지는 풍광은 대자연의 설렘을 주는 데 충분했다. 그렇게 30분 정도 걸어가 '가무이 해안 공원'에 도착하자 검정색 목조건물이 2개 보였다. 바로 가무이 증류소다.

파도가 거칠어 그런지 바람을 타는 갈매기들의 날갯짓도 힘차 보였다

리시리섬을 담은 재패니즈 위스키

가무이 증류소에서 홍보와 마케팅 등을 담당하는 히라야마 씨를 만나 안내를 받았다. 가무이 위스키 증류소 건물은 총 3개로 증류동, 숙성고, 그리고 직원 숙소다. 앞으로 생산이 늘면 숙성고 옆에 두번째 숙성고를 지을 예정이다. 증류동과 숙성고가 검정색 목조건물인 이유는 인근 어부들의 작업장과 똑같이 만들어 통일감을 주기 위해서라고 한다.

인근 어부들 작업장과 통일감을 주기 위해 증류동과 숙성고는 모두 검정색이다

맥아는 4가지를 블렌딩해 사용한다. 논피트 맥아 86%, 15ppm 라이트피트 맥아 3%, 초콜릿 몰트 3%, 그리고 홋카이도산 몰트 8%다. 홋카이도산 몰트는 홋카이도 동쪽, 나카시베쓰조에서 생산한 보리로 만든다. 몰팅 공장이 없어서 2022년까지는 산토리에 몰팅을 맡겼지만, 2023년에는 몰팅 공장을 신설해 100% 홋카이도 몰트로 탄생할 예정이다. 몰트 분쇄기는 중국제로 한 번에 300킬로그램까지 분쇄가 가능하다. 맥아는 한 번에 175킬로그램을 사용한다.

당화조는 스테인리스로 800리터까지 담을 수 있다. 보통은 550리터가 넘지 않도록 한다. 1시간의 당화를 통해 만들어지는 맥즙은 당도 15브릭스이다. 발효조는 900리터 용량이고 역시 스테인리스로 4개가 있다. 온도조절이 가능하나 따로 조절하지 않고, 4일 동안 발효한다. 발효가 끝나면 알코올 도수 7% 전후의 발효액이 된다.

7장 2차 일본 크래프트 위스키 붐

증류기는 미국 켄터키주에 있는 벤 덤Vendome사 제품이다. 미국 메이저 증류기로 미국 시장점유율 1위 브랜 드다. 초류기 760리터, 재류기 380리 터로 용량이 매우 작은 초소형 증류 기다. 그러나 크기에 비해 증류기 목 부분이 굉장히 길다. 칠레 출신으로 미국에서 버번위스키 제조법을 배운 하비에르 네그레테Javier Negrete가 직 접 디자인한 커스텀 증류기다. 이렇 게 증류기 목을 길게 한 것은 '궁극 의 부드러운 위스키 스피릿'을 얻기 위해서라고 한다. 위스키 스피릿 알 코올 도수는 70%.

가무이 증류소의 아담한 크기 당화조

오크통에 스피릿을 담을 때는 58% 로 알코올 도수를 대폭 낮춘다. 60% 이상의 스피릿을 오크통에 담는 게 일반적인데 왜 58%일까. 그 이유는 기온 때문이라고 한다. 리시리섬은 연평균 기온이 낮기 때문에 증발량 도 적다. 너무 높은 알코올 도수로 숙 성을 시작하면 좀처럼 알코올 도수가 떨어지지 않아 마시기 불편할 수 있 다. 따라서 마시기 편한 알코올 도수 를 위해 처음부터 낮은 도수로 숙성

스테인리스 발효조

증류기는 사이즈에 비해 목이 굉장히 긴 게 특징이다

증류기를 직접 고안한 하비에르가 증류공정을
체크하고 있다

가무이 증류소의 작은 숙성고. 아직 생산량이
많지 않아 숙성고 한편에 몰트도 보관한다

을 시작한다고 한다. 리시리섬은 최저온도 영하 13도, 최고온도 27도다.

숙성은 주로 버번 오크통을 사용하고, 와인 오크통과 미즈나라 오크통도 가지고 있다. 평균적으로 일주일에 오크통 1개 분량의 위스키를 생산해, 한 달에 오크통 4개를 채운다. 아직 생산량이 많지 않아서 1단으로 적재해놨는데, 향후 더니지 방식의 3단 적재를 생각하고 있다.

증류소는 12월 초부터 3월 말까지 생산을 중단한다. 너무 추운 날씨에 배관 등이 얼어붙을 수 있고, 눈이 많이 내려 교통이 불편하기 때문이다. 이 시기에 증류소 직원들은 고향으로 돌아가 휴식을 갖는다. 월급은 계속 지급된다.

부드러운 가무이 스피릿

증류동에서 가무이 위스키 스피릿을 맛봤다. 확실히 부드럽다는 느낌이 있었다. 굉장히 부드러우면서 산미와 함께 맥아의 고소한 향미도 나타났다. 지금까지 마셔본 위스키 스피릿 중에서 가장 마시기 편한 느낌이었다. 그러나 한편으로는 가벼운 감도 있어서 숙성시에 오크통에서 나오는 다양한 성분에 지배당할지도 모르겠

7장 2차 일본 크래프트 위스키 붐

가무이 증류소 위스키 스피릿. 라벨을 똑바로 붙이려고 고안한 연필 그림. 그림에 맞춰 병을 눕히고 라벨을 붙인다

다는 느낌이 들었다.

'일본의 아일라섬'을 표방하면서 왜 피트향 강한 위스키를 만들지 않는지 물어봤다. 사실, 창립자인 케이시는 피트향을 좋아하지 않는다고 한다. 그가 반한 건 아일라섬의 풍경이지 피트는 아니었다. 그래서 피트 위스키를 좋아하는 사람들이 실망스럽다는 말을 하기도 한다고.

일본의 젊은 증류소에서 자라나는 젊은이의 꿈

가무이 증류소를 찾았을 때 직원 2명이 일하고 있었다. 증류 담당 하비에르 네그레테와 홍보 담당 히라야마 야스토시였다. 여기에 일본 사사노카와 증류소에서 경력을 쌓은 타우라까지 3명이 근

가무이 증류소 직원 히라야마 야스토시. 작은 몰트밀을 청소하는 모습

무한다. 하비에르와 타우라는 증류기술을 가진 사람들인데, 히라야마는 아직 대학생이다. 휴학계를 내고 증류소에서 일하고 있다. 맡은 업무는 홍보지만, 하비에르와 타우라의 통역부터 증류소 청소와 라벨 붙이기까지 온갖 잡무를 도맡아 한다.

다니는 학교와 전공을 묻자 '도쿄대학교 법학부'라는 대답이 돌아왔다. 한국으로 따지면 서울대 법학과 학생이 휴학을 하고 위스키를 만들고 있는 셈이다. 휴학을 많이 하는 한국 대학생에 비해 거의 휴학을 하지 않는 일본 대학생이 휴학까지 하면서 위스키를 만드는 이유는 뭘까.

보통 일본 대학생은 휴학을 하지 않는데, 어떻게 휴학을 하고 여기에서 일하고 있는지요?

A _____ 취업을 고민하기도 했지만, 대학을 졸업하고 대기업에

서 근무하면서 도쿄에서 일생을 보내는 것은 저 자신에게 좋지 않다고 생각했어요. 지방 출신이기도 해서, 어딘가 지방에서 일하고 싶은 마음도 있었고요. 그래서 대학교 1~2년 정도를 쉬면서 그런 곳을 찾아보기로 했습니다. 부모님께서 꽤 걱정을 많이 하시지만, 천천히 생각해서 정하라고 응원해주셨어요.

어떻게 주류업계에 관심을 갖게 됐나요?

A＿＿ 술은 원래 좋아해서 술 업계에서 일을 해보고 싶었습니다. 마시는 것도 좋아하고, 법학과에서 배운 지식을 써먹을 수 있는 업계라고 생각했어요. 또 친구들끼리 모여서 술에 대한 연구를 해본 적이 있는데, 너무 재미있어서 일로도 해보고 싶다고 생각했어요. 재미있어하는 일과 할 수 있는 일이 합쳐진 것이 주류업계라는 생각이 들었습니다.

일본에 위스키 증류소가 많은데, 이렇게 멀리 떨어진 곳으로 정한 이유는 뭔지요?

A＿＿ 원래 섬을 좋아해서 여행을 많이 다녔는데, 섬의 독특한 분위기가 좋았습니다. 그리고 일본 국내의 섬에서 위스키를 만드는 곳은 여기 정도밖에 없으니까요.

앞으로 어떤 위스키를 만들고 싶나요?

A＿＿ 우선, 리시리섬의 모든 분들이 사랑하는 위스키가 되어야 한다고 생각합니다. 맛있는 건 기본이고요. 리시리섬은 관광객이 많습니다. 1년에 몇십 만 명의 관광객이 오는데, 관광객이 선물로 사 가는 위스키가 되면 좋겠어요. 다른 사람에게 선물했을 때 기뻐하는 그런 위스키를 만들고 싶습니다. 스코틀랜드 아일라섬 하면 사람들은 위스키를 떠올리잖아요. 앞으로 사람들이 리시리섬에 다녀왔다고 말하면, '아, 위스키 만드는 리시리섬'이라고 먼저

가무이 증류소에서 바라본 리시리섬 앞바다. 이 아름다운 풍광이 만들어갈 위스키가 기대된다

떠올렸으면 좋겠어요. 그렇게 될 수 있도록 리시리섬의 명물로 만들고 싶습니다.

주소	4630-1 Karuishi, Kou, Komoro, Nagano, 384-0801(〒384-0801 長野県小諸市甲字軽石4630-1)
홈페이지	https://komorodistillery.com/
위스키 생산 시작	2023년

6. 가루이자와 증류주 제조-
고모로 증류소

2020년 3월, 위스키 업계를 놀라게 한 뉴스가 있었다. 바로 대만 카발란KAVALAN 증류소 마스터 블렌더, 이안 창Ian Chang 퇴사 소식이다. 2005년 카발란 증류소 설립 때부터 마스터 블렌더로 15년을 함께한 그가 퇴사 소식을 알리자, 그의 다음 스텝을 모두가 궁금해했다. 그러나 당시에는 'due to personal career plans(개인 경력 계획을 위해)'라는 말만 남긴 채, 구체적인 행보를 알리지 않았다.

이안 창은 중화권 위스키 업계에서 가장 유명한 스타다. 위스키 전문가 짐 스완James Sneddon Swan 박사의 지도 아래 카발란 증류소를 성공으로 이끌면서 세계적인 명성을 얻

대만 카발란 증류소 마스터 블렌더를 역임한 이안 창

고모로 증류소 외관

었다. 특히, 연간 증발량 10%에 달하는 고온다습한 아열대기후에서 만든 위스키로 2013년경부터 각종 세계 주류품평회를 휩쓸었다. 스코틀랜드에서 10년 걸리는 숙성을 4~6년 만에 가능하다고 증명하면서, 기존의 위스키 숙성 개념을 깨트렸다. 일본 규슈 지역 최남단 가고시마에 위스키 증류소가 많이 생긴 것도 카발란의 성공이 기폭제가 됐다.

이런 화려한 이력의 이안 창이 새로운 둥지로 선택한 곳이 일본 고모로小諸 지역이다. 일본 사업가 시마오카 고지島岡高志가 세운 고모로 증류소에 전격 합류한 것이다. 이안 창은 마스터 블렌더 역할뿐만 아니라, 증류소 건설 프로젝트 전체에 참여했다. 증류소의 모든 설비부터 숙성동에 이르기까지, 그가 카발란에서 갈고 닦은 위스키 경험과 지식 모두를 고모로 증류소에 녹여냈다.

7장 2차 일본 크래프트 위스키 붐

회사명은 가루이자와, 증류소명은 고모로

그런데 이상한 점이 있다. 고모로 증류소의 회사명이 '가루이자와 증류주 제조 주식회사'란 점이다. '가루이자와'는 폐쇄된 일본의 증류소명이자 고모로 근처에 있는 지역명이다. 증류소를 세우는 지역명을 회사와 증류소 이름에 모두 쓰는 것이 일반적인데, 고모로 증류소는 다른 지역명을 회사명에 썼다. 그래서 유명한 가루이자와 증류소를 모방하려고 한다는 오해를 사기도 한다. 왜 이렇게 된 걸까(가루이자와 증류소에 대한 자세한 내용은 시즈오카 증류소 챕터 참고).

도쿄에 있는 본사에 찾아가 시마오카 대표에게 회사명에 대해 직접 물어봤다. 시마오카 대표는 가루이자와에서 호텔 사업을 하면서 20년 이상 살았는데, 가루이자와 증류소가 폐쇄되는 것이 너무 아쉬웠다고 한다. 그래서 사명을 지을 때, 가루이자와 위스키를 뛰어넘어보겠다는 발상으로 가루이자와를 사명에 넣었다. 회사명과 상관없이, '고모로'란 이름으로 브랜딩을 할 예정이다. 시마오카는 "산토리가 야마자키와 하쿠슈, 두 가지 싱글몰트 브랜드를 가지고 있는 것처럼 이해해달라"고 말했다.

사업가와 위스키 기술자의 만남

시마오카 대표는 위스키 산업에 사업가의 역량이 반드시 필요하다고 강조했다. 금융업계에 있던 그는 그동안 쌓아온 인맥을 통해 일본을 메인으로 싱가포르, 뉴욕, 런던 등에서 투자자를 모집했다. 약 20억 엔을 투자해 다른 일본 크래프트 증류소보다 규모가 큰 증류소를 지었다. 물론, 투자 유치에는 이안 창의 합류가 큰 역

가루이자와 증류주 제조 주식회사의 도쿄 본사 사무실 표시 간판.
영어로는 KARUIZAWA DISTILLERS다

고모로 증류소를 함께 만든 시마오카 대표(왼쪽)와 이안 창(오른쪽)

할을 했다.

위스키 사업 계획서를 한창 만들고 있던 시마오카는 스코틀랜드 업계 사람으로부터 이안 창을 소개받았다. 마침 이안 창이 카발란을 그만둘 때였는데, 증류소 건설 계획을 말했더니 이안 창이 바로 제안을 받아들였다고 한다. 이안 창과 함께 세계적인 위스키 브랜드를 만들고, 고모로 증류소를 연간 10만 명이 찾는 유명 관광지로 만드는 것이 시마오카의 꿈이다. 위스키 제조에는 관여하지 않을 거냐고 묻자, "위스키는 이안 창 씨가 만드는 것이다. 전혀 관여할 생각이 없다"고 강조했다.

한창 건설중인 고모로 증류소 방문

고모로 증류소는 2023년 6월 20일에 첫 증류를 시작했고, 7월 23일 그랜드 오프닝으로 방문객을 받아들이기 시작했다. 나는 첫 증류 두 달 전인 4월 24일에 방문했다. 완공된 고모로 증류소가 아니라 건설이 막바지로 향하고 있는 증류소였다. 건설중인 증류소를 방문하는 것은 처음이었다.

고모로역에 도착하자 이안 창 씨가 마중을 나와 있었다. 2019년 한국에서 열린 카발란 마스터 클래스 이후 4년 만의 재회였다. 만나서 악수를 하는데 표정이 매우 밝아 보였다. 마치 크리스마스를 앞두고 선물을 기대하는 아이처럼 설렘이 듬뿍 담겨 있었다. 이안 창에게 고모로 증류소는 그야말로 선물 같은 것이리라. 그가 운전하는 차를 타고 10분 정도 달리자 고모로 증류소가 나타났다.

증류소에는 수십 명의 작업자들이 일을 하고 있었다. 증류소 내외부 배관 작업과 숙성고 문을 다는 등 막바지 작업이었다. 아직

공사가 한창인 고모로 증류소

증류소 내부 바에서 보이는 증류기. 어디서든 증류 현장을 볼 수 있는 게 고모로 증류소의 특징이다

콘크리트도 제대로 깔리지 않아 먼지가 자욱히 날리는 가운데, 이안 창의 안내로 증류소 내부로 들어갔다.

증류소는 2층 건물이다. 1층에 증류소와 상점, 그리고 시음 공간이 모여 있고, 2층에는 위스키 관련 세미나와 수업 등을 하는 공간이 준비되어 있다. 1층과 2층의 모든 공간이 투명한 유리로 나뉘어 있어서, 언제 어디서든 증류하는 모습을 볼 수 있다는 게 장점이다. 증류소를 방문한 사람들이 편하게 둘러볼 수 있도록 배려했다고 한다.

먼저, 위스키 제조시설부터 살펴봤다. 이안 창은 논피트와 피티드 몰트 모두 사용할 예정이다. 단, 피티드 몰트는 1년 중 12월에만 사용한다. 독일, 스코틀랜드, 영국, 캐나다 등 다양한 나라의 몰트를 수입하고, 일본산 몰트도 쓴다. 이렇게 공급처를 다양화해서 공급 리스크를 줄이는 것이다. 여러 국가의 몰트를 섞어 쓰는 것도 고려하고 있다.

당화부터 증류까지는 이안 창의 '2배 위스키 생산 아이디어'가 담겼다. 고모로 증류소에서는 한 배치에 1톤의 몰트를 사용하는데, 당화조가 2개라서 하루에 2배치(2톤)를 당화할 수 있다. 당화조는 스테인리스 당화조로 포사이스 제품이다.

당화된 맥즙은 10개의 발효조로 옮겨진다. 5개는 스테인리스 발효조고, 5개는 오레곤파인 나무 발효조다. 일반적으로 하루에 한 배치를 만드는 증류소는 발효조가 5개다. 발효조가 5개 있으면, 발효를 4~5일 해도 발효가 끝난 워시가 증류기로 옮겨져서 빈 발효조가 생기기 때문이다. 이렇게 하면 휴일 없이 365일 쉬지 않고 위스키를 만들 수 있다. 고모로 증류소는 10개의 발효조로 하루에 2배치를 발효조에 옮길 수 있다. 발효에 사용하는 효모는 디스틸러리 효모고, 몰트와 마찬가지로 공급 리스크를 줄이기 위해 공급처를 네 곳으로 했다. 60~72시간 발효를 예정하고 있다.

고모로 증류소 몰트밀

증류기도 생산량 2배를 위해 다른 증류소들과 다르게 만들었다. 일반적으로는 초류기가 크고 재류기가 작다. 발효가 끝난 워시는 1차 증류로 만들어지는 로우와인보다 양이 많기 때문이다. 그런데 고모로 증류소는 초류기가 작고 재류기가 크다. 초류기로 두 배치의 워시를 증류한 후,

스테인리스 당화조

스테인리스 발효조. 아직 비닐도 뜯지 않았다

증류기 설치를 위해 스코틀랜드에서 온 포사이스사 직원들이 작업을 하고 있다

고모로 증류소 숙성고와 천사들

고모로 증류소 증류기. 오른쪽이 1차 증류기, 왼쪽이 2차 증류기다. 2차 증류기의 라인암 각도를 아래로 많이 내려서 무거운 스피릿을 만들게 했다

결과물인 로우와인을 섞어서 재류기로 느리게 증류한다. 증류기를 만든 포사이스 엔지니어와 상의해서 이런 디자인을 결정했다고 한다.

이안 창은 "이렇게 하면 증류와 증류 사이에 쉬는 시간 없이 계속해서 증류가 가능하다"며 "증류기가 한 번 멈추면 온도를 높이는 데 에너지를 과도하게 소비하는데, 이 방식은 1년 365일 논스톱 증류가 가능해서 에너지를 아끼는 효과도 있다"고 말했다. 이 정도 규모의 설비는 연간 10만 리터 내외의 위스키를 만드는 게 일반적이지만, 고모로 증류소는 20만 리터 생산을 목표로 삼았다.

이안 창은 아직 생산 전이라 어떤 플레이버의 위스키 스피릿이 생산될지 장담할 수는 없지만, 복합적이고 깨끗하며, 과일향이 강한 무거운 주질의 스피릿을 만들고 싶다고 말했다. 오크통에는 알코올 도수 59~62%로 희석한 스피릿을 담을 예정이다.

숙성고는 증류동보다 약간 위의 언덕에 있다. 2개를 먼저 지었고, 3~4년 후 추가로 지을 예정이다. 한

고모로 증류소 숙성고

창 마무리 공사중인 숙성고에 들어가보니 천장에 9개의 링 조명이 눈에 띄었다. 숙성고에 사는 9명의 천사를 의미하는 조명이라고 한다. 다행히도 이 천사들은 위스키를 별로 안 좋아해서 연간 2%만 위스키를 마실 것이다. 고모로 증류소 인근 와이너리의 브랜디 증발량이 연간 2%인 걸 확인하고 그렇게 예상하고 있다. 참고로 카발란 천사들은 연간 10%, 많게는 18%의 위스키를 마셨다.

숙성고는 반원형인데, 오크통 모양이기도 하고 눈이 많이 내려도 지붕에 쌓이지 않도록 고안했다. 숙성고 바닥은 콘크리트를 깔지 않고, 흙 그대로 사용해서 습도 유지에 도움이 되도록 했다. 사용하는 오크통은 버번, 셰리, 미즈나라, STR(Shaved=깎기, Toasted=가열, Re-charred=태우기 등의 처리를 한 오크통) 등 다양하다. 특히 이안 창은 오크통 수급에 강한 자신감을 보였다. 카발란부터 이어온 좋은 관계로 최상의 오크통을 들여올 수 있다고 자신했다. 오크통은 숙성고 가운데에는 팔레타이즈 방식으로, 양쪽 사이드에는 더니지 방식으로 숙성할 예정이다. 첫 위스키는 3년 이상 숙성해서 2026년 이후 출시된다.

애플스토어 같은 모습을 꿈꾸는 고모로 증류소 상점의 테이블

이안 창이 블렌딩을 할 블렌더실. 선반에 위스키 샘플을 가득 채울 예정이다

방문자센터와 위스키 아카데미

증류시설과 함께 있는 1층 방문자센터에는 바와 상점이 있다. 바에서는 일본인 바텐더를 고용해 칵테일 등을 제공할 예정이다. 고모로 위스키를 활용한 칵테일은 물론, 고모로에서 나는 식재료로 만든 음식도 제공된다. 상점에서는 위스키 글래스 등 위스키와 관련된 다양한 상품을 판매할 예정이다. 이안 창은 상점이 마치 애플스토어 같은 디자인이라고 말했는데, 바코드를 스캔하면 직원이 상품을 가져다주는 애플스토어 방식도 차용한다고 했다.

2층에는 테이스팅룸과 강당, 블렌더실 등이 있다. 테이스팅룸에서는 위스키 아카데미가 열리는데, 위스키에 대해 공부할 수 있는 다양한 코스(테이스팅, 제조방법, 칵테일, 피트 등)가

준비되어 있다. IWSC 심사위원이자 위스키 라이터로 유명한 에디 러들로Eddie Ludlow가 담당한다. 블렌더실은 이안 창의 작업공간으로, 방문객들이 마스터 블렌더가 일하는 모습을 언제든지 볼 수 있도록 했다. 홈페이지를 통해 증류소 견학과 아카데미 수강 신청 등을 할 수 있다.

이안 창 마스터 블렌더 인터뷰

일본에서의 생활은 어떤가요? 가족들과 함께 살고 있나요?

A _____ 현재 일본 가루이자와에 살고 있습니다. 거주를 시작한 지는 1년이 조금 넘었어요. 가루이자와와 고모로는 1년 내내 시원해서 지내기가 편합니다. 아직 가족들은 대만에 살고 있어서 혼자 지냅니다.

일본으로 거취를 정할 때, 고민은 없었나요?

A _____ 개인적으로 일본의 빅팬입니다. 일본 요리도 좋아하고요. 미래를 위해 좋은 기회라고 생각했습니다. 일본 위스키는 세계적으로 인기도 많고, 품질도 훌륭하니까요.

일본 위스키를 대만 사람이 만드는 것이 되는데, 그에 따른 어려움 같은 건 없을까요?

A _____ 재패니즈 위스키, 스카치위스키, 타이완 위스키는 지역에 따른 구분일 뿐입니다. 고모로 증류소가 일본에 있기 때문에 재패니즈 위스키가 되는 거죠. 개인적으로는 '재패니즈 팀'이 된 것을 영광으로 생각합니다. 카발란에서 일하면서 일본 위스키 관계자들을 많이 만났습니다. 후쿠요 신지 산토리 치프 블렌더, 사부로마루 이나가키 씨 등입니다. 모두가 친구입니다. 앞으로 재패니즈

이안 창 고모로 증류소 마스터 블렌더

위스키에 공헌해나가고 싶습니다.

대만과 비교했을 때, 일본에는 경쟁 상대가 아주 많습니다. 어떻게 경쟁 우위를 가질 생각인가요?

A ____ 짐 스완 박사는 늘 베스트 위스키는 없고, 좋아하는 위스키만 있다고 말했습니다. 고객마다 좋아하는 위스키가 있죠. 누군가는 야마자키를, 누군가는 사부로마루를 좋아합니다. 앗케시를 좋아하기도 하고요. 서로 다른 캐릭터가 있을 뿐이에요. 고모로도 우리만의 캐릭터를 만들어갈 겁니다. 가장 큰 경쟁자는 자기자신입니다. 매년 개선해나가면서, 언제나 최고의 제품을 내기 위해 노력할 것입니다.

위스키를 만드는 데 가장 중요하다고 생각하는 게 뭔가요?

A ____ 가장 중요한 건 기후라고 생각합니다. 고모로는 연평균 기온이 무척 좋습니다. 춥지도 덥지도 않아서 장기숙성에 최적화되어 있어요. 대만은 더워서 장기숙성이 불가능하거든요. 대만은 20년, 30년 숙성을 할 수 없지만, 고모로에서는 가능합니다. 개인적으로 고모로 싱글몰트 30년을 만들고 싶다는 꿈을 갖고 있습니다. 앤젤스셰어도 2% 정도라 스코틀랜드처럼 장기숙성이 가능합니다.

그럼, 카발란 30년은 출시되기 어려울까요?

A ＿＿＿15년 숙성된 카발란 위스키를 마셔봤는데, 나무맛이 너무 강했습니다. 반대로 고모로는 장기숙성 위스키를 만들기 좋은 환경입니다. 적어도 12년 이상의 위스키가 될 것입니다.

카발란에서의 경험을 살리고 있는 것은 무엇일까요? 그리고 새롭게 도전하는 것은 무엇인가요?

A ＿＿＿짐 스완 박사와 함께 일하면서, 스페인과 미국 등의 좋은 오크통 공급처를 알게 됐습니다. 전 세계에서 좋은 캐스크를 가져올 수 있다는 것이 카발란에서 일하면서 얻은 강점이죠. 새롭게 도전하는 것은 스피릿 컷 포인트입니다. 장기숙성에 적합한 스피릿을 위해 '와이드 컷'을 할 겁니다. 하트를 길게 뽑아내, 장기숙성에 좋은 스피릿을 얻는 것이죠. 카발란에서의 경험을 고모로에 투영시켜 글로벌 브랜드로 성공시킬 겁니다.

카발란 솔리스트가 굉장히 성공했습니다. 고모로 증류소도 캐스크 스트렝스 제품을 생각하고 있는지요?

A ＿＿＿현재는 48~50%의 싱글몰트를 만들려고 계획중입니다. 제가 갖고 있는 블렌딩 기술을 최대한 활용해서 만들 거예요. 일반 상시 제품으로 캐스크 스트렝스 제품은 만들지 않으려고 합니다. 새로운 위스키 소비자들은 높은 알코올 도수를 무서워하거든요. 다만, 한정판으로는 만들 수 있겠지요.

카발란 위스키에 이안 씨의 사인이 유명한데, 고모로 위스키에도 사인할 예정인지요?

A ＿＿＿제 사인이 당연히 들어갈 예정입니다. 카발란에 들어간 사인과 같은 형태겠죠. 카발란 위스키는 제가 그만두고 바로 사인을 없앴습니다.

사인이 없어진 뒤로 카발란 위스키가 맛없어졌다는 의견도 있는

데요.

A ＿＿ 마스터 블렌더가 바뀌면 당연히 위스키 맛이 바뀝니다. 하지만 카발란은 여전히 좋은 퀄리티의 위스키를 만들고 있어요.

카발란 증류소를 그만둔 이유를 모두가 궁금해합니다. 말씀해주실 수 있을까요?

A ＿＿ 카발란을 그만둔 이유는 오너가 원하는 것과 제가 원하는 것이 달랐기 때문입니다. 카발란 오너는 제가 세계 곳곳을 다니며 홍보하길 바랐습니다. 1년 중 200일 정도 전 세계를 돌아다녔어요. 처음에는 재미있었지만 점점 지쳤습니다. 글로벌 홍보를 계속하면, 누가 위스키의 퀄리티를 돌볼지 걱정됐어요. 그래서 증류소에서 일하는 시간을 늘리고 싶다고 했는데, 받아들여지지 않았습니다.

홍보를 위한 투어를 계속하면, 위스키에 대한 내 열정이 사라질 것이라 생각했습니다. F1 드라이버가 더이상 운전을 못하게 되는 꼴이죠. 프로모션을 하면서 사인하고, 사진 찍고…… 하지만 운전을 안 하는 겁니다. 저는 블렌더이기도 합니다. 블렌더는 제품에 굉장히 밀접히 연관되어 있죠. 열정을 잃어버리면 블렌더 일을 하기도 어렵다고 생각해서 그만뒀습니다. 제겐 굉장히 큰 도박입니다. 하지만 45세로 아직 젊은 나이니까요. 다시 시작하기 좋은, 인생 2막을 열기 좋은 나이라 생각했습니다.

한국에 이안 씨 팬들이 아주 많습니다. 한마디 부탁드립니다.

A ＿＿ 2026년까지 조금 더 기다려주시기 바랍니다. 앞으로 고모로는 12년, 16년, 20년, 25년, 30년 싱글몰트 위스키를 만들 겁니다. 하지만 시간을 빠르게 가게 할 수는 없기 때문에 기다려달라고 말씀드릴 수밖에 없네요. 저는 그저 최선을 다해서 높은 품질의

위스키를 만들겠습니다. 그렇게 만든 위스키를 한국 팬들에게 제공하고 싶습니다. 그리고 고모로 증류소 견학은 바로 가능하니까, 휴일에 고모로 증류소를 찾아주시면 감사하겠습니다.

일본 위스키 산업을
떠받치는 회사들

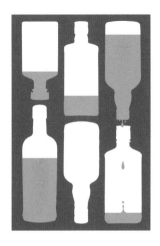

주소	950 Oyagimachi, Takasaki, Gunma, Japan 370-0072(〒370-0072 群馬県高崎市大八木町950)
홈페이지	https://www.miyake-seisakusyo.co.jp

1. 미야케제작소

'미야케'라는 글자를 처음 본 곳은 가노스케 증류소였다. 증류기에 투명한 유리 재질 맨홀이 달려 있었는데, 그 유리에 영어로 'MIYAKE'라고 적혀 있었다. 당시 증류소 직원은 보다 일본스러운 위스키를 만들기 위해 일본에서 만든 증류기를 쓴다고 말했다. 그때는 미야케제작소가 크래프트 증류소의 작은 증류기 정도를 만드는 회사라고 생각했다. 그런데 일본 위스키 증류소를 다닐수록, 미야케제작소가 일본 위스키 역사에 얼마나 크게 관여해왔는지 깨닫기 시작했다. 일본 위스키 역사의 장본인이라 할 수 있는 산토리와 닛카 증류소도 미야케제작소 증류기로 위스키를 만들어왔다.

맥주탱크에서 증류기까지

미야케제작소는 1934년, 일본 관서지역 오사카에 설립됐다. 처

음에는 공장에서 사용하는 플랜트
용기 등을 만들었다. 전쟁이 끝나고
새로운 사업으로 맥주탱크를 만들면
서 본격적으로 주류설비 제작에 뛰
어들었다. 현재 아사히, 기린, 산토
리, 삿포로 등 일본 맥주 대기업 모두
미야케제작소에서 만든 제품을 사용
하고 있다. 1964년에는 도쿄 인근 다
카사키시 공업단지에 두번째 공장을
세우면서, 관동지역도 사업권에 포함
됐다.

일본 다카사키시 공업단지의 미야케제작소

　지금은 맥주탱크를 스테인리스로
만들지만, 과거에는 구리로 만들었
다. 야마자키 증류소의 증류기 수리
일을 미야케에서 맡아 하면서, 이 구
리 가공 기술을 활용하면 위스키 증
류기도 만들 수 있지 않을까 생각했
다. 정확한 기록은 남아 있지 않지만,

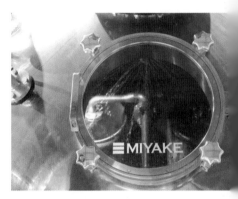

신도 증류소 증류기. 투명 맨홀에 MIYAKE라는
글자가 적혀 있다

닛카 미야기쿄(1969년)와 산토리 하쿠슈(1973년) 증류기를 미야케
제작소에서 만들었으니, 적어도 그전부터 증류기를 제작해왔다.

　미야케제작소에 따르면, 지금까지 만들어온 증류기 숫자는 확
인되는 것만 99기다. 불명확한 것도 따지면 100기가 넘는다. 그리
고 2023년 7월 현재, 계획중인 곳을 제외하고 미야케제작소 설비
를 사용한 일본 위스키 증류소는 25곳에 이른다. 일본 전체 위스
키 증류소의 약 30%에 관여하고 있는 셈이다. 미야케제작소 임직

원 70여 명은 오늘도 100년 일본 위스키 역사의 한편에서 묵묵히 땀을 흘리고 있다.

증류할 때보다 더 뜨거운 위스키 증류기 제조 현장

일본 군마群馬현 다카사키시의 공업단지에 있는 미야케제작소. 정문으로 들어가면 바로 근처에 독특한 신사가 있다. 회사의 부흥을 위해 만든 신사라고 하는데, 신을 모시고 있는 사당이 스테인리스로 만들어져 있다. 바로 당화조 모양 사당인데, 헤아릴 수 없이 많은 일본 내 사당 중에 유일할 것이다. 미야케제작소를 찾는 주류업계 관계자들이 이 신사를 보면 무척 즐거워하고, 꼭 기념사진을 찍는 명소라고 한다. 나도 기념사진을 한 장 찍고, 미야케 야스시三宅康史 전무이사의 안내로 공장 취재를 시작했다.

미야케 야스시 전무이사가 당화조 사당 앞에서 포즈를 취하고 있다

공장 안으로 들어가면, 먼저 증류기의 원재료인 구리 플랫 바가 쌓인 모습을 볼 수 있다. 이 평평한 구리를 구부리고 용접하고 두들겨서 증류기 형태로 만드는 것이다. 최근에는 구리값이 너무 올라서 증류기 가격도 덩달아 올랐다는데, 증류기를 주문할

증류기로 가공되기 전의 구리 플랫 바

8장 일본 위스키 산업을 떠받치는 회사들

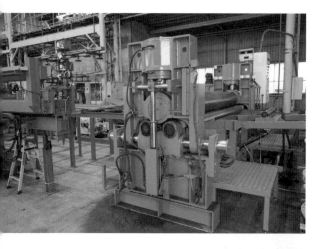

벤딩롤 기계

증류기 라인암에 해당하는 부분을
연마하는 모습

증류기를 용접하는 모습

때는 구리 시세도 잘 체크해야 할 것 같다. 또 우크라이나 전쟁 등의 여파로 운송이 느려져, 주문 후 구리를 공급받는 데까지 6개월에서 1년이 걸리기도 한다.

구리 플랫 바 옆에는 구리를 강한 압력으로 누르는 프레스 기계가 있다. 200톤 압력으로 구리를 원하는 두께로 조형할 수 있다. 또 '벤딩롤'이라는 기계가 있는데, 마치 길쭉한 위스키 오크통 3개를 더니지 방식으로 쌓아놓은 것 같다. 여기에 구리 플랫 바를 넣으면, 구리가 둥글게 변형되면서 증류기의 기본 형태가 잡힌다. 직경 300밀리미터 소형 설비부터 직경 12미터 대형 설비까지 제작할 수 있다.

성형한 구리 플랫 바는 증류기를 구성하는 라인암, 스완넥, 헤드, 보일 볼, 코퍼포트 등이 된다. 해머링을 오랫동안 해온 전문가들의 정교한 연마를 더한 뒤, 이것들을 용접하면 증류기가 완성된다. 기술자가 연마하는 모습을 지켜봤는데, 굉장히 섬세하게 연마하는 모습이 돋보였다. 미야케 전무이사 설명으로는 구리를 구부리는 기술이 뛰어나기 때문에, 연마를 했을 때 더 부드럽고 아름다운 증류기를 만들 수 있다고 한다. 잘 연마된 증류기의 반질반질한 표면은 티 없이 고운 아이의 피부를 보는 것 같았다.

용접은 사람과 로봇이 나누어서 한다. 용접도 바로 하는 것이 아니라, 용접 부분을 최대한 연마해서 세밀하게 용접하고 있었다. 증류기 각 부위를 잇기 위해 용접하는 장면은 눈을 뗄 수 없을 정도로 아름다웠다. 용접봉이 녹으면서 내는 빛 때문에 눈이 좀 아프긴 했지만.

증류소마다 증류기 형태와 크기가 모두 달라서 컨베이어벨트식 생산은 불가능하다고 한다. 공장 안에는 작업소 4개가 독립적으로

다카사키 공장 내부 모습. 군데군데 놓여 있는 증류설비들이 가슴을 설레게 한다

존재하고, 작업소마다 여러 명의 기술자가 구리 가공과 용접을 하고 있었다. 증류기 만드는 모습을 실제로 보는 두근거림은 증류소 방문에 필적했다.

위스키 제조의 모든 설비를 미야케에서 제공

미야케제작소에서는 당화조, 발효조, 증류기 등 위스키 제조공정에 필요한 모든 설비를 만든다. 분쇄기만 독일 쿤젤사 제품을 수입해서 제공한다. 따라서 위스키 제조설비 지식이 없어도, 미야케제작소에 의뢰하면 증류소를 만들 수 있다. 다만, 작동법은 기본적인 것만 알려주기 때문에, 위스키 제조 노하우는 전문가로부터 배워야 한다.

셸앤튜브 콘덴서를 만드는 모습

완성된 위스키 제조설비들이 출하를 앞두고 있다

최근 일본에 크래프트 증류소가 많이 생겨서 주문도 많아졌다. 만약 지금 당장 미야케에 주문한다면, 1년 반에서 2년 후에 내 증류소를 가질 수 있다. 증류기 제작은 3개월 정도면 충분한데, 최근 구리 수급이 원활하지 않아 좀더 시간이 든다고 한다. 만들려는 증류기 형태가 복잡할수록 시간은 더 오래 걸릴 수 있다.

미야케 전무이사에게 가장 작업이 힘들었던 증류소를 물었더니, 이카와 증류소를 꼽았다. 시즈오카현 산속 깊은 곳에 있는 증류소인데, 가이아플로우 시즈오카 증류소에서도 차로 3시간을 더 가야 한다. 길도 먼데 비포장도로가 많아서 너무 힘들었다고 한다. 아마도 일본에서 가장 가기 힘든 지역이 아닐까 싶다고.

현재까지 외국에 증류기를 수출한 실적은 없지만, 상담은 꽤 많이 들어온다고 한다. 중국, 대만, 유럽, 호주 등에서 구체적으로 문의가 왔었다. 인력 구조상 스코틀랜드 포사이스처럼 현지에 가서 설치까지 할 수는 없는 상황이라고 한다. 다만, 증류기 등을 만들어 보내고, 현지 전문가들이 조립하는 방식은 가능하다. 일본 증류소 중에도 증류기를 배송받아 직접 조립해 가동한 곳이 있다.

신속한 애프터서비스

미야케에서 만든 증류기의 가장 큰 장점은 신속한 애프터서비스다. 고장이 발생하면 일본 전국 어디든 신속하게 대응한다. 평소의 일반적인 고장은 물론이고, 오랜 세월 사용하면서 돌발적으로 발생한 고장도 바로 수리 가능하다. 일본 위스키 역사의 한 축으로서, 책임감을 갖고 총력 대응하는 모습이었다. 미야케제작소가 '일본 위스키 100% 국산화'를 이끌어나가고 있다.

주소	1755 Yamami, Nanto City, Toyama, Japan 932-0231(〒932-0231 富山県南砺市山見1755)
홈페이지	https://shimamoku.co.jp

2. 시마다목재

미즈나라

미즈나라란 무엇인가

'미즈나라'는 일본 위스키의 특징을 말할 때 가장 많이 거론된다. 일본에서 자생하는 참나무종인데, 산토리가 이 나무로 오크통을 만들어 쓰면서 세상에 알려졌다. 1941년, 전쟁이 일어나면서 위스키 숙성에 필요한 오크통 수급이 어려워졌고, 산토리는 일본 내의 다양한 목재 중에서 숙성에 적합한 것을 찾았다. 홋카이도가 주산지인 '미즈나라'가 가장 새는 양이 적어 선택됐다. 그래도 기존에 사용하던 오크통보다는 원액이 많이

미즈나라를 벌목하는 모습

미즈나라 오크통. 위스키가 흘러나와 검은 자국이 생겼다

샜다. 나무향도 너무 강해서 어떤 블렌더들은 미즈나라를 좋아하지 않았다고 한다. 하지만 너무 강했던 나무향이 두 번, 세 번 반복해서 사용하면서 독특한 풍미를 만들기 시작했다.

일본 위스키가 인기를 끌면서 스카치위스키 업계에서도 이 나무 품종에 관심을 갖기 시작했다. 빔산토리 산하 보모어 증류소가 미즈나라 오크통 숙성 제품을 출시하면서 화제가 됐고, 시바스리갈에 이어 듀어스까지 미즈나라 오크통에서 숙성한 제품을 출시했다. 미즈나라 오크는 '재패니즈 오크'라는 이름으로 널리 알려졌고, 일본의 새로운 증류소들도 미즈나라 오크통으로 위스키를 숙성하고 있다. 이제 미즈나라는 일본의 나무 품종을 뛰어넘어, 일본을 대표하는 위스키 아이콘이 됐다.

그렇다면 미즈나라 오크통 숙성의 매력은 무엇일까? 미즈나라 오크통에서 숙성한 위스키를 몇 가지 마셔봤는데, 공통적으로 '크리미한 질감과 시원한 감칠맛' 같은 게 느껴졌다. 산토리에서는 '백단'이나 '가라' 향이라고 하는데, 내가 느끼기에는 오래 묵은 향초를 태울 때 나는 향과 닮았다. 갓 만든 깨끗한 향초가 아니라, 집 안 어디선가의 향을 빨아들인 후, 약간 눅눅해진 향의 느낌이다. 산토리 치프 블렌더 후쿠요 신지는 미즈나라 오크통은 오래 숙성해야 그 진가를 발휘한다고 말했다.

산토리는 직접 미즈나라 오크통을 생산하지만 다른 회사에 팔지 않는다. 치치부 증류소도 마찬가지다. 그렇다면 일본의 다른 위스키 증류소들은 어떻게 미즈나라 오크통을 공급받을까? 증류소 대부분이 교토시에 있는 '아리아케산업有明産業'이라는 회사에서 미즈나라 오크통을 제공받고 있다. 오크통 제조 전문 회사이다. 뛰어난 미즈나라 오크통 제조기술로 일본 국내뿐만 아니라 해외에도 오크통을 팔고 있다. 그리고 또 한 곳, 미즈나라 오크통 제조에 뛰어든 기업이 있는데, 일본 도야마 지역에 본사를 둔 '시마다목재島田木材'다.

일본 최고의 목공예 마을에서 도전하는 미즈나라 오크통

일본 도야마현 이나미井波시는 1390년부터 목공예가 시작된 마을이다. 일본의 유명 사찰에서 화려하고 섬세한 목공 조각이 보인다면, 이나미시 출신 예술가가 만들었다고 생각해도 십중팔구는 맞다. 가장 특징적인 조각이 '난간 조각'이다. 200개 이상의 조각도를 사용해, 두께 5~10센티미터 느티나무 등 재료에 꽃, 새, 풍경 등 다양한 그림을 새긴다. 하나 만드는 데 3개월 이상 걸린다.

이나미시에서는 현재도 200명 이상의 장인이 활동중이다. 한 장인의 가게에 들러 조각하는 모습을 살펴봤는데, 수많은 종류의 정을 늘어놓고 망치로 쳐서 나무를 깎아내는 모습이 인상적이었다. 무척 빠르게 나무를 깎아내지만, 나뭇결에 알맞은 크기의 정을 바로바로 선택해내는 것이 과연 장인다웠다.

이나미시의 뛰어난 목공예는 이 지역에서 목재를 다루는 기업들의 정신에 스며들었다. 시마다목재 시마다 유헤이島田優平 사장은 사부로마루 증류소로부터 오크통 제작 의뢰를 받고, 우선 대형 증류소 오크통 공장을 견학했다. 그는 자동화된 설비가 마치 공산품을 만드는 것 같다고 느꼈다. 그리고 이나미에서 오크통을 만든다면, 장인이 하나하나 수작업으로 만드는 전통을 지켜야겠다고 생각했다.

시마다목재가 만드는 오크통에는 이나미 조각의 창시자 마에카

이나미시 목공 조각 장인이 정과 망치로 나무를 깎아내는 모습

이나미시의 뛰어난 목공예 작품

오크통 제조 장인이 오크통을 제조하는 모습

시마다목재에서 만든 미즈나라 오크통 헤드. 자세히 보면, 헤드와 오크통 틈새를 부들로 보수해놨다

와 산시로前川三四郎의 이름을 따서 '산시로 오크통'이라는 이름을 붙였다. 목공예가 지금까지의 이나미를 지탱해온 것처럼, 위스키 오크통 제조가 앞으로의 이나미를 지탱하는 문화로 뿌리내리길 바라는 마음을 담았다. 오크통 제조를 담당하는 야마자키공무점 山崎工務店과 함께 버번 오크통과 혹스헤드 사이즈 오크통 등을 만들었다.

하지만 이 장인정신으로도 어려운 게 있었다. 바로 미즈나라 오크통이다. 물이나 공기가 새기 쉬운 목재라 애써 오크통을 만들어도 위스키가 너무 많이 샜다. 보통 목재보다 건조 시간도 몇 배나 들어 목재 자체도 비싸다. 게다가 병충해로 미즈나라가 도야마현에서 점차 사라져갔다.

고민 끝에 헤드(오크통 뚜껑 부분)만 미즈나라로 만들기로 했다. 헤드를 만들어 위스키를 숙성하면서, 미즈나라에 대한 이해를 높여가기로 했다. 하지만 미즈나라 헤드에서도 위스키는 많이 샜다. 부들로 새는 곳을 틀어막는데, 그래도 새면 위스키를 다 빼낸 뒤에 분해할 수밖에 없다고 한다.

이렇게 미즈나라 오크통은 어려운 도전이지만, 올해는 반드시 오크통 전부를 미즈나라 목재로 만들기 위해 노력하고 있다. 그렇다면 일본 위스키다운 맛과 향을 위해 꼭 미즈나라를 써야 하는 걸까? 시마다 사장으로부터 미즈나라 오크통에 대한 솔직한 생각을 들어봤다.

시마다 유헤이 사장 인터뷰

미즈나라 오크통을 만드는 데 가장 어려운 과제는 무엇인가요?

A ____ 현재 미즈나라 헤드만 만들고 있지만, 올해 미즈나라 오크통을 만드는 것이 목표입니다. 가장 중요한 과제는 미즈나라 목재를 구부렸을 때, 강도가 변하거나 새지 않는 것입니다. 목재는 구부리면 조직이 파괴되거든요. 아주 부드럽게 구부리는 기술이 필요합니다.

미즈나라 오크통을 만드는 데 시간은 얼마나 걸리나요?

A ____ 3년 정도 걸립니다. 벌채 후에 통나무로 1년 반 건조시키고, 제재해서 또 1년 반 건조시킵니다. 인공건조를 하면 2년이면 되는데, 아무래도 목재의 질이 떨어지죠. 정말로 좋은 미즈나라 목재를 만든다고 한다면, 5년 정도 건조했으면 좋겠어요. 그만큼 건조가 오래 걸리는 나무입니다. 삼나무는 두 달이면 건조가 끝나니까, 미즈나라가 얼마나 오래 건조하는지 아시겠죠? 가격도 미즈나라가 삼나무의 20배 정도 됩니다.

시마다 유헤이 시마다목재 사장

목재 전문가로서, 솔직히 왜 모두가 미즈나라를 동경하는지 이해할 수 없습니다. 스스로 경험해보지 않고, 다른 사람들이 좋다고 하니 그렇다고 믿는 건지도 모르겠습니다. 저는 위스키 맛은 잘 모르는데, 정말로 미즈나라 오크통 숙성 위스키 맛이 좋은 건지…… 언젠가 인기가 사라질 때가 올 수도 있지 않을까 싶기도 합니다.

미즈나라 오크통을 만드는 회사는 일본에 몇 군데나 있을까요?

A ____ 제가 알기로는 독립적으로 미즈나라 오크통을 만드는 회사는 아리아케밖에 없습니다. 우리 회사가 두번째고요. 나머지는 산토리 계열 공장이죠. 우리 회사의 강점은 미즈나라 산지를 가지고 있다는 겁니다. 도야마 지역 표고 600미터 삼림에서 자생하는 미즈나라입니다. 다른 회사들은 주로 홋카이도에서 미즈나라를 벌채해 와요.

일본산 목재로 직접 오크통을 만든다는 것의 의미는 뭘까요?

A ___ 정말 훌륭한 일이라고 생각합니다. 기술과 경제적 가치를 지역에서 순환시키는 것은 앞으로 오크통뿐만 아니라, 모든 산업에서 필요한 철학이라고 생각합니다. 목재 가공이라는 과거의 전통적인 기술을 위스키라는 새로운 비즈니스로 연결시키는 것은 그 훌륭한 예라고 생각합니다. 이나미에서는 예부터 조각품을 잘 만들었지만, 세계인이 주목하진 않았습니다. 그러나 위스키는 세계 사람들에게 곧바로 전달되죠. 일본 전통산업을 글로벌하게 전개하는 데 있어 이만한 게 없다고 생각합니다.

미즈나라 외에 오크통 제조에 적합하다고 생각하는 목재가 있나요?

A ___ 벚꽃나무가 좋다고 생각합니다. 일본은 삼나무도 많은데 이것도 좋을 거 같아요. 향도 좋구요. 저희 회사가 가지고 있는 산에 들어가면, 오크통으로 만들어도 좋겠다고 생각되는 나무가 많습니다. 앞으로 조금씩 만들어보고, 그 오크통에서 숙성한 위스키 맛이 좋다고 판단되면 본격적으로 만들지도 모릅니다. 그런 것들을 앞으로 도전해보고 싶습니다.

해외에서 미즈나라 오크통을 사고 싶다는 연락이 오나요?

A ___ 네, 있습니다. 중국에서도 있었고, 대만, 멕시코 등에서도 연락이 옵니다. 다만, 아직 오크통을 만들지 않아서 수출을 못하고 있어요. 올해 안에 오크통까지 만들게 되면 수출길도 열릴 것 같습니다.

주소	767 Kitagawa, Nanto City, Toyama, Japan 932-0226(〒932-0226 富山県南砺市北川767)
홈페이지	https://tt-toyama.jp

3. T&T 도야마

독립병입 위스키란

위스키 본고장 스코틀랜드에는 수많은 위스키 독립병입 회사 Independent bottler가 있다. 오크통을 사서 위스키 블렌딩과 병입, 그리고 판매까지 증류소와는 독립적으로 해서 이런 이름이 붙었다. 특징이 확실한 싱글캐스크 위스키, 오피셜과는 비교할 수 없을 정도로 저렴한 장기숙성 위스키, 자유로운 위스키 라벨…… 독립병입 회사는 위스키 팬들의 가려운 부분을 시원하게 긁어줬기 때문에 성공할 수 있었다. 한 세기 전에는 독립병입 회사가 손에 꼽을 정도로 적었지만, 지금은 많은 회사들이 세계 곳곳에서 제품을 출시하고 있다. 증류소를 소유한 회사도 있고, 숙성고를 지어 추가 숙성하거나 다양한 위스키를 블렌딩해 판매하기도 한다.

최초의 독립병입 회사는 스코틀랜드의 '케이든헤드CADEN-HEAD's'다. 이후 스코틀랜드에 다양한 독립병입 회사가 탄생했고,

T&T 도야마 숙성고

스카치위스키를 전 세계에 보급하는 역할을 했다. 스카치위스키 인기가 높아지면서 위스키를 수입하던 국가에도 독립병입 회사가 생겨나기 시작했다. 이들의 강점은 스코틀랜드 회사보다 자국민의 취향을 더 잘 이해한다는 것. 라벨 디자인에 자국 감성을 담고, 위스키 팬들이 원하는 맛을 끄집어내 성공했다. 한국에서도 위스키 팬층이 두꺼워지면서 여러 독립병입 회사가 탄생했다.

일본에도 다양한 독립병입 회사가 있다. 쓰리 리버스Three Rivers, 시나노야Shinanoya, 에이콘A-corn, 러더Rudder 등…… 위스키 붐이 일면서 독립병입 회사도 많이 생겨났다. 대부분 스코틀랜드 증류소에서 생산한 위스키를 병입해 일본 시장에서 판매한다. 일부는 일본 증류소에서 산 오크통을 병입해 판매하기도 한다. 하지만, 스코틀랜드 독립병입 회사처럼 자체 숙성고를 갖춘 회사는 없었다. 이제 일본 증류소가 100개에 가까워질 찰나, 독자적으로 숙성고를

8장 일본 위스키 산업을 떠받치는 회사들

짓고 여러 일본 증류소의 위스키를 사들이기 시작한 '최초의 일본 위스키 독립병입 회사'가 생겼는데, 그 이름은 'T&T 도야마'다.

도야마의 위스키 증류소와 리커숍의 만남

T&T 도야마의 창립자는 사부로마루 증류소의 이나가키 다카히코稲垣貴彦와 온라인 리커숍 '모루토야마モルトヤマ' 대표 시모노 다다아키下野孔明다. 둘의 이름이 영어 알파벳 'T'로 시작돼서 'T&T'라는 이름을 짓고, 뒤에는 숙성고가 있는 지역명을 달았다. 2022년에 숙성고를 완공했다.

T&T 도야마 설립으로 위스키 증류소는 스피릿을 팔아 즉각적인 수입을 만들 수 있게 됐다. 소비자는 증류소 외의 환경에서 숙성된 위스키를 경험할 수 있는 기회가 생겼다. 위스키 공급자와

T&T 도야마의 이나가키 다카히코(왼쪽)와 시모노 다다아키(오른쪽)

소비자 사이에서 양쪽을 만족시킬 수 있는 새로운 비즈니스 모델인 셈이다. 이를 통해 스코틀랜드에는 있지만 일본에는 없는 '위스키 원주 교환' 문화를 만들고, 일본 위스키의 다양성을 증진한다. 2023년 기준 일본의 11개 증류소(사부로마루, 가노스케, 오스즈야마, 에이가시마, 가메다, 히다 다카야마 등)가 T&T 도야마에 위스키 스피릿을 공급하고 있다.

일본을 대표하는 최고의 숙성고를 만들자

최초의 일본 위스키 독립병입 회사로서 우선 갖춰야 할 것은 무엇일까. T&T는 최고의 숙성고를 갖는 일이라고 생각했다. 스코틀랜드는 물론, 아일랜드와 미국, 캐나다까지 수많은 위스키 증류소를 다니며 보고 배운 것을 토대로 최고의 숙성고를 차근차근 준비했다.

우선, 위치다. 기온이 많이 오르지 않고 습도가 안정된 곳을 찾았다. 또한, 오크통에 문제가 생겼을 경우, 빠르게 대응할 수 있는 인력이 필요했다. 그래서 선택한 곳이 도야마현 이나미시 산간 지역이다. 이나미는 예부터 목공예로 유명한 지역이라, 목재 가공 및 관리 능력이 뛰어난 인력이 많다. 위스키 숙성고를 잘 관리하려면 위스키를 담는 그릇, 즉 오크통을 잘 관리해야 한다. 따라서 오크통을 제대로 관리해줄 수 있는 인력과 회사가 가까이 있는 것이 수십 년 걸리는 위스키 숙성에 가장 좋은 조건이라 생각했다.

숙성고는 목조건물로 지었다. CLT라는 판넬을 사용했는데, 이 두꺼운 목재 판넬이 건물의 뼈대를 이룬다. 목조건물을 지은 이유는 온도와 습도를 안정적으로 유지하기 위해서다. 우선, 장기숙성

T&T 도야마 숙성고 내부 모습

숙성고 건물 출입 셔터. 단열재로 숙성고 내부 온도 상승을 막았다

숙성고 바닥. 자갈 바닥을 그대로 살렸다

을 위한 온도 안정화다. 목재는 단열성이 좋기 때문에 여름에 온도가 너무 올라가는 것을 막아준다. 또 습도가 너무 높으면 습기를 흡수하고, 너무 낮으면 습기를 내뱉어 1년 내내 습도를 일정하게 맞춘다. 건물 출입 셔터에도 단열재를 넣어, 빛을 많이 받아도 뜨거워지지 않도록 했다. 천장은 이중 천장인데, 여기에도 단열재가 들어갔다. 온도와 습도 차이로 오크통의 나쁜 맛이 위스키에 스며드는 걸 최대한 막아보려고 했다. 이렇게 관리하면 앤젤스셰어도 줄일 수 있다.

다음으로 신경쓴 것은 바닥이다. 일반적인 증류소와 달리 바닥을 콘크리트로 덮지 않고, 기존에 있던 자갈을 그대로 살렸다. 자갈 바닥으로 바깥 습기가 그대로 숙성고 안으로 들어오고, 일정한 습도를 유지하도록 도와준다. 숙성고가 건조해져서 위스키가 빠르게 증발되는 것을 막는 것이다.

아무리 숙성고를 잘 만들었다고 해도, 위스키 스피릿과 오크통 품질이 가장 중요하다. T&T 도야마는 대표 둘이 직접 일본의 위스키 증류소를 다니면서 제조과정을 둘러보고, 스피릿을 체크한다. 처음에는 6개 증류소로 시작했다. 가고시마 온타케, 히로시마 사쿠라오, 가고시마 가노스케, 도야마 사부로마루, 효고 에이가시마, 그리고 미야자키 오스즈야마다. 새롭게 니가타 가메다 증류소와 기후 히다 다카야마 증류소가 스피릿을 공급했고, 현재 11개 증류소(세 곳은 비공개)가 스피릿을 제공하고 있다. 앞으로 품질 좋은 위스키 스피릿을 더 늘려나갈 예정이다. 위스키 원주는 원칙적으로 플라스틱 드럼으로 들여오는데, 200~1000리터 단위다. 스피릿 특성에 따라 어떤 오크통에 숙성할지 직접 결정한다.

T&T 도야마에서 사용하는 메인 오크통은 '바이센다루'라는 오

크통이다. 버번위스키를 숙성할 때 오크통 안쪽 면을 태우고 스피릿을 담는데, 버번을 다 숙성시키고 비운 오크통을 가져와 까맣게 탄 안쪽 면을 벗겨낸다. 그리고 불 대신 열기로 천천히 로스팅(배전, 일본어로 바이센)해서 오크통의 바닐라 성분을 풍부하게 만든 것이 바로 바이센다루다. 오크통 내부를 너무 강하게 태우면 오크통 성분이 빠르게 빠져나와 오크통의 영향력이 강해진다. 이를 지양하고 천천히 장기숙성 하기 위해 바이센다루를 쓴다.

특수한 오크통으로는 리메이드 혹스헤드가 있다. 버번 오크통을 해체하고 다시 조합해 혹스헤드(220~250리터)로 만든 것이다. 닛카 위스키에서 오크통을 만들던 기술자가 제조법을 지도해줬다. 오크통 가격이 비싸져서, 오크통을 재조합해 혹스헤드를 만들 필요가 있었다. 그리고 버번 오크통을 혹스헤드 크기로 더 크게 만들면, 위스키를 천천히 숙성할 수 있다. 일본의 더운 날씨에 보다 적합한 오크통이라 판단했다.

숙성은 랙 방식으로 한다. 현재는 8단 랙이 증류소 절반에만 설치되어 있는데, 나머지 절반에도 곧 랙을 설치해 각각 2500개씩 총 5000개 오크통을 숙성하게 된다. 랙의 가장 높은 곳과 가운데, 그리고 아래쪽에 온도와 습도를 체크하는 장치를 설치해서 실시간으로 온도와 습도를 확인하고 있다.

지난 2022년, T&T 도야마는 일본 위스키 증류소 간의 연대를 상징하는 블렌디드 몰트 'THE LAST PIECE 재패니즈 에디션 Batch No.1'을 발매했다. 5개 증류소에서 3년 이상 숙성된 위스키를 블렌딩해서 300병 한정으로 출시했다. 참가한 증류소는 에이가시마, 나가하마, 사쿠라오, 사부로마루, 그리고 비공개 증류소 한 곳이다. 세계 최초의 일본 위스키 독립병입 회사로서, 증류소 간의

T&T 도야마 숙성고에서 숙성중인 여러 증류소 위스키들

T&T 도야마 숙성고에서 사용하는 리메이드
혹스헤드

실시간으로 온도와 습도를 전달하는 장치

연대와 그 가능성을 어필하기 위한 제품이다.

T&T 도야마는 위스키마다 최적의 숙성 타이밍을 찾아 숙성 절정기에 싱글캐스크, 캐스크 스트렝스로 병입을 예정하고 있다. 서로 다른 증류소 스피릿이 이나미라는 환경을 만나, 언제 피크를 맞이할지 지켜보는 것도 하나의 볼거리다. 여러 증류소 위스키를 블렌딩한 블렌디드 몰트나 그레인위스키를 더한 블렌디드 위스키도 시야에 두고 있다. 이나미에서 숙성중인 위스키는 최소 3년 이상 숙성해서 2025년경 처음으로 상품화할 예정이다.

THE LAST PIECE 재패니즈 에디션 Batch No.1

'재패니즈 위스키'
다음은 '재패니즈 럼'

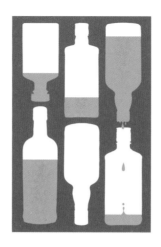

주소	1627-3 Higashiemae, Ie, Kunigami District, Okinawa 905-0502(〒905-0502 沖縄県国頭郡伊江村東江前1627-3)
홈페이지	https://ierum.ie-mono.com/
럼 생산 시작	2011년

이에지마 물산 센터 - 이에지마 증류소

    최근 일본에서는 럼을 만드는 작은 증류소도 위스키 증류소 못지않게 많이 생겨나고 있다. 2022년 기준 스무 곳이 넘었고, 앞으로도 계속 생겨날 예정이다. 특히 사탕수수가 잘 자라는 오키나와와 규슈 남부 지역에 많다.

    일본 위스키를 다루면서, 왜 일본 럼 증류소에 대해 쓰는지 의아해하는 사람도 있을 것이다. 그 이유는 아쉬움 때문이다. 일본 위스키 증류소를 다니면서 왜 우리는 100년 전에 시작하지 못했을까 아쉬웠다. 빨리 시작하면 그만큼 지식과 경험이 쌓여서 경쟁력을 가질 수 있다. 위스키는 이미 일본에 뒤처졌지만, 럼이라면 아직 가능성이 있을 것 같았다. 빨리 따라가면 그래도 미래에 아쉬움은 남지 않을 것 같아 럼에 대해 쓴다. 많은 분들이 럼에도 관심을 가졌으면 좋겠다.

산타마리아 럼 T1과 T9

첫 만남

'산타마리아'라는 럼을 만난 건, 2019년 12월 후쿠오카에서였다. 럼 전문 바 마두로MADURO에서 여러 가지 럼을 마시고 있는데, 마스터 나카무라 씨가 일본 럼이라며 추천해줬다.

산타마리아 T1과 T9. 2011년 이에지마伊江島 증류소에서 처음 럼을 만들 당시의 제품으로, 각각 하나의 위스키 캐스크에서 숙성된 럼이다. 꽤 잘 만든 아그리콜럼의 달콤한 사탕수수 뉘앙스와 함께 캐스크에서 온 바닐라 느낌이 기분 좋게 다가왔다. 특히 주질이 상당히 깨끗하다는 인상을 받았다.

럼 경험이 많지 않았지만, 유명 럼 메이커의 럼에 뒤지지 않는 맛

오키나와 모토부항 모습

에 반해버리고 말았다. 위스키 제조 역사 100년에 빛나는 일본이 이제는 럼도 잘 만드는 건가 싶어 샘이 나기도 했다. 그리고 언젠가 오키나와에 간다면, 이 럼을 만드는 증류소에 꼭 가보고 싶었다.

이에지마섬으로

오키나와의 2월은 서울의 봄을 연상시켰다. 걷기 좋은 봄밤의 날씨 같은 오키나와는 여행 다니기 딱 좋은 시기였다. 물론, 스쿠버다이빙 등 물놀이를 하는 사람들이 바다에 들어가긴 힘든 날씨였지만.

이에지마섬으로 향하는 배를 타러 모토부本部항에 갔다. 모토부항은 오키나와 본섬 북쪽, 관광지로 유명한 츄라우미 수족관에서 가까운 곳에 있다. 오키나와 중심지, 나하 시내에서 차로 2시간이

　　　　　　　　　　9장 '재패니즈 위스키' 다음은 '재패니즈 럼'

모토부항과 이에지마항을 오가는 배, 구스쿠

배 위에서 바라본 이에지마섬

채 안 걸리는 곳으로 1층짜리 작은 여객터미널 건물이 바닷가에 한가롭게 지어져 있다. 9시 배를 타려고 아침부터 부랴부랴 서둘러 8시 반쯤 도착해 730엔을 주고 표를 샀다.

모토부항에서 이에지마항으로 향하는 배는 굉장히 컸다. 모토부항과 이에지마항을 오가는 카페리 '이에시마ぃぇしま'와 '구스쿠ぐすく'는 각각 승선인원이 700명과 626명이나 된다. 배 2척이 하루에 네 번 모토부항과 이에지마항을 오간다. 이에지마항에서 모토부항으로 향하는 배는 8시, 10시, 13시, 16시에 있고 모토부항에서 이에지마항으로 향하는 배는 9시, 11시, 15시, 17시에 있다(일본의 골든위크, 휴가철, 명절, 연말연시 등에는 추가 운행을 한다). 차량은 길이에 따라 왕복 4810엔부터 2만 2270엔까지 요금을 받는다. 자전거나 오토바이도 배에 실어 이에지마로 갈 수 있다.

운항 시간은 약 30분. 바다를 바라보며 기분 좋게 배를 탈 수 있는 시간이다. 가끔 떼를 지어 헤엄치는 고래를 볼 수도 있다는데, 아쉽게도 나에게 그런 행운은 찾아오지 않았다. 이에지마는 마치 모자처럼 생긴 섬이다. 제주도 축소판 같다. 이에지마 주민 4000여 명은 대부분 이에지마항 근처에 산다. 이에지마항에 내려 이에지마 증류소를 향해 걷기 시작했다.

딱 30분 배를 타고 건너온 섬일 뿐인데, 모토부항과는 다르게 생긴 나무들이 심겨 있었다. 좀더 구불구불한 가지의 나무들이 이국적인 섬 이에지마에 온 것을 환영하는 것처럼 보였다. 항구에서 15분쯤 걸어갔을까, 저멀리 이에지마 증류소 간판이 눈에 들어왔다. 증류소 앞에 도착하자 취재에 응해준 마스터 디스틸러 아사카 마코토浅香真 씨가 환한 미소로 맞아주었다.

강이 없는 이에지마,
쌀 대신 사탕수수

이에지마에는 강이 없다. 흐르는 강이 없는 곳에선 쌀도 재배할 수 없다. 그래서 오키나와 곳곳에서 만들어지는 쌀소주인 아와모리가 이에지마에는 없다. 쌀이 없는 이에지마의 최대 농작물은 사탕수수다. 이에지마 사탕수수는 품종이 5개 정도 되는데 모두 제당용 사탕수수 품종이다. 병충해에 강하고, 흑당 수확량이 많은 이에지마 토질에 맞는 사탕수수라고 한다.

이에지마의 사탕수수로 흑당(브라운 슈가의 일종)을 만들었다. 흑당은 조리나 과자를 만드는 데 사용된다. 또 커피나 홍차를 마실 때도 사용한다. 과거 이에지마에서는 하루에 흑당 500톤을 생산하는 공장이 있을 정도로 사탕수수 산업이 흥했다. 그러나 저가 수입산 설탕 등에 밀려 사탕수수 생산량은 1/10로 줄었다. 현재 이에지마에서 만드는 흑당은 연간 6000톤 정도에 불과하다. 사탕수수 재배를 포기한 농가는 사탕수수

이에지마 증류소 정문 입구

이에지마에서 재배되는 사탕수수

이에지마 증류소 간판

밭에 담배 나무를 심었다.

줄어든 사탕수수 수요, 바이오에탄올 연구에서 럼 제조로

이에지마와 일본 정부, 그리고 아사히 맥주가 이에지마에 공장을 세워 2005년부터 2009년까지 사탕수수를 활용한 바이오에탄올 연구를 했다. 그러나 연구는 공장을 남긴 채 종료됐고, 이에지마에서는 이 공장을 어떻게 활용할지 고민하기 시작했다. 궁리 끝에 사탕수수를 활용한 럼을 만들기로 하고, 단식 하이브리드 증류기를 도입했다. 그리고 2년 여의 준비 끝에 2011년부터 이에지마에서 럼을 만들기 시작했다.

이에지마에서 수확한 사탕수수가 이에지마 증류소 부지에 쌓여 있는 모습

하이에스테르 럼, 산타마리아

럼은 만드는 방식에 따라 크게 3가지로 나눌 수 있다. '트래디셔널', '아그리콜', 그리고 '하이테스트 몰라세스'다. 트래디셔널은 전통적인 럼 제조방식으로 사탕수수에서 설탕을 만든 뒤 남은 당밀로 만든다. 전 세계 럼의 90%가 이 방식을 채용중이다. 당밀은 냉장보관이 가능해서 1년 내내 럼을 만들 수 있다.

아그리콜 방식은 설탕을 만들지 않고 사탕수수즙 자체를 발효 후 증류해서 만드는 럼이다. 그러나 사탕수수즙은 냉장보관이 불가능해서 사탕수수 수확철에만 만들 수 있다. 주로 프랑스령 중남미 섬에서 만든다. 1년 중 사탕수수 수확기인 건기(2~3개월, 또는 4~6개월)에만 생산할 수 있어 생산량이 제한된다. 하지만 사탕수수 자체의 모든 풍미를 끌어내는 방식이라 트래디셔널 럼보다 풍미가 뛰어나다는 평가를 받는다.

마지막으로 하이테스트 몰라세스 방식. 사탕수수즙을 가열해서 시럽으로 농축시켜 '하이테스트 몰라세스'를 원료로 럼을 만드는 것이다. 당밀이 당도 40~50%인 데 반해, 당도가 70~80%나 된다. 당밀과 마찬가지로 냉장보관이 가능해 1년 내내 럼을 만들 수 있다. 또한 100% 사탕수수즙으로 만들기 때문에 아그리콜의 풍부한 풍미도 가져올 수 있다. 따라서 이 방식은 트래디셔널과 아그리콜의 하이브리드형 제조방식으로도 불린다.

이에지마 증류소는 이 3가지 방법 중에 하이테스트 몰라세스 방식으로 럼을 만든다. 12월부터 3월까지 이에지마에서 사탕수수가 수확되는데, 이때 수확한 사탕수수로 시럽을 만들어 1년 내내 럼을 생산한다.

사탕수수 수확, 시럽화, 발효, 증류, 숙성, 병입……
모든 걸 이에지마에서

이에지마 증류소에서는 오직 이에지마에서 수확한 사탕수수만으로 럼을 만든다. 농민들이 재배한 사탕수수를 12월부터 3월까지 수확하면, 흑당 제조공장에서 사탕수수즙을 짜낸다. 먼저, 큰 트럭에 싣고 온 사탕수수는 무게를 잰 뒤에 넓은 공터에 쌓아놓는다. 작은 운반차가 사탕수수를 싣고 대형 슈레더로 옮기면, 슈레더에서 사탕수수를 잘라낸 뒤에 당분을 짜낸다. 한 번 짜낸 뒤에도 당분이 남아 있어서 뜨거운 물을 부어 두 번, 세 번까지 당분을 짜낸다. 마침 증류소에 트럭들이 사탕수수를 싣고 와서 이 광경을 볼

9장 '재패니즈 위스키' 다음은 '재패니즈 럼'

수 있었다.

이렇게 만든 사탕수수 주스를 가열해 시럽으로 만들어 용기에 담는다. 60리터가 담기는 시럽용기는 냉장보관해서 1년 내내 럼 제조에 사용한다. 이 시럽은 당도가 17브릭스 정도 된다. 만든 지 1년 정도는 맛과 향의 변화 없이 보존이 가능하다고 한다. 냉장보관하던 시럽은 1000리터 크기 발효탱크로 옮겨 효모와 함께 발효를 시작한다. 겨울에는 7일 정도로 길게, 여름에는 3일 정도로 짧게 발효한다. 4일째 발효중인 탱크를 만져보니 온기가 느껴졌다. 발효 시간이 길어질수록 색이 점점 연해지는데, 효모가 시럽을 섭취하고 번식해서 하얗게 변하는 것이라고 한다. 과거 바이오에탄올을 만들 때는 배관을 통해 모든 과정을 처리했지만, 현재는 사람의 손으로 시럽과 발효액을 옮긴다. 발효 후 알코올은 9%.

발효가 끝나면 증류기로 옮겨 증류를 시작한다. 증류기는 스테인리스 단식 증류기인데, 내부에 구리 칼럼이 있는 하이브리드형이다. 스테인리

거대한 트럭들이 사탕수수를 싣고 와 무게를 재는 모습

이에지마에서 럼 제조에 사용하는 사탕수수 시럽

스라 내구성이 좋고 내부에 있는 구리 칼럼이 얇아지면 그것만 갈면 된다. 오키나와에서도 한 번 더 배를 타야 하는 곳에 있는지라, 자체적으로 수리가 쉬운 증류기를 채택했다. 사탕수수는 몰트와 달리 증류시 불순물이 거의 안 생겨서 구리 접촉면을 통한 불순물 제거는 별로 필요 없다고 한다.

증류하면 처음 나오는 알코올의 도수는 80% 정도. 처음 10~20리터 정도는 컷 한다. 그리고 가운데 나오는 70% 정도의 스피릿을 제품화하는데, 한 번 증류시 180~200리터 정도 생산된다. 마지막에 나오는 스피릿은 알코올 도수도 떨어지고, 사탕수수의 기름 냄새 때문에 컷을 한다. 사탕수수 기름은 풀기름이라 상쾌한 느낌은 있지만, 많으면 아린 맛이 난다.

다만, 폐기액도 버리진 않는다. 한 번 증류하면 1200리터 정도 폐기액이 나오는데 거의 수분으로 이뤄져 있다. 위스키는 분쇄한 몰트로 만들기 때문에 건더기가 있지만, 럼은 시럽으로 만들기 때문에 건더기가 거의 없다. 미네랄, 오일 등이 많이 함유되어 있어서 밭에 뿌리는 비료로 사용한다. 사탕수수로 럼을 만들면 버리는 게 하나도 없는 셈이다.

숙성은 화이트럼용과 골드럼용으로 분류된다. 화이트럼을 만드는 스피릿은 도수를 63%로 희석해 스테인리스 탱크에서 반 년에서 1년 간 숙성한다. 스테인리스 숙성으로 잡미가 사라지고 부드러워져서 마시기 편하다. 골드럼을 만드는 스피릿은 오크통에 담아 숙성고에 저장한다. 스테인리스는 연간 6%, 오크통은 연간 10% 증발한다.

오크통은 다양하게 사용한다. 뉴 오크, 버번배럴, 셰리 오크, 와인 오크, 그리고 최근에는 아일라 위스키를 숙성했던 오크통에 숙

이에지마 증류소의 하이브리드 증류기

럼 스피릿

숙성고에서 숙성중인 오크통들

성했다. 모두 맛을 봤는데, 이에지마 증류소 럼 스피릿이 워낙에 캐스크의 풍미를 잘 흡수하는 것인지, 각각의 오크통 뉘앙스를 그대로 가지고 있었다. 그러면서도 풍미가 너무 과하지 않게 럼 특유의 향이 밸런스를 맞춰주는 게 무척 맘에 들었다. 특히 셰리 오크와 아일라 오크에서 숙성한 럼이 기가 막혔다.

이에지마 증류소의 가장 오래된 오크통들. 오크통을 뜻하는 일본어 '타루'에서 따온 알파벳 'T'에 숫자를 결합해 순서대로 저장한다

일본 최북단 홋카이도의 오크통이
일본 최남단 오키나와의 섬으로

사실, 이에지마 증류소의 산타마리아 럼을 성공시킨 공신 중 하나는 닛카 위스키다. 앞에서 썼듯이 아사히 맥주가 이에지마 증류소 전신인 바이오에탄올 공장을 가동했다. 이에지마 증류소가 탄생했을 때, 아사히 맥주 그룹 산하 닛카 위스키 직원들과 이에지마 증류소 직원들 간에 교류가 있었다. 그래서 닛카 위스키 직원들로부터 증류기술을 배울 수 있었다. 또 요이치 증류소의 오크통을 럼 제조 면허가 없는데도 사들였다. 이 오크통은 요이치 증류소에서 쓰려고 스코틀랜드에서 사 온 오크통으로, 그 안에는 스카치위스키가 들어 있었다고 한다.

여기에 럼 스피릿을 담아 숙성한 것이 후쿠오카 바 마두로에서 만났던 T1이라고 한다. 이제서야 퍼즐 조각이 맞춰지는 느낌이었

다. 마셨을 때 기분 좋은 풍부한 바닐라 느낌은 여기에서 온 것이다. 이런 이야기에서 일본의 위스키 100년 역사가 럼 등 다른 일본 주류산업에 끼치는 긍정적 역할을 발견할 수 있다.

아사카 마코토 마스터 디스틸러 인터뷰

럼을 만들게 된 계기는 무엇인가요?

A _____ 원래 오키나와로 이주하려고 했는데, 이에지마에 아는 사람이 있어서 2010년에 이사를 했습니다. 일을 찾다가 마침 모집이 있어서 지원했어요. 오키나와에 오기 전에는 벽지, 바닥 등 인테리어 일을 했습니다.

가장 좋아하는 술은 뭔가요?

A _____ 당연히 럼입니다. 위스키도 물론 맛있고 그 세계가 깊지만 럼도 그렇습니다. 그리고 럼은 너무 진지하지 않습니다. 편견입니다만, 위스키는 딱딱한 이미지가 있고, 값도 비싸죠. 럼은 그렇게 어깨에 힘주지 않고 편안하게 마실 수 있어서 좋습니다.

일본에서도 럼에 대한 편견이 많나요?

A _____ 일본도 럼은 싸구려 술이라는 이미지가 강합니다. 럼주가 원래 위스키 대체품이라는 역사가 있기 때문에 별수없는 일이죠. 그러나 위스키에 지지 않을 정도로 여러 지역에서 좋은 맛을 추구하며 진보하고 있습니다.

특히 저희는 사탕수수 품질에 애착을 가지고 있습니다. 과거에는 럼에 무언가를 섞는 경우가 많았는데, 저희는 그런 건 절대 하지 않습니다. 색도 넣지 않고 아무것도 첨가하지 않아요. 사탕수수 본연의 술맛을 추구하죠. 그러니까 위스키를 좋아하는 사람들이

아사카 마코토 이에지마 증류소 마스터 디스틸러

꼭 마셔봤으면 좋겠습니다. 적어도 가쿠빈보다는 맛있다고 생각합니다.

'산타마리아'라는 브랜드명은 어떻게 만들어졌는지요?

A ＿＿ 실제로 주류박람회 등에 가면 기독교 사람들이 따지기도 합니다. 그런데 산타마리아(백합)는 원래 오키나와의 꽃입니다. 오키나와에 자생하는 꽃으로 유럽에 퍼져서 현재 마리아의 꽃으로 사랑받고 있습니다. 마찬가지로 우리가 오키나와에서 만든 럼이 세계인으로부터 사랑받는 술이 되면 좋겠다는 소망으로 이름을 붙였습니다.

또 한 가지, 전통적으로 럼은 거친 남성이나 해적 이미지입니다. 하지만 우리 럼은 섬세하고, 사탕수수 그대로의 풍미를 느낄 수 있어요. 그래서 산타마리아라는 여성의 이름을 브랜드 삼아 섬세한

　　　　　　　　　　　　9장 '재패니즈 위스키' 다음은 '재패니즈 럼'

맛을 강조한 것입니다.

현재의 증류기를 사용하는 이유는 뭔가요?

A ____ 단식 증류기 2개로 두 번 증류하면 풍미를 내는 데는 좋지만, 생산 단가가 비싸집니다. 가능하면 많은 사람들이 마셨으면 해서 비용을 낮춘 결과입니다. 연속식 칼럼으로 향과 맛 조절이 가능해서 하이브리드 증류기를 사용하는 것입니다.

장기숙성 럼은 출시될까요?

A ____ 현재 숙성중인 럼 중에서는 9년 숙성이 가장 깁니다. 오키나와는 증발량이 많아서 술이 금세 없어지고 맙니다. 그리고 오크통도 망가져서 럼이 새버리죠. 이에지마에서의 숙성은 10년이 한계라고 생각합니다.

현재 증류소는 흑자 상태인가요?

A ____ 럼 제조 부문만 한정하면, 생산 시작 5년부터 흑자전환했습니다. 연매출이 5000만 엔 정도 됩니다. 코로나로 조금 떨어졌지만, 다시 회복되고 있습니다. 저희 회사는 주류 부문이 지탱하고 있어요. 기본적으로 일본 내수 유통이지만, 프랑스, 이탈리아, 영국 등에 수출했고, 최근에는 홍콩에도 소량 수출을 시작했습니다.

한국의 위스키 팬들에게 한마디 부탁드립니다.

A ____ 멀지만 이에지마에 오신다면 친절히 안내하겠습니다. 미리 연락만 부탁드립니다. 한국에서도 소주나 위스키 등 증류주 인기가 많으니까, 럼도 같은 증류주라는 인식으로 경험해보시면 좋겠습니다. 그리고 럼에 대한 개념을 바꿔주시면 좋겠습니다.

이챠리바쵸-데-, 오키나와의 바

이에지마 취재를 마치고 오키나와 시내 나하로 돌아와 바를 찾아 나섰다. 기왕 럼을 취재하러 왔으니 럼 전문 바를 찾아가보기로 했다. 그렇게 찾아간 곳이 FINCA LA VIGIA OKINAWA였다. 낮부터 영업을 하고, 시가도 자유롭게 태울 수 있는 럼 전문 바다.

모히토를 한 잔 주문하고 시가를 한 대 추천받아 테라스에서 태우니 지상낙원이 따로 없었다. 선선한 바람을 맞으며 한창 시가를 즐기는데, 가게 안이 시끌시끌하길래 들어가봤다. 남자 4명이 바 테이블에 나란히 앉아서 럼을 즐기고 있었는데, 서로 초면이었다. 럼이라는 매개체 덕에 대화가 시작됐고, 술에서 시작한 대화는 자연스럽게 개인사나 취미 등으로 연결됐다.

빠질 수 없어 바테이블에 자리를 잡고 럼을 주문해 마시기 시작

FINCA LA VIGIA OKINAWA에서 럼과 함께 시가를 즐겼다

9장 '재패니즈 위스키' 다음은 '재패니즈 럼'

이에지마 증류소에서 만드는 다양한 럼

했다. 서울에서 왔다는 말에, 머리는 희끗한데 몸이 굉장히 좋은 아저씨가 말을 걸어오기 시작했다. 위스키와 럼, 그리고 시가를 좋아해서 이 바를 자주 찾는 오키나와 현지인이었다. 시간 가는 줄 모르고 대화를 나누다 가게를 나가려고 하는데 갑자기 시가 한 대를 꺼내줬다. 한국에 가면 피우라며 '이챠리바쵸-데-いちゃりばちょ-で-'라는 오키나와 말을 알려줬다. 이 말은 "한번 만나면 형제"란 뜻으로, "모든 인류는 형제니까 사이 좋게 지내자"라고 넓게 해석할 수 있다.

우리나라는 그동안 소주, 맥주, 막걸리를 편애해왔다. 전 세계에는 위스키, 럼, 테킬라, 아가베, 진, 칼바도스, 코냑, 시드르, 와인 등등 소주와 맥주의 형제들이 아주 많은데 이들을 등한시했다. 이제부터라도 이 술들에 사랑을 주고, 모두가 사이좋게 지냈으면 좋겠다.

모든 술은 형제니까 사이좋게 지내자!

일본 전국의
위스키 이벤트들

일본 위스키 이벤트

일본에서는 위스키 관련 대규모 행사가 전국 곳곳에서 거의 매달 열린다. 위스키 증류소, 일본에서 수입하는 전 세계 위스키 브랜드, 독립병입 회사, 바, 그리고 위스키 수집가 등이 참여한다. 일본 위스키를 비롯해 전 세계 위스키를 한자리에서 시음해볼 수 있다. 무료 시음 라인업도 훌륭하고, 원가 수준으로 한정판 위스키나 구형 위스키 등을 유료 시음할 수 있다. 신제품을 활발하게 홍보하는 장이기 때문에, 일본은 물론 전 세계 위스키 트렌드를 파악하기에 더할 나위 없이 좋다.

일본 위스키 이벤트의 시작은 도쿄였다. 그러나 위스키 붐이 일고 전국 각지에 증류소도 생기면서 전국으로 확대됐다. 주로 주말에 열리기 때문에 한국에서 1박 2일이나 2박 3일로 가기 좋다. 티켓은 온라인, 혹은 이벤트 개최 지역 바에서 판매한다. 최근에는 온라인 판매가 많아져서 외국에서 참가하기 더욱 쉬워졌다. 보통

3~4개월 전부터 티켓팅을 한다. 이벤트 참가 후 증류소 견학 등 연계 투어도 많은데, 일반 견학보다 자세한 투어가 가능하니 신청하면 좋다.

1월

위스키 러버즈 나고야
Whisk(e)y Lovers Nagoya

https://wln.themedia.jp/

일본 중부, 나고야에서 열리는 위스키 이벤트. 2017년부터 매년 1월에 열린다. 이름 그대로 위스키 러버를 위해 위스키 러버가 만드는 축제다. 일본에서 1년 중 가장 처음으로 열리는 위스키 이벤트로 정착되어가고 있다.

위스키 러버즈 나고야 2023 포스터

10장 일본 전국의 위스키 이벤트들

2월
치치부 위스키 축제
Chichibu Whisk(e)y Matsuri

https://www.chichibuwhiskymatsuri.jp/

2014년부터 열린 치치부 위스키 축제. 위스키의 문화와 즐거움을 전 세계에 전파한다는 콘셉트로 술을 사랑하는 자원봉사자들이 모여 매년 사이타마현 치치부시에서 개최한다. 치치부는 이치로즈 몰트를 만드는 벤처위스키 증류소가 있는 곳이다. 전 세계 이치로즈 몰트 팬들이 찾는 행사라 외국인도 굉장히 많이 참석한다. 한정판 치치부 위스키는 물론, 일본 위스키 증류소들의 축제 한정 보틀도 마셔볼 수 있다. 축제 당일에는 특별 편성 열차로 교통 편의가 제공된다.

2023년 치치부 위스키 축제 모습

3월

위스키페어 시즈오카
WHISKY FAIR SHIZUOKA

http://www.gaiaflow.co.jp/blog/event/15347

시즈오카 증류소가 주최하는 위스키 축제. 시즈오카 증류소 위스키는 물론, 블랙애더와 아스타모리스 등 독립병입 위스키도 경험할 수 있다. 같은 시기에 '시즈오카 바 위크'가 개최되어, 시즈오카의 다양한 바에서 제공하는 칵테일을 맛볼 수 있다.

위스키페어 시즈오카 2023 포스터

4월

위스키 하버 고베
WHISKY HARBOUR KOBE

https://whiskyharbourkobe.com/

2021년 4월, 고베에서 개최 예정이었던 위스키 이벤트다. 코로나19로 개최는 연기됐고, 2022년 4월에 소규모로 '제0회' 행사가 열렸다. 그리고 코로나19 유행이 끝난 2023년 4월, 비로소 제1회 위스키 하버 고베가 개최됐다. 제조사 협찬 부스의 테이스팅과 전문가 세미나가 메인이다.

위스키 하버 고베 로고

5월

도쿄 인터내셔널 바 쇼
Tokyo International Bar Show

http://tokyobarshow.com/

2012년부터 도쿄에서 열리는 명실상부한 일본 최대 규모의 주류 이벤트다. 도쿄돔 프리즘홀에서 열린다. 위스키는 물론이고 와인, 럼, 맥주, 테킬라 등 다양한 술을 테이스팅할 수 있고, 전 세계 바텐더들의 칵테일 대회도 열린다. 이틀간 이벤트가 열리며, 술 관련 대규모 축제 분위기를 물씬 느낄 수 있다.

도쿄 인터내셔널 바 쇼 2023 토크세션

6월

위스키 토크 후쿠오카
Whisky Talk Fukuoka

https://whiskytalk.net

일본 규슈 지역 최대의 위스키 이벤트. 위스키 제조사와 수입사 등의 협력으로 위스키의 매력을 널리, 그리고 깊게 알리고 있다. 행사 이름에 들어간 '토크'에 걸맞게 위스키 전문가들이 주최하는 세미나가 메인 이벤트다.

위스키 토크
후쿠오카 로고

위스키 페스티벌 in 오사카
Whisky Festival in OSAKA

https://whiskyfestival.jp/osaka2023/

위스키 증류소, 수입사, 주류 판매점, 바 등 일본 국내외 100개 가까운 업체가 참가. 다양한 시음과 함께 위스키에 어울리는 음식과 굿즈 등도 구입할 수 있다.

위스키 페스티벌
in 오카사 2023 포스터

7월

홋카이도 위스키 앤 스피릿츠 페스트
Hokkaido Whisky & Spirits Fest

https://www.hokkaidowsf.com

2018년부터 개최된 일본 최북단 위스키 이벤트. 2023년 참가자 약 1900명, 참가 부스 85개.

2023년까지는 '홋카이도 위스키 페스'라는 이름으로 행사가 열렸다.

10장 일본 전국의 위스키 이벤트들

10월
재패니즈 위스키 스토리즈 후쿠오카
Japanese Whisky
Stories FUKUOKA

https://jws.fukuoka.jp/

일본 위스키 100주년을 기념해 2023년 처음 열린 위스키 이벤트. 후쿠오카와 사가현 바텐더들에 의해 일본 위스키를 중심으로 열린 이벤트다. 약 30개의 일본 위스키 증류소 부스가 참여했다. 평소 접하기 힘든 일본 위스키의 무료/유료 시음은 물론, 전문가 세미나와 이벤트 한정 위스키 판매도 이뤄졌다.

재패니즈 위스키 스토리즈 후쿠오카 포스터

11월

오키나와 위스키 & 스피릿 페스티벌
OKINAWA WHISKY &
SPIRITS FES

https://okinawa-ws-fes.jp/

2019년 처음 열린 일본 최남단 오키나와 위스키 페스티벌. 오키
나와에서 열리는 축제답게 오키나와 전통 쌀소주 '아와모리' 브랜
드도 다수 참가한다. 또 사탕수수를 재배하는 지역답게 럼 시음
라인업도 화려한 것이 특징.

오키나와 위스키 & 스피릿 페스티벌 로고

감사의 글

끝까지 책을 읽어준 독자 여러분께 진심으로 감사합니다. 일본 위스키를 이해하는 데 조금이라도 도움이 되었으면 좋겠습니다.

책 한 권을 완성한다는 게 이렇게 고된 일인 줄 미처 몰랐습니다. 곁에서 응원해준 분들의 진실한 마음이 없었다면 이 책은 세상에 존재하지 않았을 겁니다.

우선, 저를 믿고 취재에 응해준 일본 위스키 업계 관계자 여러분께 감사드립니다. 책에서 소개한 사람들이 만들어갈 '앞으로의 일본 위스키'가 너무 기대됩니다. 그리고 책에는 소개되지 않았지만, 책이 완성될 때까지 애써준 분들에게도 감사의 인사를 하고 싶습니다. 취재를 위해 도쿄에서 요이치까지 한달음에 달려와준 아사히 홍보부의 미야타 씨, 인터뷰와 사진 자료 등을 챙겨준 산토리 홍보부의 사사키 씨, 취재 연락과 사진 등을 도와준 혼보주조 해외 영업부 시모하라 씨, 도쿄에서 고모로 증류소까지 함께한 가루이자와 증류주 제조의 치구사 씨, 멀리 떨어진 해안가 숙성고까지 안내해준 앗케시 증류소 가네가에 씨, 벤처위스키 글로벌 브랜드 앰배서더 요시카와 씨, 기린 홍보부의 니시야마 씨, 신도 증류소의 우메노 씨…… 여러분의 열정적인 도움 덕분에 책을 쓸 수 있었습니다.

한국의 일본 위스키 수입사 관계자들의 도움도 컸습니다. 빔산토리 아시아 총괄 송지훈 대표, 빔산토리 코리아 이영호 대표와 이재호 이사, 덕분에 일본 위스키를 시작한 산토리를 과거부터 현재까지 생생하게 취재할 수 있었습니다. 마르스 위스키를 수입하는 DRAM의 김경신 대표 덕분에 신슈와 츠누키 증류소를 밀착 취재할 수 있었습니다.

추천사를 써준 두 분에게 특별한 감사의 말을 드리고 싶습니다. 조승원 기자의 책과 콘텐츠를 통해 술에 대한 진심을 배우고 있습니다. 조승원 기자처럼 늘 배우는 자세로 위스키를 공부해나가도록 하겠습니다. 증류소까지 직접 안내도 해주고, 깊이 있는 위스키 경험을 시켜준 BAR 라이카도의 스미요시 작가로부터 열정을 배우고 있습니다. 멈추지 않고 증류소를 찾아 위스키를 배우는 모습을 보면서, 저도 위스키 열정을 꺼뜨리지 말자는 생각을 합니다. 두 분의 위스키 사랑이 이 책을 쓰는 원동력이 되었습니다.

오랜 시간 함께 위스키를 마셔온 분들 덕분에 지금의 제가 있습니다. 사부로마루와 신슈 증류소를 함께 다녀온 성찬용 형, 삶의 조언을 아끼지 않는 신상윤 형, 편안한 미소로 마음을 편하게 해주는 백유성 형, 주酒님을 모시며 좋은 위스키를 아낌없이 나눠주는 서현민 형, 졸필을 좋다며 맛있는 거 사주며 응원해주는 최호천 형, 집 근처 BAR라는 이유로 응석을 받아주고 있는 꿈꾸는 다락

방의 한상수 형, 일본 위스키 사랑의 계기가 된 김창수 대표, 쓰리소사이어티스 증류소의 경험과 지혜를 나눠준 김유빈 작가, 그리고 함께 일본 증류소 투어(치치부, 하쿠슈, 츠누키)를 다녀온 모든 분들…… 앞으로도 함께 위스키 마시며 세월을 보내고 싶습니다.

페이스북 위스키 커뮤니티 '위스키러브'를 함께 만들어나가고 있는 한국의 위스키 팬들에게도 감사의 말을 전하고 싶습니다. 2016년부터 7년 넘는 시간 동안 1만 6000명이 넘는 사람들이 모여 위스키에 대한 이야기를 나눴습니다. 글과 사진으로 새로운 위스키를 만날 때, 게시글에 '좋아요'가 한 개 눌릴 때마다 동지애가 생겨났습니다. 지금까지 지치지 않고 위스키를 탐구해온 건, 점차 늘어나는 한국의 위스키 러버 덕분입니다.

늘 힘이 되는 가족들에게도 감사합니다. 사랑하는 어머니와 아버지. 부모님을 곁에서 늘 챙겨주고, 마음 놓고 일본 갈 수 있게 도와준 고모와 고모부. 맛있는 반찬으로 끼니 걱정 없애주는 장모님과 장인어른. 그리고 근처에 살며 술친구 해주는 처제와 동서. 가족들의 희생과 지원이 없었다면, 오롯이 책 쓰는 데 집중할 시간을 가질 수 없었을 겁니다.

마지막으로 한 집에 살면서 책이 완성되는 그 순간까지 최선을 다해준 나의 단짝, 최유진에게 고마움을 전합니다. 따뜻한 성품으로 사람들을 편안하게 해주는 그녀를 닮아가면서, 더 나은 사람이 됐다는 말을 듣고 있습니다. 남은 세월 동안 그녀를 더 많이 닮은 따뜻한 사람이 되고 싶습니다. 사랑합니다.

찾아보기

1. 역사

가루이자와 증류소 242, 263, 311~
313, 315, 396, 398~399
대일본과즙주식회사 102~104, 114
리타유치원 122~124
블렌더들의 왕 135
셋쓰주조 48~49, 51~52, 56~57, 169
슈퍼 아로스파스식 증류기 183~185
시이오 신사 97~98
아카다마 포트와인 49~51, 58, 62~63
오쿠데라교바 101
타케츠루 노트 55~56, 171
타케츠루 저택 114, 120
토리스 바 64~65
특급 위스키 158~159

2. 인물

가와카미 구니히로 173, 179~180

고마사 요시쓰구 292, 301~302
나카무라 다이코 306, 308
노구치 유시 92~93
다카미네 조키치 362~363, 365
도다 히로유키 335~336, 342~345
도이타 게이치 279
마쓰모토 고지 374~375, 381
미야케 야스시 415, 417, 420
사지 게이조 71, 73, 75, 78
시노자키 미치아키 361~365, 367,
370~371
시마다 유헤이 424, 427~428
시모노 다다아키 432
아사카 마코토 445, 454~455
아쿠토 이치로 200~202, 242~245,
254~255, 257~262, 312
야마구치 데쓰조 199~202, 207~208,
299, 248, 261

야히사 유스케 327, 331
오자키 히로미 146~147
이나가키 다카히코 213~216, 218, 221, 406, 432
이안 창 396~401, 403~407
이와이 기이치로 51~52, 169~171, 176
이와타케 기미아키 112, 124~125
이토 아키라 329
케이시 윌 385, 387~388, 392
타케츠루 마사타카 25, 51~53, 56~58, 61, 101~103, 105~107, 109, 120~122, 145, 169~170
토리이 신지로 48~49, 51~52, 58, 61~62, 64, 68, 71, 73, 96, 98, 169~170
후쿠요 신지 82, 90~92, 406, 423

3. 위스키 증류기

가스 직접가열식 74, 82, 257~258, 260, 265
더블러 231
멀티칼럼 230
석탄 직접가열식 34, 114, 126, 133, 148
스팀 간접가열식 116, 220, 311, 354
알렘빅 325~326
장작 직접가열식 309, 314, 319
제몬 221

케틀 230
코페이식 연속식 87

4. 일본 위스키 테이스팅

가노스케 2021 300
가루이자와 위스키 311, 314, 398
가무이 위스키 스피릿 391
니가타 가메다 뉴 본 피티드 345
니세코 위스키 스피릿 356
마르스 싱글캐스크 393
사부로마루2 THE HIGH PRIESTESS 캐스크 스트렝스 222~223
시즈오카 프롤로그 K 317
신도 NEW MAKE WHISKY 371
싱글캐스크 고마가타케 179
앗케시 위스키 24절기 시리즈 '계칩' 277~278
야마자키 18년 미즈나라, 산토리 100주년 91
요시다덴자이 그레인위스키 스피릿 381
이치로즈 몰트 치치부 더 피티드 2015 268~269
이치로즈 몰트 카드 시리즈 '조커' 268~269
츠루 139~140, 148
하쿠슈 18년 피티드, 산토리 100주년 91

김대영

전 NHK 서울지국 기자
위스키 전문 블로그 '에드몽 위스키' 운영 https://blog.naver.com/ffwasr
김대영의 위스키 읽어주는 남자 https://www.joongang.co.kr/reporter/2058
페이스북 위스키러브 운영자 https://www.facebook.com/groups/whiskylover
인스타그램 bar_edmon
메일 ffwasr@naver.com

일본 위스키, 100년의 여행
오늘은 일본 위스키를 마십니다

초판 1쇄 인쇄 2023년 12월 22일
초판 1쇄 발행 2024년 1월 2일

지은이 김대영

편집 이원주 정소리 **디자인** 백주영 **마케팅** 김선진 배희주
브랜딩 함유지 함근아 고보미 박민재 김희숙 박다솔 조다현 정승민 배진성
저작권 박지영 형소진 최은진 서연주 오서영
제작 강신은 김동욱 이순호 **제작처** 인쇄 한영문화사 제본 경일제책사

펴낸곳 ㈜교유당 **펴낸이** 신정민
출판등록 2019년 5월 24일 제406-2019-000052호

주소 10881 경기도 파주시 회동길 210
전화 031-955-8891(마케팅) 031-955-2692(편집) 031-955-8855(팩스)
전자우편 gyoyudang@munhak.com

인스타그램 @thinkgoods **트위터** @think_paper **페이스북** @thinkgoods

ISBN 979-11-92968-89-6 03910